JN078327

この1冊ですべてわかる

デリバティブの基本

The Basics of Derivatives

田渕直也
Tabuchi Naoya

日本実業出版社

はじめに

　デリバティブは、日本語では派生商品とか派生取引と訳されています。元となる商品や取引があって、そこから枝分かれしてきたものという意味です。ところが、その派生物であるはずのデリバティブは、今では元となる普通の商品や取引よりも遙かに大きな市場を形成するようになっています。つまり現代の金融は、デリバティブなしでは成り立ちませんし、デリバティブ抜きで理解することもできないといっていいでしょう。

　また、デリバティブはデリバティブを扱う専門部署だけのものではありません。それは実に幅広い金融業務に深く関わっています。さらにいえば、金融機関だけのものでもなく、たとえば企業財務においてもデリバティブの知識は必須であるという以上に、デリバティブの活用を前提とすることで、金融や財務にかかるリスクの捉え方、管理の仕方が大きく変わってくるのです。

　これほど重要なデリバティブですが、難しくてとっつきにくいという印象を持つ人も多いでしょう。たしかに難しいのです。とくに中身をきちんと理解しようとするとどうしても数学と向き合わざるを得ないので、数学に苦手意識を持つ人にはとりわけハードルが高く感じられるでしょう。

　しかし、基礎となる理論が数学で構築されているということは、それだけ論理的な世界であるともいえます。たとえ数学が苦手な人でも、論理をきちんとたどっていけば、その本質的な部分を理解することは十分に可能ですし、それこそが何よりも大切なことです。

　デリバティブの解説本としては、そもそもデリバティブとはどういうものかをわかりやすく説明する入門書や初級向けの本がいくつかあり、また、難しい数式が並んだ上級向けの専門書も多く出版されています。

　ところが、きちんと理論的な基礎を踏まえた上で、それを実務レベルに落とし込んでいく実務的な中級レベルのテキストが、全くないわけではないにしても多くはありません。

入門書や初級向けの本は、もちろんデリバティブの世界への入り口としては意味のあるものですが、それだけでデリバティブの様々な理論や技術を理解したり、それを実務に応用したりしていくことはできません。そこで、さらにデリバティブへの理解を深めようとすれば専門書を開くことになるわけですが、残念ながらこれらの本の多くは数学の言語で書かれ、実務の言語では書かれていません。数学が苦手な人はそこで躓き、数学が得意な人でも、書かれている数式は理解できたとしても、それが実務にどうつながるかを掴むことに苦しむでしょう。

　本書は、まさにそうした壁を乗り越えるための実務的な中級レベルのテキストとして書かれています。内容としては、2004年に同じ著者、同じ出版社で刊行された『図解でわかるデリバティブのすべて』、その後継書である2012年の『入門実践金融 デリバティブのすべて』の内容を引き継いでいますが、マルチカーブ評価、マイナス金利への対応、LIBOR公表停止に伴う影響、XVA(諸評価調整)など最新の事情を含めて全面的にその内容を刷新しています。

　本書を書くにあたってとくに留意した点は、もちろん本書にも理論的な基礎を説明する上で様々な数式が出てくるのですが、単に数式を示すだけではなく、その成り立ちや意味を言葉や図表でできるだけ感覚的にも理解できるように丁寧に解説をしたところにあります。さらに、理論と実務には往々にしてギャップがあるのですが、そうした点についても詳しく触れるようにしています。いわば実務の観点からみたデリバティブ理論の解説書です。

　たとえば、本書では補論でとくに詳しく扱っている内容ですが、フォワード価格やオプション価格を算出するときに"リスク中立測度"という概念が登場します。専門的なテキストでは、「市場が完備性を備えていれば、無裁定条件によりリスク中立測度は実測度と同値になる」などと書かれていますが、これが現実世界とどう結びつくのか簡単に理解できる人は多くないでしょう。

　また、専門的なテキストでは、微分や積分の定義式が示されてそれでおしまいという形のものを多く見ますが、実際のデリバティブ実務ではそうした微分や積分の計算を使うことはほとんどありません。逆に言えば、デ

リバティブの実務を回していく上では微分や積分の公式と格闘する必要はほとんどないのです。そうした理論と実務のギャップを埋め合わせ、橋渡しをするのが本書の大きな特色の第一です。

本書の特色の第二は、実際にエクセルで計算ができるようになっているところにあります（エクセルシートのダウンロードは目次の最後に掲載しているURLから行ってください）。実際には、今のデリバティブの評価、プライシングは全体像がかなり複雑になっていて、エクセルでそれをすべて実現することはかなりハードルの高いものとなります。したがって、実務上は専用のシステムを使って管理するので、エクセルで計算する必要はないのですが、それ故に評価システムの中身がわからなくなってブラックボックス化する危険が常に存在します。

たとえ断片的にでもエクセルで計算できるようになれば、そうした評価システムの中身もよりよく理解できるようになるはずです。さらにいえば、エクセルの良いところとして、いろいろな値を入力することで結果がどのように変わるかを実感することができるという点があります。それを繰り返すことで、デリバティブを巡る様々な理論が初めて自分の血肉のようになっていくことでしょう。

本書は、だいたいにおいて初級から中級レベルのテーマをまんべんなく取り扱っています。本文に書かれている内容をしっかりと習得できれば、デリバティブの専門的実務家としての素養は十分に身に付けることができるでしょう。

数学的にやや高度な内容を扱う部分は補論にまとめる形としていますが、この部分は多くのデリバティブ関係者が専門書を前に悪戦苦闘するところを、できるだけ正確性を損なわない範囲で平易な言葉でもイメージできるように解説した部分であり、本書の大きな特色となっている箇所です。本文の内容を十分に理解したら、ぜひこちらのほうもみていただきたいと思います。

2022年5月

田渕直也

はじめに

第1章 ● デリバティブとは何か

1-1	デリバティブの定義	10
1-2	デリバティブにはどのようなものがあるか	12
1-3	デリバティブの市場規模	16
1-4	デリバティブの代表的な利用例とメリット	19
	▌株価指数先物〜お金がなくても買え、モノがなくても売れる	19
	▌金利スワップ〜金利変動リスクを機動的にヘッジ	22
	▌通貨スワップ〜資金調達の目的と手段を切り離し、最適な財務戦略を実現	34
1-5	OTCデリバティブの市場構造	37
1-6	デリバティブ小史	39

第2章 ● デリバティブのプライシング理論（1）
〜キャッシュフローの評価

2-1	理論価格とはなにか	44
2-2	アービトラージ・フリーと等価交換	46
2-3	現在価値の計算	51
2-4	割引金利にはどのような金利を使うべきか	55
2-5	担保付取引に適用されるべき割引金利	58
2-6	OISレートからディスカウント・ファクターを算出する	62
2-7	期日ごとのディスカウント・ファクター	66
2-8	連続複利について	72
2-9	変動金利の現在価値をどう求めるのか（指標金利＝割引金利の場合）	73
2-10	フォワードレートの計算（指標金利＝割引金利の場合）	76
2-11	フォワードレートの計算（指標金利≠割引金利の場合）	80
2-12	既締結取引の評価方法	83

2-13	イレギュラー取引の条件決め（1）　フォワードスワップ	88
2-14	イレギュラー取引の条件決め（2）　アモチ付スワップ	91
2-15	通貨スワップの交換条件	93
2-16	フォワード為替の理論レートの計算	97
2-17	通貨スワップの割引金利	100
2-18	マルチカーブ評価体系	103

第3章●デリバティブのプライシング理論（2）　　～確率計算とオプション評価

3-1	オプションの概要と類型	108
3-2	金利オプション（1）　～キャップとフロア	113
3-3	金利オプション（2）　～スワップション	116
3-4	オプションの組み合わせ戦略とエキゾチック・オプション	121
3-5	オプション・プライシングの基本的な考え方	126
3-6	ブラック＝ショールズ・モデル	129
3-7	ボラティリティについて	136
3-8	ブラック・モデルによる金利オプションの計算	138
3-9	ブラック＝ショールズ・モデルの限界（1）　～対数正規分布の妥当性	141
	ファットテール	141
	マイナス金利への対応	144
3-10	ブラック＝ショールズ・モデルの限界（2）　～一部のオプションはそもそも計算できない	147
	ツリー・モデル	147
	モンテカルロ・シミュレーション	150

第4章●クレジット・デリバティブ

4-1	クレジット・デフォルト・スワップ（CDS）の概要	154
	CDSとは何か？	154
	CDSプレミアムとその支払方法	156
	クレジットイベント時の決済方法と支払金額	157

4-2	CDSと債券取引の関係	159
4-3	CDSのプライシングの概要	161
4-4	インデックス取引	165
4-5	バスケット型CDS（*n*th-to-Default）	167
	FTD取引	167
	*n*th to Default取引	168
4-6	シンセティックCDO	170
4-7	シングル・トランシェCDO	174

第5章●デリバティブの価格変動とリスクヘッジ

5-1	デリバティブの価格変動を捉える	178
5-2	デュレーションと債券の金利感応度	182
5-3	ベイシス・ポイント・バリュー（BPV）	187
5-4	線形リスクと非線形リスク	190
5-5	オプションの感応度（グリークス）	194
	デルタ δ	194
	ガンマ γ	197
	ロー ρ	200
	ベガ	200
	セータ θ	201
5-6	デルタ・ヘッジとオプション取引の本質	202
5-7	ポートフォリオ単位のダイナミック・ヘッジがデリバティブの競争力を左右	208

第6章●リスクの定量化とXVA

6-1	デリバティブに伴う様々なリスクと評価調整	214
6-2	バリュー・アット・リスク（VaR）と期待ショートフォール（ES）	217
6-3	VaRの計算方法（1）……分散共分散法	221
6-4	VaRの計算方法（2）……ヒストリカル法とモンテカルロ法	227
6-5	期待ショートフォール（ES）	231

6-6　カウンターパーティー・クレジット・リスク（CCR）　233

6-7　信用リスクの定量化　237

6-8　信用リスクの削減　242

6-9　CCPへの清算集中と証拠金規制　245

6-10　信用コストを評価に反映させる　……CVA　247

6-11　様々な評価調整　……XVA　251

補論

補論1　ディスカウント・ファクターの期間補正　～スプライン補間　256

補論2　リスク中立確率とブラック＝ショールズ・モデルによるオプション価格計算式の導出　260

┃リスク中立確率　260

┃オプションの価格公式　268

補論3　後決め複利変動金利のキャップ／フロアの価格計算　277

補論4　相関のある乱数の生成方法　279

補論5　CMSレートの計算とコンベクシティ調整　282

┃CMSレートのコンベクシティ調整はディスカウント・ファクター変更に伴う測度変換　282

┃測度変換の考え方　284

┃狭義のコンベクシティ調整　287

┃タイミング調整　288

┃レプリケーション法　290

INDEX　294

装丁／志岐デザイン事務所　秋元真菜美

DTP／ダーツ　河野雄一

第1章

デリバティブとは何か

1-1 デリバティブの定義

　デリバティブ（derivatives）はもともと派生物という意味の言葉です。金融においては、通常の商品や取引から派生してきた新たな商品または取引のことを指します。

　元となっている通常の商品や取引のことを**原資産**（underlying assets）と呼びます。原資産にとくに制約はなく、様々なものが原資産になりえますが、とりあえずは普通の株や債券、お金の貸し借り、異なる通貨の交換（外国為替）などを思い浮かべてもらえばいいでしょう。

　なぜ、わざわざ派生した取引が必要になるかというと、具体例はこれから順次触れていきますが、普通の取引ではなく派生した取引を行うことで、とても簡単にリスクヘッジをしたり、あるいは逆にとても簡単にリスクテイクをしたりできるようになるからです。

　デリバティブの一般的な定義は、だいたいこんな感じですが、実のところ、デリバティブは単に雑多な派生物の集まりではありません。どんな原資産を扱うものにしろ、あるいはどんな取引形態のものであるにしろ、すべてのデリバティブは共通の理論や考え方に貫かれ、総体として一つの整合的で体系的な世界を形作っているのです。

　ですからデリバティブは、視点を変えると、様々な金融商品や金融取引の価値、リスクを共通の尺度で捉えるための"考え方の枠組み"と、その共通の枠組みに支えられ、生み出されていく一連の商品・取引によって構成されているものと考えることが可能です。

　もちろんデリバティブには様々なものがあり、それら個々のデリバティブの仕組みを理解することも大切ですが、何よりもこの共通の"考え方の枠組み"を理解することこそがデリバティブを理解することに他なりません。そして、それができれば、個々のデリバティブの理解は、恐

らく非常に簡単なものとなっていくはずです。

　そのような観点から、本書ではデリバティブを次のように定義してお
きたいと思います。

　　＜デリバティブとは＞
　様々な金融商品や取引の価値およびリスクを、共通の尺度で合理的
　かつ客観的に評価する理論体系、およびその理論体系に支えられ、
　生み出される様々な金融商品や取引

デリバティブには
どのようなものがあるか

　デリバティブは一つの体系的な世界、といっても、実際には様々な取引形態があり、また様々な原資産を取り扱うものがあります。それをいくつかの切り口で分類してみましょう。

　まず取引の種類という点からみていくと、デリバティブは大きく分けて（1）先日付取引（フォワード、forwards、先物、futures）、（2）スワップ（swaps）、（3）オプション（options）に分かれます。それぞれの簡単な説明は以下の通りです。

（1）先日付取引

　　　先の日付（1か月後とか10年後とか）に取引をすることを約束する取引
（2）スワップ

　　　2つの異なるキャッシュフロー（一連のお金の流れ）を交換する取引
（3）オプション

　　　ある商品を売買する権利、あるいはある取引を行う権利の売買

　少し気をつけていただきたいのは、こうした分類はあくまでも便宜上のものであって、実際にはこれらが組み合わさったような取引もよく行われているという点です。たとえば、スワップ取引の中にフォワードやオプションが含まれることは実際に多くあります。

　次に、取引が行われる“場”という点からみると、デリバティブは上

場デリバティブとOTCデリバティブ（店頭デリバティブ）に分けることができます。

　上場デリバティブは、一般の株の売買と同じように、取引所に上場され、一定の条件を満たせば誰でもそこで自由に売買できるタイプのものです。これに対して、OTCデリバティブは、取引所を介さずに相対で行う取引を指します。OTCはover the counter、すなわちカウンター越しという意味で、日本語の店頭取引も同様ですが、金融機関の店頭でカウンター越しに行う取引というのが語源です。ただし今ではもっと意味が広がっていて、取引所を介さずに行う取引はすべてOTC取引となります。

　なお、この上場取引（取引所取引）とOTC取引の区別はデリバティブに限ったものではありません。たとえば株の取引は上場取引が主流ですが、一部ではOTCでも取引されています。逆に債券の場合は、上場取引もあるにはあるのですが、主流はOTC取引です。デリバティブの場合は、上場デリバティブもOTCデリバティブもどちらも非常に活発に取引されています。

　デリバティブの分類として最後に取り上げるのは、原資産による分類です。

　デリバティブの原資産は、理屈の上では基本的に制約がありません。ただし、一般によく取引されるものは、金利と為替を原資産とするものです。

　このうち、とくに取引量の多いのが金利を原資産とするデリバティブです。本書でも頻繁に登場する金利スワップ（Interest Rate Swaps）はその代表格です。金利はお金の貸し借りに伴って発生するものですから、これをお金の貸し借りのデリバティブと捉えることも可能です。債券も金利商品の一種なので、債券を原資産としたものも基本的にはこの金利デリバティブに含まれます。

　次に取引量の多いのが、通貨（為替）を原資産とするものです。通貨

スワップ（Cross Currency Swaps）やフォワード為替、通貨オプションなどが該当します。

　それ以外にも、株式や株価指数を原資産とするエクイティ・デリバティブ、原油などのエネルギー商品や金などの貴金属、あるいは農産物といった非金融商品（コモディティー）を原資産とするコモディティー・デリバティブといったものもあります。

　これらの原資産は基本的に市場で取引される市場性商品ですが、そうでないものも原資産になります。非市場性商品としての原資産の代表格は、国や企業の信用力です。信用力とは、借金などの債務の返済能力のことです。この信用力を原資産とするものが、クレジット・デリバティブです。

　クレジット・デリバティブは、信用保証という既存の金融取引とかぶる部分もありますが、これがなぜデリバティブとして取引されるかというと、もちろんそうすることによるメリットが大きいからです。

　デリバティブは市場取引なので、一定の要件さえ満たせば誰でも取引

図表1-1 ● デリバティブの分類

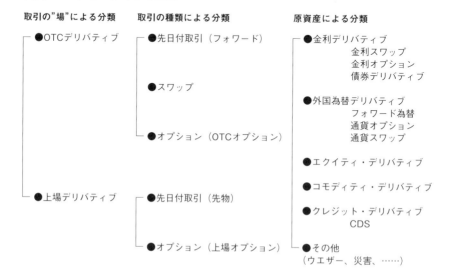

をすることができます。ですから、クレジット・デリバティブを使った信用リスクの管理（リスクテイクおよびリスクヘッジ）も、機動的かつ柔軟に行うことができます。

それに加えて、あくまでも大勢の取引参加者がいることが前提ですが、市場で活発に取引されることで、対象となる国や企業の信用力に関する市場参加者のリアルタイムな評価がその相場に反映されていくことになります。つまり、クレジット・デリバティブの相場動向から、国や企業の信用力に関するリアルタイムの情報が得られることになります。そして、この情報を資産評価やリスク管理に活かすことも可能です。

他にも、天候を原資産とするウエザー・デリバティブ、地震などの自然災害を原資産とする災害デリバティブなど、自然現象を原資産にしたものもあります。これらは、やはり既存の金融取引である保険とかぶる部分の多いものですが、やはりデリバティブにすることで、取引の簡便性や機動力を確保することができます。ただし、この分類の取引は、取引量としてはそれほど多くありません。

以上、3つの切り口による分類をまとめたものが**図表1-1**になります。

1-3 デリバティブの市場規模

　デリバティブの市場規模は、とにかく巨大です。一例として、日本の株価指数先物をみてみましょう。

　先物は、先日付取引の一種です。英語式に言うと、先日付取引にはフューチャーとフォワードがあり、上場デリバティブが前者、OTCデリバティブが後者の名で呼ばれます。日本語でも、フューチャーに先物、フォワードに先渡という訳語が当てられることが多いのですが、一部フォワードでも先物と呼ぶ場合があり、英語ほどには明確に使い分けられていません。

　いずれにしろ、ここで取り上げる株価指数先物は、上場デリバティブ、すなわちフューチャーです。

　原資産が日経平均株価指数（日経225）や東証株価指数（TOPIX）などの株価指数となっており、あらかじめ決められた日付（先日付）で清算が行われる前提で株価指数を売買できるものです。日本では、日本取引所グループ傘下の大阪取引所に上場されています。

　いくつかの種類がありますが、主要なものの取引額は、原資産であるはずの株（現物株）の取引よりもかなり大きな金額となっています。2021年1年間で1日あたり売買金額を比べてみたものが**図表1-2**です。現物株の取引金額が1日あたりおよそ3兆円に対し、主な株価指数先物の合計で7兆円弱も取引されています。

　先物取引では、これがデリバティブの大きな特徴の一つなのですが、取引をしても実際には売買代金がやりとりされません。これは決済期日が先日付に設定されているからですが、そのため7兆円分のお金が実際に毎日動いているというわけではありません。とはいえ、経済効果の大きさは、同じ金額の現物の取引と変わりません。株を原資産とするデリ

図表1-2●現物株と株価指数先物の売買金額（1日平均/百万円）

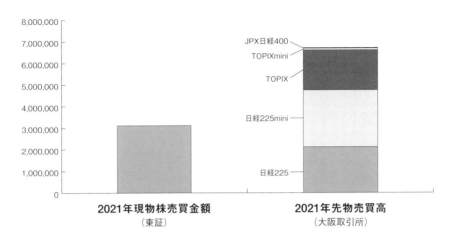

バティブには他にも様々なものがありますが、そのうち株価指数先物だけをみても、現物株よりはるかに活発に取引されているわけで、このことからもデリバティブ市場の巨大さの一端がうかがえるでしょう。

　次に、OTCデリバティブの取引残高の推移をみてみましょう（次ᵍ 図表1-3a）。こちらは、国際決済銀行（BIS）が調査しているもので、2021年6月末までの数字です。単位が大きすぎてわかりにくいのですが、直近の残高合計は610兆ドル、1ドル130円として8京円相当です。世界の株式市場の時価総額や債券の発行残高、あるいは経済活動の規模を示す世界GDPなどと比べても何倍もの大きさです。

　今の金融の世界がデリバティブ抜きで理解することができないことは、この数字をみても明らかでしょう。そして、そんな巨大なデリバティブ市場で異変が起きれば、実体経済も深刻な影響を免れません。

　たとえば、2008〜09年にかけて起きた世界金融危機、いわゆるリーマンショックでは、デリバティブがもう一つの一大金融イノベーションである証券化とともに、危機を増幅させる大きな要因となりました。

　そうしたこともあって、その後はデリバティブに対する様々な規制が強化され、デリバティブ業務を行う上でのハードルがどんどん高くなっ

図表1-3●OTCデリバティブの想定元本残高と内訳

(a) OTCデリバティブ想定元本残高 （兆ドル）

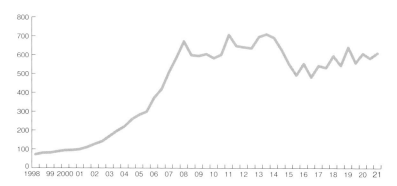

(b) 原資産別の想定元本内訳 （2021/6末）

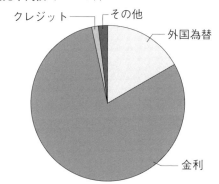

出所：a、bともに国際決済銀行（BIS、Bank for International　Settlements）

てきています。それが、2008年以降にデリバティブの残高が伸びなくなってきている大きな背景の一つです。もっとも、残高が伸びなくなったといっても、なおこれだけの残高が維持されているわけですから、デリバティブの重要性は一向に失われてはいません。

　図表1-3bは、2021年6月末現在の原資産別のOTCデリバティブ残高内訳です。これをみると、巨大な残高の大半を金利デリバティブが占めていることがわかります。

1-4 デリバティブの代表的な利用例とメリット

　デリバティブ市場がとんでもなく巨大であることはわかっていただけたと思いますが、それにしてもなぜこんなにもデリバティブは取引されているのでしょうか。いくつか代表的な利用例を通して、デリバティブを利用することの大きなメリットについてみていくことにしましょう。

■株価指数先物～お金がなくても買え、モノがなくても売れる

　日本で最もよく知られているデリバティブは、先ほども少し触れた**日経平均先物（日経225先物）**でしょう。取引単位が小さい日経225miniもあり、一般投資家でも利用する人は少なくありません。

　普通の株（現物株）の取引は、買った場合には購入代金を、売った場合には売った株式を、取引した2営業日後には引き渡さなければなりません。取引を成立させることを約定、資金や株式が移動してその取引が実際に行われることを決済と呼んでいますが、一般の現物株取引では決済期日が約定の2営業日後になっているということです。一方で、先物は先日付取引、すなわち決済期日がもっと先の日付に設定されている取引です。ですから、約定してもその期日が来るまでは、購入代金や売却株式の引渡が発生しません。これが先物取引の大きな特徴です。

　購入代金や売却株式を引き渡していなくても、約定はしているのですから、価格の変動による損益は発生します。つまり、先物の買いは、「お金を払わずに株を買っているのと同じ効果を得る」ことであり、先物の売りは、「株式を引き渡さずに株を売っているのと同じ効果を得る」ことといえます。

　とくに、現物株の場合は、買うものは自由に選べる一方で、売るときは自分が保有しているものか、そうでなければ誰かから株式を借りてこ

ない限り売却ができないわけですが、先物の場合は、当座は株式を引き渡す必要がないので、いつでも誰でも簡単に売却することできます。つまり、現物資産では買うことと売ることは決して対称の関係ではありませんが、デリバティブでは売買が対称性を持っていて、それもデリバティブの大きな特徴の一つとなっています。

ちなみに、日経225先物の場合、適当なタイミングで反対売買をすれば、売買価格の差額分だけの清算をして取引は完結するので、その場合、購入代金の支払や売却株式の引渡は最後まで必要ありません。さらにいえば、反対売買をせずに期日が来ても、その日の取引開始時に、清算用の日経平均株価（SQ[1]）が算出され、先物を買っていた場合はその価格で転売したものとして、先物を売っていた場合はその価格で買戻したものとして、損益だけが差金決済される仕組みが取り入れられています。したがって、期日が来ても購入代金や売却株式の引渡は、結局行われないのです。

もっとも、先物取引を行うには証拠金と呼ばれる一種の担保金を拠出することが必要なので、全くお金が不要ということではないのですが、必要とされる証拠金額は取引できる金額に比べるとかなり小さめです。少ない資金で大きな取引効果を得ることを一般にレバレッジといいますが、日経平均先物の場合、このレバレッジの倍率は最大で20〜30倍程度にもなります。

レバレッジがたとえば25倍とすると、100万円の証拠金を拠出しさえすれば、その25倍にあたる2500万円分の取引ができるということになります。その取引で4％の利益率があったとすると、利益額は100万円、自己資金に対する利益率は100％となります。自己資金に対する利益率が、元の取引の利益率に比べて、レバレッジの分だけ増幅されるわけです。

1　特別清算指数（Special Quotation）と呼ばれています。ちなみに、先物の決済期日が属する月のことを限月（げんげつ）と呼び、それがたとえば6月なら、その先物銘柄は6月限（ろくがつぎり）と呼ばれます。SQが算出されるのは、限月の第2金曜日です。

　もちろんレバレッジの効果は損失にも及びます。レバレッジ25倍で取引の損失率がマイナス４％なら、自己資金に対する損失率はマイナス100％となり、自己資金はすべて吹き飛ぶことになります。

　デリバティブは、その便利さと、簡単に大きなリスクをとることができてしまう危険性の故に、諸刃の剣とされることが多いのですが、その両面性は多くの場合、このレバレッジに由来しています。リスクをきちんと管理できていない場合、このレバレッジが思わぬ巨額損失を招く危険性があります。その一方で、リスクを正しく管理できていれば、レバレッジは非常に有効な武器となります。

　株価指数先物の簡単な利用事例を２つだけあげておきましょう。

　たとえば株式の運用ファンドを設定したときのことを考えてみます。投資する銘柄を選定し、それらを買い進めて望ましいポートフォリオを作り上げるには時間が掛かります。でもその間に株価はどんどん上がってしまうかもしれません。その場合、まだ株を買っていないお金は、その株価上昇から利益を得ることができません。

　こういうケースで先物が効果を発揮します。まだ株を買っていない資金の分だけ、先物を買っておけばいいのです。そうすれば、その間の株価上昇で先物に利益が出るので、市場全体の上昇に伴う利益を取りそこなうことはありません。株を買ったら、その都度先物を転売していけば、余計なリスクを負うこともありません。

　次の事例は、株式ポートフォリオを構築した後の話です。望ましいポートフォリオができ上がり、それらの銘柄群には全く問題がないにもかかわらず、何らかの外的要因で株式市場全体が急落の危機にさらされたとします。デリバティブを使わないのならば、価格下落リスクを避けるためには、ポートフォリオを取り崩して、せっかく選定した銘柄群を売らなければなりません。

　しかし先物を売れば、ポートフォリオは取り崩さずに、一時的な相場全体の下落リスクだけを機動的に回避（ヘッジ）することができます。

　もちろん、そうした機動的なリスク・コントロールがいつもうまくい

図表1-4 ● 代表的な国内上場デリバティブ

種類	株価指数先物	債券先物	金利先物
主な商品	日経225先物	長期国債先物	ユーロ円３か月金利先物
取引所	大阪取引所	大阪取引所	東京金融取引所
原資産	日経平均株価	長期国債標準物（10年）	３か月TIBOR
取引単位	指数×1,000	1億円	1億円
値動きの最小単位	10,000円 （10円刻み×1,000）	10,000円 （1億円×0.01／100）	1,250円 （1億円×0.005／100×3／12）
最終決済方法	SQによる差金決済	現物決済 （コンバージョンファクターで調整した価格で受渡）	取引最終日におけるTIBORにより計算された清算価格で差金決済
海外の類似商品	S&P500指数先物、 ナスダック指数先物	Tノート先物、 Tボンド先物	ユーロドル金利先物、 SOFR先物

関連オプション取引	株価指数オプション	債券先物オプション	金利先物オプション
主な商品	日経225オプション	長期国債先物オプション	ユーロ円３か月金利先物オプション
原資産	日経平均株価	長期国債先物	ユーロ円３か月金利先物
権利行使のタイプ	ヨーロピアン	アメリカン	アメリカン
最終決済	SQによる差金決済	現物決済 （行使価格で先物の売買が成立）	現物決済 （行使価格で先物の売買が成立）

くわけではありませんが、最も大切なことは、デリバティブを用いることで意思決定の選択肢が大いに増えるということなのです。

なお、先物にもいろいろな種類があります。**図表1-4**では、国内で取引されている代表的な先物の例を示しています。

▌金利スワップ～金利変動リスクを機動的にヘッジ

●金利スワップの概要

金利スワップは、大まかにいえば、同通貨間でキャッシュフローを交換する取引です。その最も一般的な取引形態では、**固定金利**キャッシュフローと**変動金利**キャッシュフローを交換します。

固定金利キャッシュフローとは、一定期間にわたり、当初に約定した金利で利息を払い続けるようなキャッシュフローです。元本部分を加えてこのキャッシュフローの一般的な姿を示したのが**図表1-5a**です。固定利付債や、固定金利型の長期ローンなどがこのタイプに該当します。

一方、変動金利キャッシュフローとは、毎回異なる金利で利息が計算

されるようなキャッシュフローです（**図表1-5b**）。取引の約定時には、どのようにして毎回の変動金利を決めるかということだけを決めておきます。一般的には、市場取引にもとづいて毎日公表される指標金利をあらかじめ指定して、それによって毎回の変動金利を決定していきます。

このように種類の異なるキャッシュフローを交換するのが金利スワップです。元本金額は同じ金額に揃えて交換するのが自然なので、結局、同じ通貨、同じ金額となり、交換してもしなくても経済的には同じことです。ですから交換は省略し、実際に発生するキャッシュフローは金利

図表1-5●固定金利キャッシュフローと変動金利キャッシュフロー

（a）固定金利キャッシュフロー

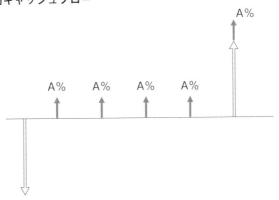

（b）変動金利キャッシュフロー

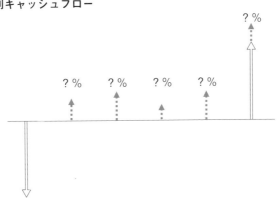

分のみとなります。だから"金利"スワップというわけです。元本は、その金利分の額の計算にのみ使用されるので、**想定元本**（Notional Amount）と呼んでいます。

　変動金利の指標金利にはいろいろなものがありますが、もともとは、ロンドンのインターバンク資金市場（銀行同士がお金の貸し借りをする市場）のレートとして公表されていた**LIBOR**（London Inter-Bank Offered Rate）が世界的に最もよく利用される指標金利でした。ロンドンは様々な通貨の取引が活発な場所で、LIBORも日本円を含む主要通貨について、最長12か月（１年）までの短期取引金利が公表され、幅広く利用されてきましたが、2012年に発覚したLIBOR不正操作事件[2]を受けて、その多くが2021年末をもって公表停止となり、残りのすべてのLIBORも2023年６月末には公表されなくなる予定です。

　LIBORによく似た指標金利として、日本円の場合には**TIBOR**（Tokyo Inter-Bank Offered Rate）というものがあり、こちらはLIBORが公表停止された後も存続する予定なので、少し説明しておきます。LIBORと比べると、頭文字のL（ロンドン）がT（東京）に替わっただけで、要するに東京で行われる銀行間のお金の貸し借りのレートということです。

　TIBORには２種類あって、どちらも同じ東京で行われる銀行間資金取引のレートなのですが、純然たる国内市場であるコール市場のレートを元にした日本円TIBOR（DTIBOR）と、主に非居住者が円を貸し借りする市場であるオフショア市場でのレートを元にしたユーロ円TIBOR（ZTIBOR）です。

　ちなみに、OTC市場では、現在の相場を表すのに、金利であれば、

　　0.10－0.12（％）

2　LIBORは、あらかじめ選定された金融機関（リファレンス・バンク）がロンドン時間11：00時点で調達可能と考えられるレートを自己申告し、それを一定のルールで処理して平均値を求めたものが公表値となります。リファレンス・バンクは、自行自身がLIBORを参照する取引を膨大に行っており、LIBORのわずかな高低で収益が左右される状況にあるのですが、実際に自行に有利になるように故意に不正なレートを申告していた事例があることが発覚し、国際金融界を揺るがす大事件となりました。

図表1-6 ● 6か月TIBORのキャッシュフロー・スケジュール

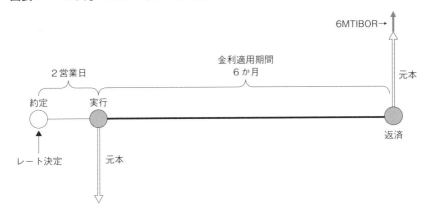

という具合に2つの数字で表されます（ツーウェイ・クォート）。そのうち、右側の数字が大きいほうをオファーレート[3]といい、基本的にはこのレートでお金を貸してもいいという相手がいることを示しています。裏を返せば、そのレートなら今すぐにお金が借りられるであろうレートということです。

　さて、円の変動金利の指標としてよく使われる6か月TIBORの場合、たとえば今日公表されるレートは、今日から2営業日後に資金の貸借が実行され、貸借実行日の6か月後の応当日に返済される資金取引に適用されるレートです。この公表日と金利適用期間の関係を示したものが**図表1-6**です。このように、金利適用期間が始まるまでに適用金利が決まるタイプの変動金利を**前決め方式**といいます。

　これに対して、**オーバーナイト金利**を使った**後決め方式**の変動金利といったものもあります。

　オーバーナイト金利とは、今日借りて明日返すという1日限りの資金貸借に適用される金利です。先ほども触れたように日本国内のインターバンク資金市場はコール市場と呼ばれており、日本円TIBORもこの市

3　アスクという言い方をすることもあります。なお、数字が小さいほうはビッドレートといいます。

場での取引レートなのですが、そのコール市場で中心的な位置づけになっているのが**無担保コール翌日物取引**です。「翌日物」というのがオーバーナイトを意味しています。

　この無担保コール翌日物取引のレートは、実取引の取引レートを日本銀行が集計して、取引額で加重平均した値を翌営業日に公表しています。LIBORやTIBORのような申告ベースではなく、実取引のレートから算出するものです。このレートの略称が**TONA**（Tokyo OverNight Average rate）です。

　ただし、オーバーナイト金利はあくまでも１日限りの金利です。これを使って、たとえば半年というような一定期間に渡る金利計算をどう行うかというと、その代表的なやり方が**後決め複利方式**です。TONAは、今日から明日の１日に適用されるレートが明日になって初めてわかるようになっています。この１日遅れで毎日公表されていく１日限りのレートを複利計算という方法で掛け合わせていって、元本１円あたりについて半年なら半年分の利息額を求め、それを年率に換算することで適用レートが求められます。式で表すと、

$$\left[\,(1+R_1\cdot\frac{1}{365})\,(1+R_2\cdot\frac{1}{365})\cdots\cdots(1+R_n\cdot\frac{1}{365})-1\,\right]\cdot\frac{365}{\text{金利適用日数}}$$

$$=\left[\,\prod(1+R_i\cdot\frac{d_i}{365})-1\,\right]\cdot\frac{365}{\text{金利適用日数}}$$

　……Πは直積（括弧内を順次掛け合わせていく計算）を表す

というような計算です。R_iはi日目のオーバーナイト金利で、それが原則として１日だけ適用されますが、たとえば土日を挟む場合にはそれが３日分になります。式の２行目ではその適用日数をd_iで表しています。この方法では、最後に適用される金利R_nが金利適用期間の最後の日になってようやく判明するため、そのときにならないと変動金利のレートは確定しません。だから「後決め」です。

　実は、このような複利計算をせずに、単純に金利適用期間のオーバーナイト金利を平均しただけでもそれほど水準が大きく変わるわけではな

いので、貸出や債券を中心にこうした単純平均レートが使われる場合もあるでしょう。ですが金利スワップでは、今説明した後決め複利方式が一般的です。なお、このようにオーバーナイト金利を使って後決め複利方式で変動金利の計算を行うタイプの金利スワップのことを、**OIS**（Overnight Index Swaps）と呼んでいます。

　ちなみに、デリバティブのインターバンク市場でスタンダードとなっている定型化された取引のことを**プレーンバニラ**[4]とか単にプレーンと呼んでいますが、たとえば日本円の金利スワップでは、以前は6か月LIBORを変動金利の指標とするものがそれに該当しました。LIBORの公表停止を控えた2021年9月以降は、TONA後決め複利方式のものが市場のスタンダード、つまりプレーンバニラとなっています。

　ただし、ここでプレーンバニラとかスタンダードといっているのは単にインターバンク市場で一般的というだけであって、OTC取引では取引当事者双方が合意すれば基本的にどのような条件でも取引ができます。ですから、指標金利や計算方法もある程度は自由に選ぶことができます。

●変動金利のあれこれ

　それ以外の様々な変動金利についても簡単にみていきましょう。まず、TONAもそうですが、それ以外の通貨でLIBOR公表停止に伴って、各国当局がそれに代わるものとして推奨しているものが以下です。

　　米国ドル　　……SOFR（Secured Overnight Financing Rate）
　　英国ポンド　……SONIA（Sterling Overnight Index Average）
　　欧州ユーロ　……€STR（Euro Short-Term Rate）
　　スイスフラン……SARON（Swiss Average Rate OverNight）

　いずれもオーバーナイト金利ですが、SONIAと€STR（エスター）は日本のTONAと同じ無担保資金取引のレート、SOFR（ソーファ、も

4　プレーンバニラアイスクリームからとられた言葉で、「何もトッピングされていない」「普通の」というような意味です。

しくはソフラ）とSARONは、債券などを担保にして資金を貸し借りするレポ取引[5]といわれる取引のレートです。

これらは一般に**RFR**（リスクフリーレート、リスクフリー金利）と総称されています。リスクフリーレートとは、デフォルト（債務不履行）のリスクがない安全確実な貸出金利という意味です。上記のRFRは銀行に対する貸出レートなので、厳密には完全にリスクフリーとはいえませんが、今日何ごともなく営業している銀行が明日突然デフォルトに陥ることはまず考えられないので、リスクフリーに非常に近いレートということでそう呼ばれています。SOFRなど担保付の取引金利であれば、リスクフリーの度合いはさらに高まります。

これに対して、3か月物や6か月物などターム物のLIBORやTIBORなどはそうはいきません。これらの金利は無担保金利ですし、たとえば6か月物なら、今日は普通に営業している銀行が6か月後にデフォルトしている可能性は、決して高くはないにしても、ないわけではありません。さらにいえば、市場環境が急変し、資金調達が困難になるような状況が訪れたときに、何か月か後にならないと返済されない貸し付けは、貸し手にとってかなり重荷になる可能性があります。

ですから、金融危機など市場にストレスがかかる局面では、オーバーナイト金利は上がらないのにターム物のLIBORやTIBORは大きく上がってしまうということがしばしば生じます。これらの金利は、銀行の信用力や金融市場の安定性に対する評価によって大きく揺れ動くクレジット・センシティブな金利なのです。そして、このような金利の指標にも、実際には一定の需要があります。

たとえば、金融機関がターム物で資金を調達し、リスクフリーの指標金利に連動する貸出を行っているとしましょう。金融危機が起きると、たとえその金融機関の経営が盤石であったとしても、恐らくターム物の調達金利は上昇を免れないでしょう。しかし、リスクフリー金利はそう

5　債券などの買戻条件付き売買（Repurchase Agreements）のことです。レポ取引については第2章でもう少し詳しく説明しています。

した状況では基本的に上がらないので、調達コストは上昇しているのに貸出金利は上がらないというミスマッチが生じてしまいます。要するに、いつでもリスクフリー金利で資金調達ができるとは限らないお金の出し手にとっては、貸出や保有する債券の変動金利がクレジット・センシティブであるほうがいいのです。

そうしたことから、貸出や債券の一部ではそうした指標が使われ、そのリスクヘッジとして使われる金利スワップの取引でも、一部そうした指標を使う取引は出てくるでしょう。

日本円では、従来からあるTIBORが一部の取引では使われ続けるでしょうし、ユーロでもEURIBORというLIBOR類似の変動金利の指標があります。これはもともとユーロの取引には広く使われているものですが、こちらもとくに公表停止になる予定が今のところないので、今後も使われ続けていくでしょう。

LIBORに似た他の指標がもともとなかったアメリカでも、アメリカン取引所が算出するAMERIBOR、インターコンチネンタル取引所（ICE）グループが算出するBYI（Bank Yield Index）、金融情報提供会社ブルームバーグが算出するBSBY（Bloomberg Short-Term Bank Yield Index）といったクレジット・センシティブな指標金利が新たに開発されています。

再びリスクフリー金利に話を戻すと、すでに触れた通り、後決め方式だと金利適用期間が経過してみないとレートが確定しないという特徴があり、実務的にはやや扱いづらいところがあります。そのため、リスクフリー金利でも前決め方式で対応できるようにしたいというニーズがあります。これに応えるのが、**ターム物リスクフリー金利**といわれるものです。

たとえば取引期間6か月のOISは、まだレートが決まっていない今後6か月分のTONA後決め複利による変動金利を固定金利と交換する取引です。市場で取引されるOISの固定金利のレートをOISレートといいますが、今の6か月OISレートは、今後6か月分のTONA後決め複利と

図表1-7 ● 金利関連スワップ取引の分類

```
同種通貨間
├ 金利スワップ      ┌ 変動  対  固定
│                  │ 変動  対  変動   ……ベイシススワップ
│                  └ 固定  対  固定   ……キャッシュフロースワップ
異種通貨間
└ 通貨スワップ      ┌ 元本あり       ……一般的な通貨スワップ
                   │                  （このうち変動対変動のものを
                   │                  通貨ベイシススワップという）
                   └ 元本なし       ……クーポンスワップ
```

現時点で交換可能なレートであり、したがって、現時点で2つは等価なレートと考えることができます。このOISレートを変動金利の指標として使えば、TONA後決め複利と等価で、かつ金利適用期間に先立って適用レートを決めることができるものとなります。

　このようにOISレート等を参照して算出された前決め方式用のリスクフリー金利がターム物リスクフリー金利です。円の場合は、**TORF**（Tokyo Term Risk Free Rate）と呼ばれるものがそれです。ドルでも、同様のTerm SOFRがあります。

　さて、金利スワップは、これらもろもろの変動金利を固定金利と交換する形のものが一般的ですが、変動金利にはここで述べたような様々な種類があり、それぞれ水準や変動の仕方が大なり小なり違っています。そこで、異なる変動金利同士を交換するスワップ取引というものもあって、これを**ベイシススワップ**と呼んでいます。

　さらに、形の異なった固定金利キャッシュフロー（たとえば一括払いと分割払いなど）同士を交換することも可能といえば可能です。OTC取引ではニーズさえ合えば何でも取引できてしまうわけですが、これは実際に単独の取引として行われるよりも、他の取引との組み合わせで取引されることが多いでしょう。ちなみに固定金利同士のスワップ取引は**キャッシュフロースワップ**と呼ばれています（**図表1-7**参照）。

● 金利スワップの利用法

　金利スワップは、基本的に金利リスクをコントロールするために使わ

図表1-8●金利スワップを使った金利上昇リスクヘッジ

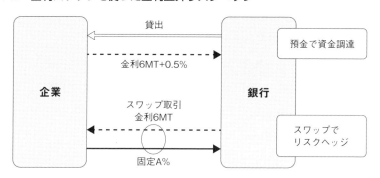

れます。

　たとえば企業が設備投資資金を銀行から借入れるケースを考えましょう（**図表1-8**）。借入期間は5年、借入金利は6か月TIBOR（6MT）＋0.5％の変動金利とします。TIBORは銀行の資金調達コストそのものなので、それに貸付先の信用リスクをカバーし、かつ銀行にとってのマージンを確保するためのものとして、0.5％の上乗せ金利（スプレッド）がついています。

　ちなみに、金利リスクはお金の使い道と資金調達方法にギャップがあるときに生じます。このケースでは、設備投資にお金を使うわけですから、当然それに伴う事業計画があり、さらに利子の支払や返済計画があるはずです。ここで借入金利が変動金利だと、予想以上に借入金利が上昇してしまって収支の見込みが狂ってしまう事態も考えられます。つまり、金利上昇リスクが発生します。

　このようなリスクは、この企業からみて6か月TIBORを受け取り、固定金利を支払う金利スワップを締結すればヘッジすることができます。将来どれだけTIBORが上がって借入金利の支払額が増えたとしても、金利スワップでその上がったTIBORを受け取れるので、トータルでみれば影響は生じません。すべてを差し引いた後の企業のネット負担額は、金利スワップで払う固定金利と、借入金利に含まれているスプレッドを足したものに等しくなり、これはTIBORがどのような水準に

なっても変動しません。つまり、固定金利で借入れているのと同じ効果が生まれます。

　でも、それなら最初から固定金利で借入をすればいいのではないでしょうか。たしかにそうなのですが、いつも自社の希望通りの条件で資金を調達できるとは限りません。銀行の立場からすると、銀行は短期金利にコストが連動する預金で主に資金調達をしているので、期間の長い貸出でも短期金利に連動する変動金利型のほうが好都合なのです。スワップの部分は市場取引として簡単にインターバンク市場でリスクヘッジできてしまうので、この**図表1-8**のようなスキームが銀行にとっては扱いやすいということです。

　企業の側にもメリットはあります。もしスワップがなければ、金利リスクをヘッジするためには設備投資資金を固定金利で借りねばならず、そうした前提では、なかなか貸し手が見つからなかったり、借入の条件がかなり悪くなるかもしれません。

　それに、金利が低下する見通しを持っていたとしたら、何もあわてて固定金利にする必要はありません。当面は変動金利で借りておけば、金利の低下に従って金利の支払負担も減るからです。そして、必要なときに金利上昇リスクをヘッジする取引を行えばいいのです。もちろん、そうした相場観からの行動はうまくいくとは限らないわけですが、何よりも重要なことは、金利スワップの利用を考えることで、企業の選択肢が大いに増えるということです。

　逆の事例もみてみましょう。**図表1-9**は、将来の投資に備えて、市場環境が良好なときに固定利付債で資金を調達した企業のケースです。ただ、当座は資金の使途が決まっているわけではないので、まずは短期金利に連動した形で運用をすることになります。ところが、金利が低下していった場合、固定利付債は金利が固定されているので支払負担は減りませんが、運用収益が減っていくので損失が生じます。今度は金利低下リスクです。

　こうしたケースでは、先ほどの事例とは逆に、変動金利を支払い、固

図表1-9●金利スワップを使った金利低下リスクヘッジ

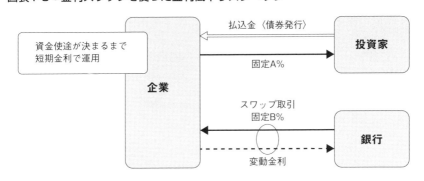

定金利を受け取る金利スワップを締結すれば金利低下リスクをヘッジできます。

　金利スワップは、固定金利を受け取る側か支払う側かで取引上の立場を表すのが一般的ですが、最初のケースでは、金利上昇リスクをヘッジするために固定金利の支払取引（ペイ）を行い、次のケースでは金利低下リスクをヘッジするために固定金利の受取取引（レシーブ）を行えばいいということです。

　ここではエンドユーザーである企業にとっての金利スワップの使い道を説明してきましたが、実際のスワップ市場ではそれ以上に銀行自身のリスク管理目的で金利スワップが大量に取引されています。

　また、金利スワップを取引することで金利の変動から利益を得ようというディーリング目的の取引も活発です。リスクヘッジに使える取引はリスクテイクにも使えるということですね。

　金利上昇リスクをヘッジするのがペイ取引、金利低下リスクをヘッジするのがレシーブ取引だということは、金利上昇時にはペイ取引なら利益が出て、金利低下時にはレシーブ取引で利益が出るということになります。実際のディーリングでは、異なる年限のレシーブとペイを組み合わせたり、国債の売買と組み合わせたり、もっと複雑な形で行うことが多いでしょうが、基本は以上述べたことにつきます。

　なお、「デリバティブは危険」とイメージされることは少なくないと

思いますが、これはこのようなリスクテイクにデリバティブを過度に使った場合に起きることです。先物のところでも説明しましたが、デリバティブはレバレッジを容易に掛けることができます。金利スワップはOTC取引なので相手がいればということではありますが、その限りではいくらでも取引をすることができます。だからこそ簡単で機動的なリスクヘッジが可能になるわけですが、その利便性を利用して大きすぎるリスクを簡単にとってしまうこともできます。要するに、デリバティブそのものが危険というよりも、便利であるが故に危険な使い方もできてしまうということです。

　デリバティブを学ぶことは、デリバティブを様々なことに応用していくというだけにとどまらず、デリバティブの誤った使い方による危険を回避するためにも必要なことなのです。

▌通貨スワップ〜資金調達の目的と手段を切り離し、最適な財務戦略を実現

　通貨スワップは、異なる通貨間でキャッシュフローを交換する取引です。一般的には為替のデリバティブとして分類されることが多いのですが、異なる通貨にまたがる金利スワップとして捉えることもできます。

　金利スワップでは同じ通貨、同じ金額のものを交換しても意味がないので元本交換は行わないといいましたが、そうした意味では、通貨スワップは元本の通貨も金額も異なるので、元本交換を実際に行う形のものが一般的です。

　もっとも、OTC取引ですから、相手と合意できれば元本交換を伴わない通貨スワップも取引可能です。これをとくにクーポンスワップと呼んでいます。クーポンは利息のことで、それだけを交換するからクーポンスワップですね。金利スワップもそうした意味ではクーポンスワップですが、クーポンスワップというと元本交換のない通貨スワップのことを指すことが普通です（30㌻**図表1-7**参照）。

　元本交換を伴う普通の通貨スワップと、元本交換を省略したクーポンスワップの両方が存在するということは、当たり前ですが、この2つの

取引は経済効果も違えば、プライシングも異なるということです。プライシングの話は次章で取り上げるとして、ここでは元本交換を伴う一般的な通貨スワップの取引事例をみていきましょう。

　たとえば日本の企業が円資金を調達するとします。普通であれば、国内で銀行から借入れるか、債券を発行することになりますが、通貨スワップを前提にすると選択肢は飛躍的に広がります。**図表1-10**は、アメリカでドル建て債券を発行し、それで得た資金を通貨スワップで円に転換するスキームを示しています。

　こうしたスキームは、国際的に名の通った企業が実際によく利用しているものです。円資金が必要なのになぜいったんドル資金を調達するのかというと、そうすることでスキーム全体を通してみた円資金の出来上がりの調達コストが安くなることが往々にしてあるからです。

　たとえば、日本ですでに多くの債券を発行している企業なら、国内の債券投資家の多くがその企業の債券を十分に保有しているでしょうから、また新たに債券を発行しようとしても積極的な買い手が見つからず、調達コストが悪化する可能性があります。しかし、海外市場でなら好条件で債券を発行できるかもしれません。

図表1-10●通貨スワップを使った資金調達スキーム

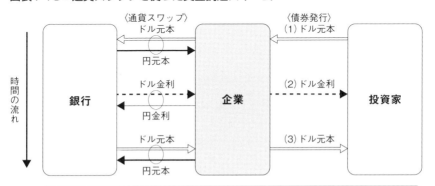

また、通貨スワップの交換条件も、市場の状況によって大きく変わることがあり、タイミングによっては外貨の調達資金を低コストの円資金に転換することが可能となるチャンスが生まれます。もちろん海外で好条件の資金調達をするには国際的なネームバリューが必要ですが、そうした企業であれば、通貨スワップを前提とすることで資金調達コストを大きく引き下げるチャンスが生まれるのです。

　先ほどの金利スワップの事例もそうですが、デリバティブのメリットとして何よりも重要なことは、財務上の意思決定の選択肢が大幅に増えることです。金利スワップの例では、資金調達に伴う金利リスクをヘッジするかしないか、ヘッジするとしたらいつヘッジするのか、デリバティブの利用によって機動的に、かつ自分の判断で意思決定をすることができます。通貨スワップの事例では、資金の使い道と資金調達手段を、使用する通貨も含めて全く切り離して考えることができます。資金調達は最も好条件で調達できる通貨、手段を選び、それを、スワップを使って資金の使い道にぴったり合った形に変えることが可能なのです。

　ここでは一般の企業を例に取り上げてデリバティブの代表的な使い方を説明してきましたが、金利や為替のリスクを膨大に抱える金融機関にとってこそデリバティブのメリットが大きくなることは言わずもがなでしょう。

　たとえば国内の金融機関や機関投資家は豊富な円資金を持っていますが、それに見合った円建ての投融資の機会がふんだんにあるとは限りません。そこで、外貨建ての投融資機会に目を向けるわけですが、円資金をただ外貨に交換して投融資するだけだと大きな為替リスクを負うことになります。そこで、通貨スワップを用いれば、為替リスクを負うことなく、手元の円資金を外貨の運用資金に換えることができます。

　こうした取引は実際によく行われていて、それが後述する通貨ベイシスを生み出すことになるわけですが、その点についてはまた後で触れることにします。

1-5 OTCデリバティブの市場構造

　デリバティブに限った話ではありませんが、OTC市場には取引所という共通の取引の場がありません。したがって、その取引条件も取引当事者が個別に相対で合意していくことになります。とはいっても、今市場で取引できる実勢レートが存在しないわけではありません。

　OTC市場では、ある程度定型化された取引を金融機関同士で活発に取引するインターバンク市場（またはインターディーラー市場）が中心にあり、そこで自然と取引レートの水準が形成されていくのです。エンドユーザーはこのインターバンク市場には参加せず、自分の取引銀行と取引をします。取引銀行はインターバンク市場の実勢レートをもとに、必要なマージンを乗せて顧客に取引レートを提示します。つまり、OTC市場は、中心にあるインターバンク市場と、その周囲に広がる対顧客市場の二重構造になっているのです。

　たとえば、為替も同様の市場構造となっています。経済ニュースなどで取り上げられる為替レートは、インターバンク市場で取引されるスポット取引と呼ばれる取引の実勢レートです。ちなみに、スポット取引は、先日付取引の反対語で、約定してすぐに取引を実行する（または決済する）取引のことです。実際にはスポット取引でも約定から決済までわずかな日数を挟むことが普通で、為替の場合は約定2営業日後（T+2）決済です。

　スワップのマーケットもこれと全く同じで、定型化されたプレーンバニラ型の取引については、今現在のインターバンク市場の実勢レートがわかるようになっています。このようにプレーンバニラの金利スワップで、変動金利と交換可能な固定金利のレベルとして示されているものを**スワップレート**と呼んでいます。スワップレートは、取引期間に応じて

レベルが違うので、年限ごとに表示されていて、最長で40年くらいまでとなります。

　たとえば5年スワップレートは、5年間固定して使う金利です。したがってスワップレートは長期金利に分類されます。長期金利の指標として、日本では10年物長期国債利回りが最も一般的ですが、スワップレートも代表的な長期金利の指標です。むしろ金融の実務の上では、融資の金利設定にしろ、債券のクーポンレート設定にしろ、スワップレートを基準にすることのほうが多いのではないかと思います。

　次章以降で取り扱うデリバティブの評価（プライシング）は、このスワップレートを使って行うことになります。

　スワップレートは、これも他のOTC取引と同様ですが、市場では0.20－0.22％というように2つのレートが表示されます。数字が小さいほうがビッド、大きいほうがオファーまたはアスクです。ただ、実際の計算に使っていく上で数字が2つあると不便なので、その場合はビッドとオファーの平均値を用います。これがミッドレート、またはミーンレートです。日本語では仲値と呼ばれます。以後、スワップレートという言葉は頻繁に出てきますが、それは現在時点におけるインターバンク市場でのミッドレートであると捉えてください。

1-6 デリバティブ小史

　デリバティブは、実はかなり古い歴史を持っています。江戸時代、大阪にあった堂島米会所（米市場）は、世界的にもデリバティブ取引所の先駆的存在で、現在の先物によく似た取引が非常によく整備された市場で取引されていました。やはり江戸時代の初期に当たる時期、オランダでは自然発生的にチューリップの球根を対象とした先物やオプションに相当する取引が活発に行われ、それがチューリップ・マニアと呼ばれる有名なバブルを引き起こしました。

　さらに遡ると、ややこじつけという面もあるのですが、デリバティブの起源は古代ギリシャだとか、いや古代メソポタミアでデリバティブ類似の取引が行われていたなどという説もあり、要するに、ごく普通の取引以外の派生的な取引のニーズはかなり昔から存在していたということでしょう。

　近代的なデリバティブという点では、現在も続くシカゴ商品取引所（CBOT）が1848年に開設され、トウモロコシや大豆などの農産物の先物が取引されるようになりました。金融デリバティブに絞ると、やはりシカゴで、シカゴマーカンタイル取引所（CME）が1972年に国際通貨市場（IMM）を開設したのが上場デリバティブの嚆矢となりました。

　ちなみに、転換社債[6]のようにエクイティ・オプションが組み込まれた有価証券のようなものはかなり以前からあったのですが、そのオプションの理論的な価値を計算する価格理論として最も有名なブラック＝ショールズ・モデルが、アメリカの経済学者、フィッシャー・ブラックと

6　債券として発行され、途中で投資家の選択によりあらかじめ決められた交換比率で株式に転換できる債券のことです。CB（Convertible Bonds）ともいいます。日本での正式名称は、転換社債型新株予約権付社債です。

マイロン・ショールズにより、1973年に発表されました。この1972〜73年あたりが、金融デリバティブの誕生時期といえそうです。

　現在巨大な市場を形成しているOTCデリバティブでは、記録に残る第一号案件として有名な世銀IBM通貨スワップが1981年に行われています。

　当時、IBMには過去に発行したスイスフラン債とドイツマルク債の債務があり、これをドルに転換して使っていたのですが、当然為替リスクがあり、1980年代のドル高で含み益が出たのを機にこれをヘッジしたいニーズを持っていました。一方、世界銀行はスイスフランやドイツマルクの資金を必要としていましたが、当局の規制上限に引っかかり、新たな起債が困難な状況にありました。そこで、投資銀行のソロモン・ブラザーズ（現在はシティグループ）のアレンジによって、まず世界銀行がドル債を発行し、それを通貨スワップで、IBMがすでに有していたスイスフラン建て、ドイツマルク建ての債務と交換する取引を行ったのです。

　その結果、IBMは為替リスクのあるスイスフラン建て、ドイツマルク建ての債務を、為替リスクのないドル建て債務に変換でき、世界銀行も必要とするスイスフランやドイツマルクの資金を手にしました。かつ、どちらも当時の市場環境と比較して資金調達コストを大幅に引き下げることができたのです。まさにウィン・ウィンの取引です。仲介者のソロモン・ブラザーズもまた巨額の手数料を手にしましたから、三方よしの取引ともいえます。

　当時はスワップのインターバンク市場がなかったため、エンドユーザー同士を結びつける形で取引が行われました。現在では、デリバティブの経済効果は変わりませんが、インターバンク市場が大きく成長したため、いちいちエンドユーザー同士を結びつける必要はなくなっています。金融機関は自分の顧客との取引を単独で行い、必要に応じてそのリスクをインターバンク市場でヘッジするだけです。つまり、一つ一つのエンドユーザーの取引が紐付くのではなく、巨大なインターバンク市場

を経由することで、全体として需要と供給がマッチするような形となっているわけです。

　その後、1990年代にはクレジット・デリバティブが誕生します。この時期に、日本もそうですが、先進各国の国内市場でもデリバティブが急拡大し、2000年代にはそのペースがさらに加速していきます。

　そして、デリバティブは2008年の世界金融危機の大きな背景の一つとなり、その後の規制強化でそれまでのような急成長はなくなりましたが、依然として巨大な市場規模を維持しながら現在に至っています。

第2章

デリバティブのプライシング理論（1）
～キャッシュフローの評価

2-1 理論価格とはなにか

　この章では、主にスワップ取引のプライシングについて取り扱います。プライシングとは価格を決定することですが、具体的な意味としては、すでに締結したOTCデリバティブの**時価評価額**（MTM、Mark-to-Market Value）を求めることに加えて、新規に行うイレギュラーなOTC取引の条件決めをすることも含みます。

　債券や株、あるいはデリバティブでも上場物については、大勢の取引参加者が同じものを売買していく結果として**市場価格**と呼ばれるものが形成されていきます。したがって、これらの商品の時価評価額は、その市場価格に自分の保有数量を掛けることで求めることができます。

　一方OTCデリバティブでも市場実勢レートとしてのスワップレートが同じように市場で形成されてはいきますが、一つ一つの取引はあくまでも相対での契約であるため、その個々の契約についての市場価格が存在するわけではありません。また、OTC取引はニーズに合わせて自由に取引条件を付加することができるので、個別性の強い取引も多く存在します。そうした個々の契約の価値については、取引の当事者が自分で計算しなければわからないのです。

　このように、ある商品または取引について、市場価格ではなく、他の市場情報をもとに計算によって求めた理論上の価値のことを**理論価格**といいます。

　OTCデリバティブの場合、この理論価格がわからなければ、既締結の取引について決算上の評価もできませんし、ましてや日々の損益管理やリスク管理もできません。

　これがデリバティブで理論価格計算が必要になる第一の理由ですが、第二の理由は、全く同じ計算ロジックやテクニックが、新規取引の条件

決めにも使われるということです。もちろんインターバンクでのプレーンなスワップを行うだけなら、情報端末の相場情報等で今の市場実勢レートがわかりますから、それにもとづいて取引をすればいいだけですが、対顧客取引の場合は、インターバンクのプレーンバニラとは取引条件が異なっていることが多く、顧客に提示すべき取引レートは計算しないとわからないことが少なくありません。

　つまり、この章と次章で取り上げるデリバティブのプライシングは、既存の取引を評価するためと、新規取引の条件決めを行うために必要とされるものということになります。

2-2 アービトラージ・フリーと等価交換

　先ほど、OTCデリバティブは個々の取引の市場価格が得られないので理論価格を求める必要があるといいましたが、実際には、市場価格が存在するものについても理論価格を計算している人たちが大勢います。金融機関のディーラーやヘッジファンドのマネジャー達です。彼らが何のためにそんなことをしているのかというと、**アービトラージ**と呼ばれる取引機会を狙っているのです。

　アービトラージとは、日本語では裁定取引といわれているもので、少し意味を広げて用いられる場合もありますが、厳密には、リスクを負わずに確実に収益を得られるような取引機会のことをいいます。

　簡単な例をみてみましょう（**図表2-1**）。同じ発行体が発行する3種類

図表2-1 ● 債券のアービトラージ機会を考えるための例

（1）半年満期の割引債

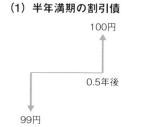

（3）1年満期の利付債

（2）1年満期の割引債

の債券があり、（1）半年満期の割引債価格が99円（額面100円あたり、以下同様）、（2）1年満期の割引債価格が98円、（3）クーポン2％（半年払い）、1年満期の固定利付債価格が100.25円となっています。

　割引債とは、クーポン（利息）のない債券で、ゼロクーポン債ともいいます。利息がなくても、買った価格と満期償還されるときの償還価格（額面）との差が投資家にとっての収益になります。クーポンがない分、通常は価格がディスカウント（割引）された形となることが多く、したがって割引債と呼ばれています。もっとも、マイナス金利になると価格が額面を上回ることになるので、本当はもはや"割引"債ではなくなるのですが、その場合でも割引債と呼びます。

　さて、（3）の利付債は、購入すると半年後に1円、1年後に101円のキャッシュフローを受け取ることができるものです。それと全く同じキャッシュフローは、（1）と（2）を組み合わせることでも実現することができます。（1）の債券を額面1円分、（2）の債券を額面101円分買えばいいのです。

　それにかかるコストは、（1）$1 \times \frac{99}{100} = 0.99$円、（2）$101 \times \frac{98}{100} = 98.98$円の合計ですから、99.97円になります。しかし、（3）の利付債は市場では100.25円で取引されています。

　このときどうすれば、リスクを負わずに利益を得ることができるでしょうか。

　まず、（1）と（2）の組み合わせで、全く同じキャッシュフローを99.97円で手に入れられるのですから、100.25円出して（3）の債券を買うのは馬鹿げたことです。したがって（3）の債券を買いたいのであれば、（1）と（2）の組み合わせでそれと同等の経済効果を得ることを選びます。でもこれをアービトラージにするには、リスクを完全にヘッジする必要があります。そこで、これに（3）の空売りを組み合わせてみます。空売りとは、自分が保有していないものを売ることをいいますが、誰かからこの債券を借りてきて売ればいいのです。

　そうすると、同じキャッシュフローの買いと売りを組み合わせている

ので、将来的な経済効果はゼロです。しかし、（1）と（2）の買いは99.97円で、（3）の売りは100.25円で行えるので、売買価格差0.28円分だけ手元に残ります。実際には空売りする債券を借りてくるのに多少のコストが掛かりますが、それを差し引いても利益が残るなら、それは無リスクで得られる利益です。

　こうした取引がアービトラージです。つまり、対象となる商品と同じ効果を他の手段を組み合わせて実現するときのコストとは異なる価格で取引に応じると、どちらかがアービトラージのチャンスを得ることになります。（3）の債券を100.25円で購入することに応じてしまった人は、相手に0.28円分の収益を無リスクで与えてしまったわけですから、逆に言えばそれだけの価値を失ったことになります。

　ですから、デリバティブのプライシングでは、こうしたアービトラージが成立しないように価格を決定する必要があるのです。これを**アービトラージ・フリー**（無裁定）条件といいます。この事例では、99.97円がアービトラージ・フリー条件を満たす（3）の債券の理論価格となります。

　このように、市場価格がある商品でも、理論価格と比較してアービトラージ機会をうかがう人たちがいることによって、実際の市場価格は多くの場合、理論価格に非常に近い値になります。

　このアービトラージ・フリーの概念は、デリバティブのプライシングの根底を流れる一大原則です。

　改めて整理すると、アービトラージ・フリー条件下での理論価格は、他の手段で同じ経済効果を実現したときのコストです。言い方を変えると、同じ経済効果を持つものは同じ価格になるということであり、一物一価の法則ともいえます。また、少し砕けた言い方をするならば、それは他の市場価格と整合的になるように計算された価格といえます。

　デリバティブのプライシングでは、もう一つの大きな前提があります。**等価交換**の原則です。言葉通りですが、等価なものは交換できると

いうことです。等価交換はアービトラージ・フリーと別物というわけではなく、アービトラージ・フリーが成り立つための必要条件であり、アービトラージ・フリーが成り立てば必然的に等価交換も成り立ちます。そうした意味では、二つは一体のものですが、説明をわかりやすくするために、本書では分けて取り扱っていきます。

　たとえば一般的な金利スワップでは固定金利と変動金利を交換しますが、なぜ交換が成り立つかというと、双方のキャッシュフローの価値が等価だからだと考えるのです。もちろん、取引当事者が対等な立場でなければ厳密な等価交換は成り立ちません。たとえば銀行と顧客との取引では、両者に情報格差があり、銀行は取引に対するマージンを求めるでしょうから、普通は等価交換から少しだけ銀行側に有利な方向に取引レートが決定されることが多いでしょう。しかし、インターバンク市場なら、対等な立場の金融機関が膨大な取引を繰り返す中で相場が形成されるので、その結果としての市場実勢レート、すなわちスワップレートは、等価交換が成り立つレートと考えられるはずです。

　だとすれば、スワップレートで取引をした瞬間は、等価な固定金利と変動金利を交換するので、どちらの側にも利益や損失が発生していないということになります。後で明らかになりますが、スワップのMTMはその取引の勝ち負けを表すものですから、利益や損失が発生していないときのMTMはゼロです。つまり、スワップ取引のMTMは基本的にはゼロからスタートします[7]。

　逆に、そうでなければおかしなことが起きます。市場で取引できるものなのにMTMがプラスなら、その取引をすればするほど利益が増えていくことになります。だから、市場で交換できるものは等価でなければならず、等価交換が成立したその瞬間はMTMがゼロにならなければならないのです。もちろん、取引の固定金利はいったん約定するともう変わりませんが、市場のスワップレートはどんどん変わっていき、両者に

---

[7]　すでに説明した通りですが、ここでいうスワップレートは、現時点のミッドレートのことを指しています。約定レートがミッドレートからズレれば、MTMはゼロにはなりません。

差が生まれることによって初めてプラスやマイナスのMTMが発生することになります。

　この等価交換の考え方を使えば、イレギュラーなデリバティブ取引の取引条件の理論値も求めることができます。それがどのような形のものであっても、2つのキャッシュフローの価値が同じになるように取引条件を設定すれば、その2つは交換可能ということになるからです。

　アービトラージ・フリーと等価交換は、このあとも何度も登場する重要概念ですので、今一度整理しておきましょう。

〈デリバティブのプライシングにおける大原則〉

アービトラージ・フリー
- 相手にアービトラージ機会を与えないようにプライシングすること。
- 具体的には、ある商品と同じ経済効果を他の手段の組み合わせで実現するときに掛かるコストを、その商品の理論価格とする
　　⇒同じ経済効果を持つものは同じ価格になる（一物一価）
　　⇒他の市場価格と整合的になるように計算する

等価交換
- インターバンクで交換されているものは等価であると考える
　　⇒今の市場実勢で取引をした取引のMTMはゼロ
- 等価なものは交換ができる
　　→価値を計算できるものであれば、どんなものでも交換条件を決められる

2-3 現在価値の計算

　さて、金融商品の価格とはそもそも何でしょうか。金融商品は、その保有者に何らかの経済的な効果をもたらすものですから、価格はその経済効果を得るための対価ということになるでしょう。たとえば債券であれば、債券を購入することで利息（クーポン）や満期時の償還金を受け取る権利を得ます。その権利を得る対価が債券価格です。

　では、対価は理論的にはどのように計算されるべきでしょうか。

　対価は、将来の特定のキャッシュフローを手に入れるためのもの、言い換えるとその将来キャッシュフローと交換できるものです。等価なもの同士が交換できるわけですから、将来キャッシュフローとその対価は同じ価値を持っているはずです。

　簡単な事例を考えてみましょう。1年後に満期を迎える額面100円の割引債が98円で取引されているとします。この98円は、1年後に100円を受け取るための対価ですから、1年後の100円と等価な今時点での金額ということになるでしょう。このように、将来の受払金額と今時点で等価な金額のことを、その将来金額の**現在価値**（PV、Present Value）といいます。ですからこの場合、「1年後の100円の現在価値は98円である」ということができます。

　これを計算式にすると、

$$100 \times \frac{98}{100} = 98$$

となり、将来金額に、その金額が発生する日に満期を迎える「割引債の価格÷額面金額」を掛ければ、将来金額の現在価値が計算できることになります。「割引債の価格÷額面金額」は、額面1円あたりの割引債価格ということですが、これを**ディスカウント・ファクター**と呼びます。

　固定利付債や通常のスワップ取引では、複数のキャッシュフローが発

生することが普通ですが、その場合も考え方は同じです。半年後に1円、1年後に101円を受け取れる1年満期の固定利付債であれば、半年後の1円の現在価値と1年後の101円の現在価値を足したものが理論価格となります。これは、先ほど46〜48ページで示した計算そのものですね。

　つまり、金融商品の理論価格は、その金融商品が将来もたらすキャッシュフローの現在価値を合計したものであり、それは、キャッシュフローが発生する時点でちょうど満期を迎える割引債の価格がわかれば簡単に計算ができるということです。

　先ほどの例では、理論価格が、

$$1 \times \frac{99}{100} + 101 \times \frac{98}{100} = 99.97円$$

と計算されていましたが、$\frac{99}{100}$は半年後に満期を迎える割引債の額面1円あたりの価格、つまり半年後に発生するキャッシュフローを現在価値に換算するためのディスカウント・ファクター、$\frac{98}{100}$は1年後に満期を迎える割引債の額面1円あたりの価格、つまり1年後に発生するキャッシュフローを現在価値に換算するためのディスカウント・ファクターです。

　図表2-2aを見てください。ディスカウント・ファクターを得るために必要な情報として、まず考えられるのは今述べた割引債の価格ですが、それはn年後の1円に対する現時点での対価が簡単にわかるからです。**図表2-2b**のような固定利付債の価格がわかっても、これは複数キャッシュフローの現在価値の合計なので、そのうちのどれがn年後のキャッシュフローの価格に相当するのかがこのままではわかりません。したがって、これだけではディスカウント・ファクターを求めることはできません。

　図表2-2cはどうでしょうか。今の1円をr％で運用して、1年後に（1＋r）円を受け取ることが可能というようなケースです。1年後の金額と今の金額が一対一の対応関係になっていて、つまりは割引債と同じ形になっています。この場合には、1年後の（1＋r）円が今の1円

図表2-2 ● ディスカウント・ファクター算出に必要な情報

(a) 割引債

(c) 割引債型キャッシュフロー

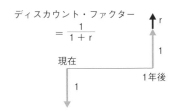

(b) 利付債

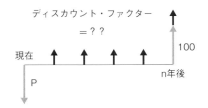

に等しいわけですから、$(1 + r) \times \dfrac{1}{1 + r} = 1$ 円という計算によって現在価値を計算することができ、その場合のディスカウント・ファクターは $\dfrac{1}{1 + r}$ となります。ただし、ディスカウント・ファクターは今現在の市場実勢を反映したものである必要があり、したがってこの場合のrは市場実勢のレートである必要があります。

　いずれにしても、額面1円あたりの割引債価格と、今の事例のように（1＋金利）の逆数で求められるものは、後で述べるように全く同じものなのですが、ディスカウント・ファクターはどちらの形式でも表現することができます。

　ちなみに、ここに登場した金利rは、**スポットレート**とか**ゼロレート**と呼ばれているものです。ゼロレートは、ゼロクーポン債のレートという意味で、要するに割引債の利回りのことです。**図表2-2c**のrは割引債のものではありませんが、割引債と同じ型のキャッシュフローに適用される金利はすべてゼロレートと呼んでかまいません。

　スポットレートは、本来的にいえば後で出てくるフォワードレート、

すなわち先日付取引のレートと対比する言葉で、現時点から将来の特定時点までの金利というだけの意味ですが、金利の世界ではスポットレートというときにはゼロレートを指すことが普通なので、基本的に両者は同じと考えていいでしょう[8]。

また、スポットレートやゼロレートというのは金利としての性質を表す言い方ですが、将来キャッシュフローを現在価値に割り引くための金利という意味では**割引金利**（ディスカウント・レート）という言い方が用いられます。ちなみに金利は単一の変数ではなく、期間ごとに水準が異なりますが、これを金利の期間構造（**イールドカーブ**）といいます。割引金利ももちろんそうした構造を持つ一つの金利体系ですから、そうした意味合いから**ディスカウント・カーブ**といった言い方をすることもあります。

2-4 割引金利には どのような金利を使うべきか

　金利にも様々な種類の金利があり、そのうちのどれを割引金利に用いるかによって現在価値の計算も変わってきますが、ではデリバティブの割引金利にはどのような金利を使うべきでしょうか。

　理論書を紐解くと、そこには大抵「リスクフリー金利で割り引くべし」と書かれています。しかしながら、この考え方にはいくつかの問題があります。

　まず、リスクフリー金利といっても、現実の世界には完全なリスクフリー金利はなく、リスクフリーに近い金利があるだけです。では、リスクフリーにより近いと考えられる国債の利回りを用いるべきでしょうか。それとも、銀行の調達金利でも前に触れた通りオーバーナイト金利ならリスクは極めて低いはずなので、それを用いるべきでしょうか。

　さらに、リスクフリー金利を割引金利に用いる場合のより本質的な問題として、リスクフリー金利で現在価値を計算すると、将来キャッシュフローと等価なものという現在価値本来の意味が変わってしまう場合がある、ということがあります。

　たとえばOTCデリバティブの取引で、1年後に100万円を受け取れるキャッシュフローがあるとします。取引相手は国ではなく、民間企業で、担保もないとしましょう。この1年後の100万円の受取りを、はたして国の調達金利である国債利回りで割り引いていいものでしょうか。もしこれがこの企業が発行した債券から得られるキャッシュフローであれば、適切な割引金利は信用力を反映したその企業の調達金利になるはずです。

　次の**図表2-3**は、今述べた100万円を受け取るケースを図示したものです。図の左側が取引のキャッシュフローを表し、右側が100万円の現在

図表2-3●現在価値が将来金額と等価になるための条件（無担保取引の場合）

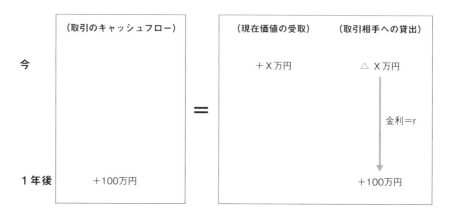

左右が等しくなるためには、X＝100万円× $\frac{1}{1+r}$ と計算される必要がある。

価値X万円を現時点で受け取ったときのことを表しています。現在価値とは、取引の将来キャッシュフローと等価なものであったはずで、そのためには図の左右で同じ経済効果が実現されなければいけません。それぞれの時間軸を揃えるために、図の右側で、現時点で受け取ったX万円を同じ取引相手に1年間貸すとしましょう。1年後に同じ相手から受け取ることにしないと、図の左右の経済効果が完全に同じにならないからです。その場合、X万円を同じ相手に1年貸して、1年後における返済額がちょうど100万円になっていれば、左右の図は全く同じ経済効果となります。

　つまり、現在価値が将来キャッシュフローと等価になるためには、この100万円は取引相手への貸出金利で割り引かなければならず、もし、そうではなく国債の利回りで割り引けば、それによって計算された現在価値はもはや将来キャッシュフローと等価なものではなくなってしまいます。

　これは、自社が支払うキャッシュフローについても同じです。1年後

に100万円を支払う場合には、自社が1年後に期日を迎える債務を負っていることに他なりませんから、割引金利は自社の調達金利になるべきでしょう。

　しかしながら、債務を負っている当事者の調達金利で割り引くという考え方にも実は問題があります。たとえば、自社と取引相手の信用力に差があれば、キャッシュフローがネットで受取になる場合と支払になる場合とで、それぞれ異なった割引金利を適用しなければならず、計算はかなり面倒なことになります。また、取引相手ごとに割引金利を変えなければならなくなり、そうすると取引レートも取引相手ごとに変わってしまうでしょうから、それでは円滑な市場取引は難しくなってしまいます。

　そうしたことから、実務上は、一般的な銀行の調達コストを使って割り引けばいいという考え方が生まれてきたのです。それが、デリバティブの評価方法として最初に確立された**LIBORディスカウント**というやり方で、LIBORおよびLIBORと交換可能なスワップレート（LIBORスワップレート）を割引金利とするものです。

　ただし、これで問題がなくなったわけではありません。それは、OTCデリバティブ取引が次第に担保のやりとりを必然的に伴う形に変化してきたからです。そのことを次にみていきましょう。

(2-5) 担保付取引に適用されるべき割引金利

　詳しくは第6章で取り扱うテーマですが、OTCデリバティブ取引では、取引相手の信用力に起因する信用リスク（**CCR**、Counterparty Credit Risk）が発生します。スワップ取引なら相互に支払義務が生じる双務取引[9]となりますが、差し引きで支払義務が大きくなっている当事者がその時点での債務者、他方が債権者となります。勝ち負けでいうと勝っている側が債権者で、その債権となった部分に相手方に対する信用リスクが発生するのです。もちろん勝ち負けは時の運で、どちらの当事者にも信用リスクが発生する可能性があります。

　OTCデリバティブの取引残高は第1章でみた通り膨大なもので、しかもそのうちのかなりの部分が大手銀行同士のインターバンク取引です。金利スワップであれば金利の交換しか発生しないので、信用リスクは同額の貸出などに比べるとわずかしか発生しないはずですが、それでも想定元本金額が巨大であれば信用リスクの絶対量も非常に大きなものになります。

　そこで、このリスクを削減するために、必要に応じてお互いに担保を差し入れ合う担保付取引が一般的になってきたのです。ここでいう担保は、同じ当事者同士で取引をしているすべてのOTCデリバティブの債権額と債務額を現在価値ベースで計算して、債権超となった側が、その債権超分の担保を相手に請求（マージンコール）できるというタイプのものです。**マージン契約**（Margin Agreements）と呼ばれる契約に基づいてやりとりされます。

　しかし、担保が付随するようになったからといって、それが取引の現

9　これに対し、通常の貸出のように、一方が債権者、他方が債務者という立場になるものを片務取引といいます。

在価値の計算にどう影響するというのでしょうか。

　それは、担保のやりとりによって、OTCデリバティブ取引に付随する資金調達や運用の金利が変わるからです。だとすれば、適用すべき割引金利もまた変わるはずです。

　図表2-4をみてください。先ほどと同様のものですが、左側、取引のキャッシュフローにマージン契約から発生する担保関連のキャッシュフローが追加されています。マージン契約下の取引は、必然的に担保のやりとりが伴いますので、この取引の現在価値は、その担保分も含めたすべてのキャッシュフローと等価になる必要があります。

　マージン契約では本来、たとえば毎日値洗（再評価）をして必要な担保をその都度やりとりしますが、ここではそれを省略して1年後のキャッシュフローをみると、左側、取引＋担保のキャッシュフローは、

　　　取引キャッシュフロー　　　　　　＋100万円
　　　担保金返戻キャッシュフロー　　　△（X万円＋担保への付利額）
　　　担保金の運用の戻り　　　　　　　＋（X万円＋運用益）

図表2-4●現在価値が将来金額と等価になるための条件（現金担保付の場合）

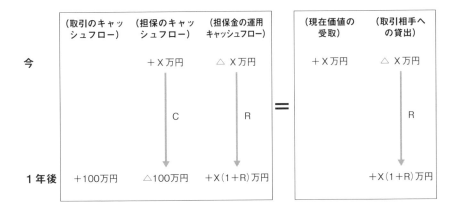

左右が等しくなるためには、担保付利金利をCとしたとき、
X＝100万円× $\frac{1}{1+C}$ と計算される必要がある。

となります。担保金は、取引期間中に相手がデフォルトしたら債権の回収に充てることができますが、何ごとも起きなければ最後は相手に返さなければならず、つまり預かり金と一緒です。とすれば、資金を預かっている間の金利をつける必要があります。それが担保への付利です。一方、受け取った担保金は、一般的には預かっている間、自由に運用することができます。それが3番目の担保金の運用によるキャッシュフローです。

　これら一連の一年後の受払金額の合計が、右側の現在価値として受け入れたX万円の運用で得られる＋（X万円＋運用益）と等しくなる必要があります。したがって、

$$+ 100万円 - （X万円 + 担保への付利額）+ （X万円 + 運用益）$$
$$= + （X万円 + 運用益）$$

ですので、まとめると（X万円＋担保への付利額）＝100万円となり、

$$X万円 = 100万円 \times \frac{1}{1 + 担保への付利金利}$$

となって、1年後の100万円を現在価値X万円に割り引くための金利は、担保への付利金利となるべきことがわかります。

　なお、先ほどの担保がないケースでは、左右が等しくなるために現在価値で受け取った金額の運用は取引相手への貸出になるということでしたが、今回はそのような縛りはありません。この運用金利が誰に対するものであっても左右で同じ運用をすればよく、結論には全く影響しないのです。

　さて、担保付取引は担保金への付利金利で割り引くべきということになりましたが、一般に、OTCデリバティブのマージン契約では、現金で拠出した担保金に対してはオーバーナイト金利で付利されることになっています。つまり、割引金利はオーバーナイト金利であるべきということです。詳細は後でまた説明しますが、実際にはオーバーナイト金利と等価と考えられるOISレートで割り引くため、これを**OISディスカウント**と呼んでいます。

　オーバーナイト金利はリスクフリーに近い金利なので、このレートを使うことで、「割引金利にはリスクフリー金利を使うべし」というアカデミックな世界での考え方と実務の世界での考え方がようやく一致するようになってきたわけですが、これは実務の世界の考え方が変わったからではなく、担保付取引をすることで調達や運用の金利が変わったからです。

　この話にはまだ続きがあります。ここでは、担保として現金をやりとりすることを前提に話を進めましたが、実際に担保としてやりとりされるのは現金だけではなく、債券が利用される場合も多いでしょう。その場合は、資金の調達運用金利もまた変わってきてしまうので、別の割引金利を用意する必要があります。さらには、通貨スワップなど通貨をまたがる形でキャッシュフローが生じる取引の場合はどうなるのかといったことも考えなければなりません。それらの点は追々と詳しくみていきますが、結論を先に言えば、割引金利は担保の有無、有担保の場合にはその担保の種類や通貨によって、それぞれ割引金利を使い分けなければならないということになります。

　その話に踏み込んでいく前に解決しておかなければならない点がまだ色々ありますので、とりあえずここでは、OTCデリバティブの割引金利は、現金担保付を前提とした場合、オーバーナイト金利、およびそれと等価なOISレートを使うのが適切ということで話を進めたいと思います。

OISレートから
ディスカウント・ファクターを算出する

　マージン契約による現金担保付取引では、その現金担保に付利される
オーバーナイト金利で割り引くべきということがわかりました。ところ
が、オーバーナイト金利は今日から明日にかけての1日限りの金利で
す。スワップ取引では40年くらいまでの取引が行われることがあります
ので、それを評価するためには40年分のディスカウント・ファクターが
必要になります。

　そこで、オーバーナイト金利と等価で、かつもっと長い期間に適用さ
れる金利が必要になってきます。それがOISレートです。OISレートは、
オーバーナイト金利で計算される変動金利と今時点で交換できる固定レ
ートですから、これを割引金利とすればいいのです。

　ところがその場合、もう一つ解決しなければならない問題が生じま
す。OISのレートは原則として1年後払いであり、1年超のOISについ
ては将来キャッシュフローが複数回発生するため、そのレートはゼロレ
ートとはならないのです。

　図表2-5をみてください。金利スワップは、同じものを交換しても仕
方がないということで元本交換を省略しているだけですから、元本交換
を加えても経済効果は変わりません。そこで、実際には発生しない元本
を付加してみると、1年OISレートは割引債型キャッシュフローに適用
される金利となっていますが、2年OISレートは利付債型キャッシュフ
ローに適用される金利であることがわかります。つまりこのままでは2
年目のディスカウント・ファクターを計算できません。

　それではどうするかというと、ここで、利付債は割引債を組み合わせ
たものに等しいということを思い起こします。この考え方を使うこと
で、1年OISレートと2年OISレートから2年ディスカント・ファクタ

図表2-5 ● OISレートのキャッシュフロー（元本付）

（1年の場合）
1YOISレート＝ゼロレート

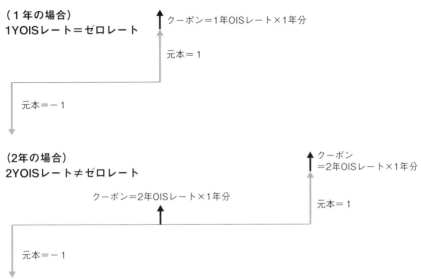

クーポン＝1年OISレート×1年分

元本＝1

元本＝−1

（2年の場合）
2YOISレート≠ゼロレート

クーポン
＝2年OISレート×1年分

クーポン＝2年OISレート×1年分

元本＝1

元本＝−1

ーも計算できるようになるのです。

　まず、1年満期の割引債型キャッシュフローに適用されるべきゼロレートは、1年OISレートそのものです。ここから、1年ディスカウント・ファクターは簡単に求まります。

$$Df_{1.0} = \frac{1}{1 + OIS_{1.0} \cdot \dfrac{\text{金利計算日数}}{365}}$$

　分母にある日数計算の部分ですが、日本のOISレートはこのように実日数÷365で実際の利息額を計算します。使用するレートによってこの計算のやり方は決まっているので、それに応じてこの計算を行ってください[10]。

　次に、2年OISレートから、同レートを使った2年満期の利付債型キャッシュフローを描くことができますが、これを1年満期の割引債と2年満期の割引債の組み合わせと考えます（65ミ゙**図表2-6**）。

10　たとえば、アメリカのSOFR、およびSOFRベースOISレートであれば、実日数÷360という計算になります。

このうち１年満期のものは、１年後に２年OISレートで計算される１年目のクーポン相当額を受け取れる割引債です。その価格をP_1とすると、このP_1は受取金額×１年ディスカウント・ファクターで計算ができます。利付債キャッシュフローからこの部分を切り離すと、２年満期で、価格が（$1-P_1$）、２年後の受取金額が（１＋２年OISレートで計算される２年目のクーポン）となる割引債型キャッシュフローが浮かび上がります。

　ディスカウント・ファクターは、割引債型キャッシュフローの価格÷将来金額で求めることができますので、

$$Df_{2.0} = \frac{1 - OIS_{2.0} \cdot \dfrac{d_1}{365} \cdot Df_{1.0}}{1 + OIS_{2.0} \cdot \dfrac{d_2}{365}}$$

d_1、d_2はそれぞれ１回目、２回目の金利計算日数です。

　これを一般化して表現すると、

$$Df_n = \frac{1 - \text{途中で受け取るクーポンの現在価値合計}}{1 + \text{最後に受け取るクーポンの額}}$$

となり、すべて数式で表せば、

$$Df_n = \frac{1 - OIS_n \cdot \sum_{i=1}^{n-1} \left(\dfrac{d_i}{365} \cdot Df_i \right)}{1 + OIS_n \cdot \dfrac{d_n}{365}}$$

となります。ちなみに、数式のほうは使用するレートの支払頻度（ここでは１年払い）や日数計算（ここでは実日数÷365）によって変わるので注意してください。

　いずれにしても、この方法を用いると、$Df_{2.0}$が求まると同様の考え方で次に$Df_{3.0}$を求めることができるようになり、$Df_{3.0}$が求まると$Df_{4.0}$が、という具合に先のディスカウント・ファクターを次々に求めていくことができます。この計算方法を**ブートストラップ法**と呼んでいます。【**計算シート1**】

図表2-6 ● 2年OISレートからディスカウントファクターを求める

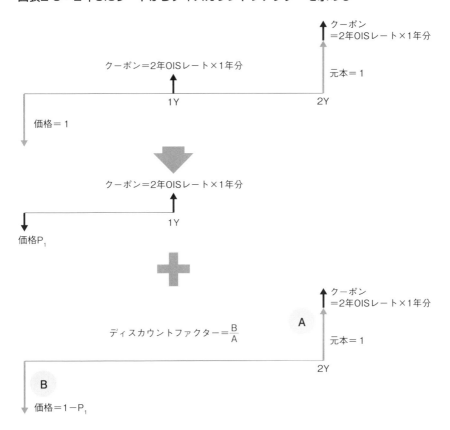

計算シート1 ● ブートストラップ法によるディスカウント・ファクターの算出

	A	B	C	D	E	F	G	H	I	J
1	ブートストラップ法によるディスカウント・ファクターの算出									
2										
3						年	計算日数 ※	Df＊計算日数 /365	Df	
4		OISレート				0			1	
5		1 Y	0.20%			1	365	0.99800	0.99800	
6		2 Y	0.25%			2	365	0.99502	0.99502	
7		3 Y	0.30%			3	365	0.99105	0.99105	
8		4 Y	0.35%			4	365	0.98610	0.98610	
9		5 Y	0.40%			5	365	0.98020	0.98020	
10			(A/365)							
11							※計算日数は本来カレンダーベースでの実日数です			
12							が、ここでは便宜上すべて365と置いています。			

期日ごとの ディスカウント・ファクター

　ブートストラップ法により、OISレートから１年ごとのディスカウント・ファクターを求められることがわかりました。ただし、実務に使用するには、いくつかテクニカルな調整を加える必要があります。

　まず、この方法でディスカウント・ファクターを求めるそれぞれの時点をグリッドと呼びますが、比較的短い年限のディスカウント・ファクターについては、１年ごとよりも短い間隔にグリッドを設定し、その期間に対応したOISレートでディスカウント・ファクターを求めるほうがより正確な計算ができるようになります。**計算シート2**では、半年のディスカウント・ファクターは６か月OISレート、18か月後のディスカウント・ファクターは18か月OISレートを用いるようになっていますが、実際にはさらにもっときめ細かく求めることが一般的でしょう。

　また、前項で説明したディスカウント・ファクターは、OIS取引から発生するキャッシュフローを、OIS取引のスタート日時点の価値に換算するディスカウント・ファクターです。OIS取引は取引を約定してから２営業日後にスタートするのがスタンダードなので、その２営業日後時点での価値を計算するディスカウント・ファクターということです。現在価値はあくまでも今日現在の価値ですから、これを求めるには、さらにあと２営業日分を割り引く必要があります。

　それに使用する金利は、（1）今日から翌営業日にかけての資金貸借の金利であるオーバーナイト（O/N）金利、（2）翌営業日から翌々営業日までの資金貸借の金利であるトゥモローネクスト（T/N）金利です。**計算シート2**では、この２日分のディスカウント・ファクターを、先ほどのブートストラップで求めたディスカウント・ファクターに掛け合わせています。その場合、先ほど64㌻で示したブートストラップによるディ

スカウント・ファクター計算式が、

$$Df_n = \frac{Df_{2日分} - 途中で受け取るクーポンの現在価値合計}{1 + 最後に受け取るクーポンの額}$$

という形になることに注意してください。

　また、OISは資金受渡日が金利計算期間終了日から2営業日後ろにズレるのがスタンダードで、厳密に言えばこの決済日のズレも調整する必要がありますが、計算シートではそこまでは考慮していません。

　最後に、ブートストラップではグリッドごとのディスカウント・ファクターが求まりますが、実際にはディスカウント・ファクターはキャッシュフローの発生日ごとに必要であるため、たとえば1年11か月後とか、3年と10日後とか、中途半端な日付のディスカウント・ファクターも求めなければなりません。

　こうした中途半端な日付に対応するディスカウント・ファクターは、ブートストラップで求めたディスカウント・ファクターのうち、その日

計算シート2 ● より精緻なディスカウント・ファクターの求め方

<ブートストラップ>

OISレート		(A/365)			日付	Df＊計算日数/365	Df	ゼロレート（半年複利）
					2022/3/8		1	
O／N		0.10%			2022/3/9		1.00000	0.100%
T／N		0.10%			2022/3/10		0.99999	0.100%
6 M		0.15%			2022/9/12		0.99923	0.149%
1 Y		0.20%			2023/3/10	0.99800	0.99800	0.199%
1 Y 6 M		0.23% ※			2023/9/11		0.99654	0.229%
2 Y		0.25%			2024/3/10	1.00045	0.99500	0.249%
3 Y		0.30%			2025/3/10	0.98832	0.99103	0.300%
4 Y		0.35%			2026/3/10	0.98609	0.98609	0.350%
5 Y		0.40%			2027/3/10	0.98018	0.98018	0.400%

<日付ごとのディスカウント・ファクター算出>

日付	ディスカウント・ファクター	ゼロレート	日付1	ゼロレート1	日付2	ゼロレート2
2024/5/15	0.99436	0.258%	2024/3/11	0.249%	2025/3/10	0.300%
2024/11/15	0.99239	0.284%	2024/3/11	0.249%	2025/3/10	0.300%
2025/5/15	0.99021	0.309%	2025/3/10	0.300%	2026/3/10	0.350%

※ 1Y6MOISレートは、1年後と1.5年後に利払いがあるものとして計算しています。

付に隣接する前後のグリッドのディスカウント・ファクターを何らかの方法で補間することにより求めます。補間方法には、補論1（256ページ）で取り上げるスプライン法も含め、いくつかの方法がありますが、**計算シート2**では、比較的一般的なゼロレートの線形按分（linear interpolation）という方法でそれを行っています。そのやり方を簡単に説明しておきましょう。

　ブートストラップ法によるディスカウント・ファクター算出では、直接ディスカウント・ファクターが求まってしまうので、ゼロレートがいくらかは直接わかりませんが、ディスカウント・ファクターの裏側には必ずゼロレートが存在しています。そこで、まず各グリッドのディスカウント・ファクターに対応するゼロレートを求め、そのゼロレートを直線で結んで、該当する日付のゼロレートをその直線上に求めるのです。そして、按分後のゼロレートを再びディスカウント・ファクターに変換して用います。

　なぜこんな面倒なことをするかというと、ディスカウント・ファクターを直接按分すると、ちょっと極端に表すと補間後のゼロレートが**図表2-7**のように不自然な形になってしまうからです。

　さて、ゼロレートは割引債の利回りでしたから、それは割引債の価格と満期時の償還金額の比率を表すものです。ただし、それにはいくつかの表し方があります。**図表2-8**では、３年満期、額面100円の割引債の価格が97円であるという関係を、（１）１年複利、（２）半年複利、（３）連続複利という３つの表現方法で表しています。

　なぜ利回りの表現にいろいろなやり方があるかというと、たとえば１年複利は、「今の97円を１年複利で３年間運用した結果が100円になると

図表2-7 ●補間後のゼロレート

—— ゼロレートの線形按分
------ ディスカウント・ファクターの線形按分
● 各グリッドのゼロレート

図表2-8●ゼロレートの表現方法

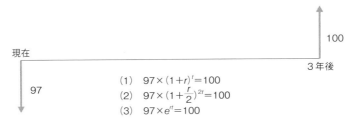

$$\text{(1)} \quad 97 \times (1+r)^t = 100$$

$$\text{(2)} \quad 97 \times \left(1+\frac{r}{2}\right)^{2t} = 100$$

$$\text{(3)} \quad 97 \times e^{rt} = 100$$

これらの等式を満たす r がゼロレート

↓

どの方法も、同じことを別の表現で表しているだけ

考えたときの運用レートはいくらになるか」を表すものであり、「１年複利で」の部分を「半年複利で」に変えても全く問題はないのです。ただし、どの複利計算の方法を選ぶかによって値そのものは変わってしまうので、基準は統一しておく必要があります。

　ちなみに、（３）の連続複利は、瞬間瞬間に複利を繰り返すというもので、あまり現実的でないように思われるかもしれませんが、あくまでも複利利回りを計算する上での想定の一つなので、もちろんこれでも問題はありません。連続複利は諸々の計算が楽にできるので、とくにアカデミズムの世界ではよく用いられる計算方法です。

　いずれにしても、複利計算では、今の金額が t 年後には何倍になるかの計算が以下の式で計算できます。

　　１年複利：$(1+r)^t$ 倍

　　半年複利：$\left(1+\dfrac{r}{2}\right)^{2t}$ 倍

　　連続複利：e^{rt} 倍

これらの表現はすべて、この事例においては３年後に今の金額が（100÷97）倍になることを、異なる形で表現しています。

　１年複利の場合を例にとると、$(1+r)^t$ が（割引債の額面÷価格）、すなわちディスカウント・ファクターの逆数に等しくなるので、その関

係から r を解くと、

$$(1+r)^t = \frac{1}{Df_t}$$

$$1+r = (\frac{1}{Df_t})^{\frac{1}{t}}$$

$$r = (\frac{1}{Df_t})^{\frac{1}{t}} - 1$$

となって、1年複利ベースのゼロレートを求めることができます。同様にして、半年複利の場合は、

$$r = [(\frac{1}{Df_t})^{\frac{1}{2t}} - 1] \cdot 2$$

です。

　連続複利の場合は、

$$r = -\frac{\ln(Df_t)}{t}$$

となりますが、計算の詳細については次項を参照してください。

　いずれかの方法でグリッドごとのゼロレートが求められたら、次にそれを線形按分します。ディスカウント・ファクターを求めるべき時点 t が、グリッド i と j に挟まれている場合、時点 t に対応するゼロレートは、

$$r_t = r_i + (r_j - r_i) \cdot \frac{d_{i \to t}}{d_{i \to j}}$$

　　　　$d_{a \to b}$：a から b までの日数

として求められます（**図表2-9**）。これを再びディスカウント・ファクターに戻せば該当日付に対応するディスカウント・ファクターが得られます。

　ディスカウント・ファクターは、スポットレートの表示方法に合わせて、以下のように計算します。

図表2-9●ゼロレートの線形按分

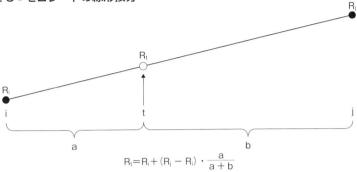

$$R_t = R_i + (R_j - R_i) \cdot \frac{a}{a+b}$$

1年複利： $\dfrac{1}{(1+\mathrm{r})^t}$

半年複利： $\dfrac{1}{(1+\dfrac{r}{2})^{2t}}$

連続複利： e^{-rt}

　この場合の t は半端な期間を年数で表したものですが、「その期日まで
での日数÷365」で計算すればいいでしょう。そうすると、半年複利の
場合の $2t$ は「その期日までの日数÷182.5」となります。

2-8 連続複利について

　ここで連続複利について簡単に補足をしておきます。連続複利は、連続的に、つまり瞬間瞬間に複利計算していくという考え方のものです。その結果、年率 r ％で t 年間運用すると、当初の1円は t 年後に e^{rt} 円になります。ここに出てきた e は何かというと、ネイピア数とか自然対数の底などと呼ばれる謎めいた定数で、$\lim_{n \to \infty}(1+\frac{1}{n})^n$ で定義される値です。実際の値は2.71828…といった値になります。ちなみに、エクセルでは、関数を使って「＝EXP$(r*t)$」とすれば e^{rt} が計算できます。

　ディスカウント・ファクターはこの逆数となりますから、$\frac{1}{e^{rt}}=e^{-rt}$ です。

　逆にディスカウント・ファクターから連続複利ベースのゼロレートを求める場合は、対数を使います。対数とは、$\log_A B$ などと表し、A を何乗すると B になるかを意味します。とくに $\log_e X$ という形式のものを自然対数と呼び、ln という記号で表します。エクセルではそのまま、「＝ln(X)」で計算できます。

　さて、e^{-rt} が連続複利ベースのスポットレートで表したディスカウント・ファクターでしたから、その自然対数をとると、

$$\ln(Df_t) \;=\; \ln(e^{-rt})$$

$\ln(e^{-rt})$ は e を何乗すれば e^{-rt} になるかということですから、答えは $-rt$ に他なりません。ですから、

$$\ln(Df_t) \;=\; -rt$$

$$\therefore r \;=\; -\frac{\ln(Df_t)}{t}$$

とゼロレートを求めることができます。

2-9 変動金利の現在価値をどう求めるのか（指標金利＝割引金利の場合）

　少々テクニカルな話が続きましたが、スワップ評価の完成まで、後もう少しです。ここまでやってきたことは、現時点でのOIS市場実勢レートと整合的になるように、各期日に対応したディスカウント・ファクターを求めるということでした。もし将来キャッシュフローの金額がわかっているのなら、その金額に期日に応じたディスカウント・ファクターを掛けるだけで現在価値の計算は簡単にできます。

　しかし、もう一つ難問が残っています。金額が確定していない変動金利キャッシュフローの現在価値はどうやって求めるのでしょうか。

　そこでまず、**図表2-10**のような単純な資金取引のキャッシュフローの価値を考えてみましょう。変動金利Rがいくらかはわかりませんが、1年間レートRで運用したらt時点の1円は$t+1$年後の$(1+R)$円になります。これを同じレートRでt時点まで割り引くと、必ず、$(1+R)\times\dfrac{1}{1+R}=1$円となることがわかります。$\dfrac{1}{1+R}$は$t+1$年後から$t$時点へのディスカウント・ファクターです。ここで重要なことは、この関係は

図表2-10●未確定の変動金利ＰＶの考え方（割引金利＝変動金利の場合）

レートRがいくらであっても成り立つということです。

つまり、あるレートで計算される利息付の将来元本は、同じレートでスタート時点まで割り引くと元本の額に等しくなります。これはスタート時点にある逆向きの元本とちょうど相殺されるので、**図表2-10**の全キャッシュフローの現在価値合計がゼロになることを意味しています。

受払全キャッシュフローの現在価値を合計したものを**NPV**（Net Present Value）と呼びますが、これはそのキャッシュフロー全体での損益を表すものであり、すなわち勝ち負けの大きさそのものです。要するに、割引金利と同じ金利でお金を借りたり貸したりするときのNPVはゼロで、したがって勝ち負けゼロということです。

そこで、**図表2-10**のNPVの計算を、変動金利と等価なレートで算出したディスカウント・ファクターを使って式で表すと、

$$NPV = -1 \cdot Df_t + (1+R) \cdot Df_{t+1} = 0$$

この式を変動金利の現在価値、すなわち$R \cdot Df_{t+1}$について解くと、

$$R \cdot Df_{t+1} = Df_t - Df_{t+1}$$

となって、まだ額が決まっていない変動金利の現在価値がディスカウント・ファクターだけから計算できることがわかります。これは1円あたりの計算ですから、これに想定元本の金額を掛ければ実際の現在価値が計算できます。

式の記号を言葉で表すと、次のような感じです。

変動金利の現在価値（元本1円あたり）

= 　金利計算期間スタート時点のディスカウント・ファクター

−　 金利計算期間エンド時点のディスカウント・ファクター

割引金利と変動金利が等価である場合は、このやり方で未確定の変動金利の現在価値を計算することができます。

この計算方法は、変動金利の発生回数が増えてもそのまま適用可能です。たとえば、今日スタートで1年後エンドの変動金利の現在価値は$Df_{0.0} - Df_{1.0}$、1年後スタート2年後エンドの変動金利の現在価値は$Df_{1.0} - Df_{2.0}$、2つを合計すれば$Df_{0.0} - Df_{2.0}$となって、変動金利の回数にかか

わらず、スタート時点とエンド時点のディスカウント・ファクターの差を計算すればいいということになります。

　ちなみに、すでに述べたことですが、変動金利のキャッシュフローと、それと交換可能な市場実勢としてのスワップレートにより計算される固定金利キャッシュフローは等価でなければなりません。つまり、スワップレートにつても、

　　　スワップレートで計算された固定金利の現在価値

　　　＝　スタート時点のディスカウント・ファクター

　　　－　エンド時点のディスカウント・ファクター

が成り立つことになります。**計算シート3**でこの関係が成り立っていることを確認してください。

計算シート3 ● 変動金利およびスワップレートの現在価値

変動金利及びスワップレートの現在価値

＜ブートストラップ＞

日付	Df*計算日数/365	Df
2022/3/8		1
2022/3/9		1.00000
2022/3/10		0.99999
2022/3/12		0.99923
2023/3/10	0.99800	0.99800
2023/3/10		0.99654
2024/3/11	1.00045	0.99500
2025/3/10	0.98832	0.99103
2026/3/10	0.98609	0.98609
2027/3/10	0.98018	0.98018

OISレート	
O／N	0.10%
T／N	0.10%
6Y	0.15%
1Y	0.20%
1Y6M	0.23%
2Y	0.25%
3Y	0.30%
4Y	0.35%
5Y	0.40%

＜変動金利現在価値の計算＞

日付	ディスカウント・ファクター	変動金利のPV	フォワードレート	PV
2022/3/10	0.99999			
2023/3/10	0.99800	0.00200	0.200%	0.00200
2024/3/11	0.99500	0.00300	0.300%	0.00300
2025/3/10	0.99103	0.00396	0.401%	0.00396
2026/3/10	0.98609	0.00494	0.501%	0.00494
2027/3/10	0.98018	0.00591	0.603%	0.00591

＜取引の評価＞

想定元本	10,000,000,000 円
期間	5 年
固定レート	0.40%
サイド	固定受

（フォワードレートを使った普通の評価方法）

日付	Df	受取CF	支払CF	受取PV	支払PV
2022/3/10	0.99999				
2023/3/10	0.99800	40,000,000	-20,000,000	39,919,941	-19,959,970
2024/3/11	0.99500	40,219,178	-30,152,062	40,018,018	-30,001,254
2025/3/10	0.99103	39,890,411	-40,000,452	39,532,762	-39,641,916
2026/3/10	0.98609	40,000,000	-50,144,507	39,443,581	-49,448,973
2027/3/10	0.98018	40,000,000	-60,265,910	39,207,294	-59,071,582
				198,121,596	-198,121,596

NPV　　0

（固定利付債として評価する方法）

CF	PV
-10,000,000,000	-9,999,945,206
40,000,000	39,919,941
40,219,178	40,018,018
39,890,411	39,532,762
40,000,000	39,443,581
10,040,000,000	9,841,030,904
	0

（市場金利と約定金利の差分で評価する方法）

CF	PV
	0
	0
	0
	0
	0
	0
	0

198,121,596　想定元本×（スタート時Df－エンド時Df）と同じ

フォワードレートの計算
（指標金利＝割引金利の場合）

　１年後から２年後までの変動金利の現在価値は、想定元本１円あたりで$Df_{1.0} - Df_{2.0}$ということでした。それでは、それは現在のディスカウント・ファクターの体系の中で何％の金利に相当するものでしょうか。この未知なる金利をx％とすると、その現在価値は、想定元本１円あたり、$x \cdot \dfrac{日数}{365} \cdot Df_{2.0}$で計算され、これが$Df_{1.0} - Df_{2.0}$に等しいわけですから、

$$x \cdot \frac{日数}{365} \cdot Df_{2.0} = Df_{1.0} - Df_{2.0}$$

$$x = \frac{Df_{1.0} - Df_{2.0}}{Df_{2.0}} \cdot \frac{365}{日数}$$

と求めることができます。このようにして求めた値を**フォワードレート**（フォワード金利）といいます。式のおさらいをしておくと、分子にある$Df_{1.0} - Df_{2.0}$はxの現在価値です。それを発生時点のディスカウント・ファクターである$Df_{2.0}$で割っています。将来金額にディスカウント・ファクターを掛けると現在価値が計算できるのとは逆に、現在価値をディスカウント・ファクターで割ると将来価値が計算できるのです。それを年率に換算すればフォワードレートとなります。

　さて、このフォワードレートとは、一体何のレートなのでしょうか。ここまでの計算からわかる通り、これは、そのレートを使って現在価値を計算すると正しい答えが得られるレートです。この点は後々重要になってきますが、ここではフォワードレートが持つもう一つの意味に注目しましょう

　それは、フォワードレートが、その計算の元となっている現在の市場金利の体系と整合的になるレートだという点です。デリバティブには、

他にも様々なフォワードレートがありますが、皆同じように他の市場価格と整合的になるように計算されています。

　市場価格と整合的になるということは、言い換えると、取引コストを無視すれば、他の手段の組み合わせで同じ経済効果を得ることが可能ということです。たとえば、現時点の1年金利が1％で、2年金利が1.5％としましょう。1年後に1年間お金を借りたい人がいて、今の時点で借入コストを確定させたいと思うなら、今から2年間1.5％でお金を借りて、最初の1年は1％で誰かに貸しておけばいいのです。そうすると、1年後から1年間、自由に使えるお金が残ります。その調達コストは、大雑把に計算すると、1.5％の2年分の支払から1年間1％の運用益を差し引いた2％くらいになるはずです。

　フォワードレートは結局のところ、この計算を精緻にやって求めたものですから、だいたいこれに近い値になるはずです。つまり、フォワードレートは、今の事例だと1年金利と2年金利の関係の中に織り込まれているレートということになります。したがって、イールドカーブの中に内包されたものという意味で、インプライド・フォワードレートと呼ぶこともあります。

　さてここで、市場では近い将来に金融政策が変更されることは予想されておらず、したがって1年後の1年金利は今の水準とたいして変わらないだろうという予想が支配的だったとします。その場合、2％のフォワード金利でお金を借りたいと思う人はそんなにはいないはずです。

　言い換えるとそれは、フォワードレートの前提となっている1.5％の2年金利が高すぎることを意味します。もし2年間お金を調達する必要があったとしても、今から1年間1％でお金を借り、1年後にそのときの1年金利でもう1年間お金を借り換えれば同じことです。1年後の金利水準が未確定というリスクはありますが、それが1％から大きく上昇しないと予想できるのであれば、1年ごとに借り換えたほうが総コストは安くなる公算が高いでしょう。そう考える人が多ければ、2年で1.5％の借入を行う人は少なくなり、2年金利は大きく下がっていくはずで

す。

　逆に言えば、２年金利1.5％で取引が成立しているとしたら、それは１年後の１年金利が２％くらいにまで上がるという予想があって初めてつじつまの合う話になります。

　もちろん、金利上昇を予想しているわけではないけれど、不測の事態に備えて多少のプレミアムを払ってでも借入コストをできるだけ長く固定化しておきたいというニーズはあるでしょうから、このロジックが常に厳密に成り立つわけではありません。それに、たとえば将来の短期金利の予想は先に行けば行くほど難しくなるでしょうから、フォワードレートも先日付になるにしたがって次第に将来予想を正確に反映したものとはいえなくなってくるでしょう。それでも、ある程度はこうした考えが成り立ち、とくに期間が短めの金利ではその傾向が強いとはいえそうです。

　実は、イールドカーブの形成要因にはいくつかの仮説が提唱されています。その第一がここで取り上げたように、短期金利の将来予想を反映したフォワードレートが織り込まれるようにイールドカーブの形状が決まるというものです。これを**純粋期待仮説**と呼んでいます。非常に有力な考え方ですが、仮説とあるように、これだけですべてを説明することはできません。

　他の仮説として、先ほども少し触れましたが、流動性への不安から期間の長い金利にプレミアムが乗る結果、純粋期待仮説で想定されるよりも長期金利の水準が高くなりやすいという**流動性プレミアム仮説**、さらには、たとえば10年以内と10年超のように期間の長さによって市場参加者が変わり、参加者のニーズや行動パターンの違いにより金利水準に断絶が生まれるという**市場分断仮説**などがあります。

　実際にはこれらの組み合わせによってイールドカーブの形状が決まってくると考えられるわけですが、スワップの金利は比較的三番目の市場分断の影響を受けにくいと考えられています。同じスワップ・ディーラーが短いものから長いものまでを一緒に扱うことが多いからです。

　また、OISの元となっているオーバーナイト金利はリスクフリーに近い金利で、不測の事態でも跳ね上がったりすることが少なく、流動性プレミアムの影響も受けにくいと考えられます。ですから、OISカーブから計算される比較的短期のフォワードレートは、市場参加者の将来予想をかなり正確に反映したものになるはずです。

　もちろんこうしたことがいえるのは、金融政策の動向や、それに影響を受ける短期金利の水準について、ある程度は将来予想ができるからです。たとえば、為替のフォワードレートも同じ原理で算出されますが、為替レートの予測は不確定要因が多すぎて、必ずしも市場参加者のコンセンサスを得られるような予想があるわけではないでしょう。そうすると、フォワードレートも市場参加者の予想を反映したものとはいえなくなっていき、ただ単に他の手段でも同じ経済効果が実現できるレートという意味合いが強くなっていきます。

フォワードレートの計算（指標金利≠割引金利の場合）

　変動金利の指標が複数ある以上、割引金利と変動金利の金利がいつも同じとは限りません。具体的には、6か月TIBORを変動金利の指標に使う取引（TIBORスワップ）をOISディスカウントで評価するようなケースです。

　この場合、TIBORで計算される変動金利＋元本の将来キャッシュフローをOISレートで割り引いても、その絶対値はスタート時点の元本に等しくならないので、今まで説明してきたやり方をそのまま使うことはできません。そこで原点に立ち戻り、必ず守られなければならないのは何かと考えると、今市場で交換できる固定金利と変動金利の価値は等しくならなければいけないということです。

　ここで思い起こしていただきたいのは、フォワードレートの厳密な定義が、現在価値を正しく計算するためのレートという点です。つまりそれは、適切な割引金利を使って現在価値を計算したときに、市場で交換可能な固定金利と等価になるようなレートであり、割引金利と変動金利が異なれば、当然フォワード金利の計算も変わらねばなりません。

　ここで、期間1年のTIBOR[11]スワップのレートが0.3%としましょう。このレートで取引すれば、固定金利はこのレートの半年分が2回発生することになります。対する変動金利も6か月TIBORで計算された金利が半年ごとに2回発生します。その2つのキャッシュフローが等価でないといけないわけですから、それぞれのキャッシュフローをOISレートから算出したディスカウント・ファクターを使って以下のように現在価値を計算し、

11　すでに触れたようにTIBORには日本円TIBORとユーロ円TIBORがあり、それぞれ金利計算期間の日数計算が異なりますが、ここでは前者を前提とします。

$$\text{（固定金利）} \qquad\qquad \text{（変動金利）}$$

1回目　$0.3\% \cdot \dfrac{\text{日数}_1}{365} \cdot Df^{OIS}{}_{0.5}$　$\text{TIBOR①} \cdot \dfrac{\text{日数}_1}{365} \cdot Df^{OIS}{}_{0.5}$

2回目　$0.3\% \cdot \dfrac{\text{日数}_2}{365} \cdot Df^{OIS}{}_{1.0}$　$\text{TIBOR②} \cdot \dfrac{\text{日数}_2}{365} \cdot Df^{OIS}{}_{1.0}$

それぞれの合計が等価になる必要があります。2つ変数があると値は求まりませんが、1回目のTIBOR①は今日公表されるTIBORが該当しますので、公表後であれば値はわかります。まだ公表されていない場合は、現時点の市況をもとに推定値を代入します。そうすると、未知の値はTIBOR②だけとなり、その値を求めることができるようになります。

$$\text{TIBOR②} = [0.3\% \cdot (\frac{\text{日数}_1}{365} \cdot Df^{OIS}{}_{0.5} + \frac{\text{日数}_2}{365} \cdot Df^{OIS}{}_{1.0})$$

$$- \text{TIBOR①} \cdot \frac{\text{日数}_1}{365} \cdot Df^{OIS}{}_{0.5}] \div (\frac{\text{日数}_2}{365} \cdot Df^{OIS}{}_{1.0})$$

同様に、1.5年TIBORスワップレートからTIBOR③が求まり、さらに2年TIBORスワップレートからTIBOR④を、という具合に次々とTIBORのフォワードレートを求めていくことができます。

実務上はこれをディスカウント・ファクターと同じ形式に変換します。

$$D^{TIBOR}{}_{0.5} = \frac{1}{1 + TIBOR① \cdot \dfrac{\text{日数}}{365}}$$

$$D^{TIBOR}{}_{1.0} = D^{TIBOR}{}_{0.5} \cdot \frac{1}{1 + TIBOR② \cdot \dfrac{\text{日数}}{365}}$$

という具合です。なぜこんな形にするかというと、こうしておけば、

$$TIBOR_i^{6M} = \frac{D^{TIBOR}{}_i - D^{TIBOR}{}_{i+0.5}}{D^{TIBOR}{}_{i+0.5}} \cdot \frac{365}{\text{日数}}$$

と先ほどと全く同じ形式で、任意の時点 i から始まる6か月TIBORの

フォワードレートが算出できるようになるからです。ただし、この係数の値は現在価値を計算するためのものではなく、あくまでもフォワードレートを算出するためだけのものですから、ディスカウント・ファクターではありません。一般にこのような形でフォワードレートの算出に利用される情報を**プロジェクション・カーブ**と呼んでいます[12]。

　このプロジェクション・カーブは、変動金利の種類ごとに用意するのはもちろんですが、同じ変動金利でも、取引によって使用されるべき割引金利が異なれば、その都度プロジェクション・カーブを別途用意する必要があります。フォワードレートは、特定の割引金利のもとで交換相手のキャッシュフローと等価になるレートですから、適切な割引金利が変わればレートも異なるのです。

---

[12]　任意の時点で始まるフォワードレートを計算するには、このプロジェクション・カーブにも補間計算が必要になりますが、70～71ページで説明したやり方をここでも援用することが可能です。

(2-12) 既締結取引の評価方法

　さて、ここまででスワップのプライシングに必要となるものがすべて揃いました。ここからは、それを使って既存契約の時価評価方法に加え、フォワードスワップやアモチ付スワップの条件決めをどう行っていくかについてみていくことにしましょう。

　まずは、OISを例に、締結したばかりの取引の時価評価をやってみましょう（75^ペ**計算シート3**下段）。なお、OISでは実際に金利が受け渡されるのは金利計算期間が終了した2営業日後ですが、ここではその点は考慮せず、あたかも金利計算終了日に受渡が行われるものとして計算します。

　評価するためには、評価対象のスワップのキャッシュフロー（期日と金額）と、その発生期日に対応したディスカウント・ファクターが必要です。固定金利のキャッシュフローはすでに決定されているので、それにディスカウント・ファクターを掛けるだけで現在価値が計算できます。

　この取引は締結したばかりなので、変動金利の金利計算期間はまだ始まっていません。その場合は、フォワードレートで仮想のキャッシュフローを作り、それにディスカウント・ファクターを掛けていけばいいだけです。

　金利計算期間が始まった変動金利は、少々やっかいです。後決め方式の変動金利の場合、適用される変動金利が少しずつ決まっていくからです。つまり、決まっている部分はその決まっているレートを使い、未定の部分にはフォワードレートを適用して、該当期間の変動金利を求めなければなりません。今日現在までの適用レートがわかっているとすると、そこまではそれを用いて複利計算を行い、その先は金利計算期間終

了日のディスカウント・ファクターを使って未確定の部分を補い、以下のように計算します。

$$\left[\prod (1 + R_i \cdot \frac{d_i}{365}) \cdot \frac{1}{Df} - 1 \right] \cdot \frac{365}{金利計算日数}$$

この**計算シート3**ではOIS取引をOISディスカウントで評価していますが、評価すべき取引が前決め方式のTIBORスワップなら、確定済みのTIBORにはその決まったレートを、未確定のTIBORには先ほど解説したようにOISディスカウント用TIBORプロジェクション・カーブから計算したフォワードレートを使うだけなので、こちらは計算が比較的簡単です。

受取キャッシュフローをプラスで、支払キャッシュフローをマイナスで表しておけば、受取キャッシュフローの現在価値合計と支払キャッシュフローの現在価値合計を足すことで、NPVが計算できます。これが、この取引の時価評価額、すなわちMTMとなります。

計算シート3は今市場実勢で取引をした直後となっており、MTMがゼロになりますが、このあと、市場実勢レートが変化することによってMTMがプラスになったり、マイナスになったりします。

なお、5年OISレートと取引の固定金利が等しい場合は、MTMが必ずゼロになるように計算されているので、そのときに1〜4年金利を動かしてもMTMはゼロのままです。5年OISレートと取引の固定金利が等しくない場合にのみ、それらの金利はMTMに影響を与えることになります。

● スワップのMTMの意味を理解する

ここで、スワップ取引のMTMの意味合いを考えるために、少し違った評価の仕方も考えてみましょう。

まず、金利スワップでは実際に交換されるのは金利だけですが、元本は交換してもしなくても同じだから交換されないだけで、したがって元本を付けて考えても経済効果は同じです。その場合、割引金利と変動金

利が同じ場合にのみいえることですが、変動金利側の元本を加えたキャッシュフローのNPVは、変動金利が未定の場合にはゼロになるということでした。元本付固定金利キャッシュフローと元本付変動金利キャッシュフローの交換が金利スワップだとすると、そのうち元本付変動金利キャッシュフローのNPVが常にゼロならば、元本付固定金利キャッシュフローのNPVが金利スワップそのもののMTMに等しくなるはずです（次ジ゙図表2-11）。

　固定金利が今の市場実勢のOISレートに等しいなら、このNPVもゼロです。スワップ取引のMTMは市場実勢で取引をした瞬間はゼロになるのだから当然です。ただし、市場実勢のOISレートがその後変化していくに従って、NPVも値が変動していきます。そして、それはスワップ取引のMTMの変動そのものを表すことになります。

　ちなみに、この固定金利側に付加された元本の価値は、交換相手の変動金利の金利部分だけの現在価値に等しいはずです。だからこそ、固定金利と変動金利の現在価値を求めてネットした値と、固定金利に元本を加えたキャッシュフローのNPVを求めた値が一致するわけです。つまり、この場合の固定金利側の元本に見えるものは、実際には変動金利と等価になるキャッシュフローなのです。言い換えれば、変動金利の現在価値は、変動金利側の元本の符号を変えたもの（逆向きの元本）の現在価値に等しくなるということです。

　この方法は、割引金利と変動金利が同じときにしか使えませんし、変動金利が決まったらその部分は固定金利として扱わなければならないといった制約があり、実務ではあまり使われませんが、スワップのMTMがどのような意味を持ち、どのように変動していくかを理解する上ではとてもわかりやすい考え方でしょう。

　図表2-11を見れば明らかなように、この元本付固定金利キャッシュフローは、固定利付債と全く同じ形をしています。

　ですから、経済的にみれば、固定金利レシーブのスワップ取引は固定利付債の買いに相当し、固定金利ペイのスワップ取引は固定利付債の売

図表2-11 ● 元本付キャッシュフローの評価

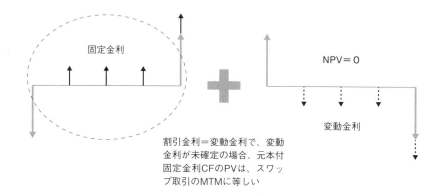

固定金利

NPV＝0

変動金利

割引金利＝変動金利で、変動
金利が未確定の場合、元本付
固定金利CFのPVは、スワッ
プ取引のMTMに等しい

りに相当するのです。

　金利が下がれば固定利付債の買いで利益が出るように、固定金利レシーブのスワップ取引でも利益が出ます。固定利付債の場合は、一定の金利低下幅に対して、おおよそ

　　　　金利低下幅×デュレーション[13]

分の利益が出ます。金利低下の影響は債券の残存期間にわたりますが、価格への影響という意味では、残存年数そのものではなく、デュレーションというものに比例します。つまり、この計算は、金利低下幅×年数分の現在価値相当分だけ利益が出ることを意味しています。これは金利スワップでも全く同じです。

　次に、もう一つの評価方法として、既締結のスワップ取引のリスクを、今の市場実勢で反対取引を行うことで完全に相殺すればどうなるかを考えます。

　たとえば、期間3年、固定レシーブのOISを市場実勢に合わせて0.3%で約定したとします。その直後に、期間3年のOIS市場実勢レートが0.1%に下がったとします。このレートで固定ペイの反対取引を実行すれば、変動金利は完全に相殺され、固定金利の受払レートの差、つまり

13　デュレーションについては第5章で詳しく説明しています。

0.2％が確定利益として残ります。

　実際に反対取引するかどうかはともかくとして、0.3％の固定レシーブ取引は、この時点で、0.2％の3年分の現在価値に相当する利益が出ていると評価できます。この方法も、変動金利側のリスクを完全に消せるときにしか使えないという制約がありますが、スワップのMTMが、「約定した固定金利のレートと今の市場実勢のレートの差×残存年数」の現在価値に等しくなることがわかります。

　つまり、スワップのMTMは、

(1)　固定金利キャッシュフローに元本をつけて固定利付債と見なしたときの評価損益の額に等しい

(2)　今の市場実勢で反対取引を行ったときに確定できる損益の現在価値に等しく、それは約定レートと市場実勢レートの差分の現在価値に等しい

というように考えることができるのです。

　もちろんどのやり方で計算をしても、答えはすべて同じになります（75ページ **計算シート3**参照）。なぜならば、いずれのやり方もアービトラージ・フリーや等価交換といった前提から導き出されたものだからです。デリバティブのプライシング理論は極めて論理的に構成されているので、そのロジックから外れない限り、どんなやり方をしても同じ結果に導かれることになります。

2-13 イレギュラー取引の条件決め（1） フォワードスワップ

　次は、ここまでのロジックを使って、イレギュラーな取引の条件決めを考えてみましょう。一つ目は、先日付スタートのフォワードスワップです。たとえば、2年後にスタートする期間3年のスワップ取引の固定レートの水準はどのように決めればいいでしょうか。ここでは、割引金利と変動金利は同じものとして話を進めていきます。

　今までは固定金利の市場実勢がわかっていて、それなら変動金利の現在価値も計算できるということだったのですが、今回はフォワードスワップに適用すべき固定金利の水準がわからないときにどうするかという問題です。

　しかし、今では将来の変動金利の現在価値をディスカウント・ファクターから計算できることがわかっています。想定元本1円あたりの変動金利の価値は、スタート時点のディスカウント・ファクターからエンド時点のディスカウント・ファクターの差に等しいということでした。2年後スタート3年間であれば

$$Df_{2.0} - Df_{5.0}$$

です。

　等価交換する相手方の現在価値がわかっているのですから、あとはこれと現在価値が一致する固定レートを計算すればいいということになります。このレートを x とすれば、その現在価値は、

$$x \cdot \frac{d_3}{365} \cdot Df_{3.0} + x \cdot \frac{d_4}{365} \cdot Df_{4.0} + x \cdot \frac{d_5}{365} \cdot Df_{5.0}$$

$$= x \cdot \sum_{i=3}^{5} \frac{d_i}{365} Df_i$$

（d_i は i 年目のクーポンの計算日数）

となり、これが$Df_{2.0} - Df_{5.0}$に等しいわけですから、

$$x = \frac{Df_{2.0} - Df_{5.0}}{\displaystyle\sum_{i=3}^{5} \frac{d_i}{365} Df_i}$$

と計算できます。このレートもフォワードレートの一つで、フォワードスタートのスワップレートなのでフォワード・スワップレートといいます。

　基本的には76ページのフォワードレートの求め方と同じで、一致させるべき現在価値をディスカウント・ファクター（この場合はディスカウント・ファクターの集合体）で割り、それを年率で表示するようにすればいいのです（**計算シート4**）。

　なお、割引金利と変動金利が異なる場合には計算が多少煩雑にはなり

計算シート4●フォワードスワップとアモチ付スワップのレート

ますが、基本的な考え方は変わりません。①プロジェクション・カーブより変動金利のフォワードレートを算出し、その現在価値を計算する、②それと等価になる固定レートを求める、という手順で計算をしていくことになります。

イレギュラー取引の条件決め（2）
アモチ付スワップ

アモチamortizationとは分割償還のことで、定期的に元本が少しずつ償還されていくようなものを指します。貸出などではしばしばみられるもので、そのリスクヘッジにスワップを用いる場合にスワップもアモチ付となります。ちなみに、金利スワップではやはり元本の受払は発生せず、ただ想定元本だけが減額されていきます。ここでは例として、期間3年で、1年ごとに元本が3分の1ずつ減っていくパターンを考えてみましょう。

アモチ付スワップの条件決めも、フォワードスワップの場合と考え方は同じです。まず、交換相手の変動金利の現在価値を求めます。今回は想定元本が変わっていくので、その点を考慮する必要があります。その計算は、「各計算期間の想定元本×各計算期間のスタートとエンドのディスカウント・ファクターの差」でももちろんいいのですが、変動金利の現在価値は元本キャッシュフローの符号を変えたもので計算できることを使って少しスマートに解いていきましょう。

変動金利の受取だとすると、最初の元本はマイナス（支払）になるはずですが、その符号を逆にするので、最初にプラス3とします。これが1年ごとに3分の1ずつ償還されていくので、1年目から3年目まで−1が並びます。この元本キャッシュフロー（符号は逆）の現在価値を計算すれば、変動金利の現在価値が計算できます。

これと等しくなる固定レートをxとすれば、その現在価値が逆向き元本の現在価値に等しくなるわけですから、

$$3 \cdot x \cdot \frac{d_1}{365} \cdot Df_{1.0} + 2 \cdot x \cdot \frac{d_2}{365} \cdot Df_{2.0} + 1 \cdot x \cdot \frac{d_3}{365} \cdot Df_{3.0}$$
$$= \sum_{i=1}^{3} -\text{元本キャッシュフロー}_i \cdot Df_i$$

$$x = \frac{\sum_{i=1}^{3} -\text{元本キャッシュフロー}_i \cdot Df_i}{\sum_{i=1}^{3} \text{想定元本}_i \cdot \dfrac{d_i}{365} \cdot Df_i}$$

という具合に求めることができます。こちらも、式の形が少し変わっていますが、一致させるべき現在価値をディスカウント・ファクターで割って年率換算するという意味では同じ形の式です（89⌒**計算シート4**）。

　なお、割引金利と変動金利が異なる場合は、やはり少々ややこしい計算となりますが、①プロジェクション・カーブから変動金利のフォワードレートを求め、各期の想定元本を乗じて、その現在価値を計算する、②それと等価になる固定レートを求める、という手順で計算をしていく点に変わりはありません。

(2-15) 通貨スワップの交換条件

　通貨スワップは、プライシングという観点からみると、複数通貨にまたがる金利スワップとみなすことができます。それぞれの通貨ごとにキャッシュフローの現在価値を求め、最後にそれを基準通貨に換算して合算すればMTMが計算できます。

　ただ、ここでも市場で交換できるものは等価でなければならないという原則は貫かれます。インターバンク市場でスタンダードな通貨スワップは元本交換付の通貨ベイシススワップと呼ばれるもので、両サイドの通貨の金利が変動金利になっているものです。たとえばドルと円の通貨スワップなら、ドルの金利はSOFR後決め複利、円の金利はTONA後決め複利で計算し、3か月ごとに受払を行います。

　さて、割引金利と変動金利が一致している場合、変動金利に元本をつけたキャッシュフローのNPVはゼロになるということでした。ドルの割引金利がSOFRであるとすると、ドル側のキャッシュフローは元本とSOFRで構成されているため、NPVはゼロです。ゼロと交換できるのだから円側のNPVもゼロのはずです。このように、ゼロとゼロで2つのキャッシュフローが交換できる、というのが通貨スワップの基本的な考え方です。

　ドルSOFRと、円TONAでは当然金利の水準は異なりますが、元本付ならばそれにもかかわらずにお互いと交換できるのです。なぜならば、どちらもそれが各通貨の市場実勢金利だからです。市場実勢でお金を貸したり借りたりすることは、金利の水準が違っても、経済的には同じもののはずです。

　ちなみに、ドルと円の元本の比率も決めないと取引ができませんが、ゼロとゼロを交換するのであれば、その比率は本来何でもいいはずで

す。ただ、この比率が今の為替レートからかい離した比率である場合、取引が進んでいくと一方が過大な支払義務を負うようになり、相手方に大きな信用リスクが発生してしまいます。それを避けるために、元本の交換比率は取引時点の実勢為替レートにもとづいて決めるのが普通です。

　また、いくらそのときの実勢為替レートで交換比率を決めたとしても、時間が経過すると実勢為替レートが変化してかい離が大きくなってしまうことがあるため、通常は３か月ごとの利払日に合わせてそのときの実勢為替レートで元本の交換比率を再調整します。この場合の元本は実際に交換される前提のものですから、比率が調整された場合は元本の過不足分を実際に受け払いします。これを**MTM通貨スワップ**（**Mark-to-Market通貨スワップ**）といいます。MTMは時価評価という意味ですでに登場しています（正確にはMTM value）が、ここでは元本をそのときの時価で値洗いするという意味です。

　ここで、先に少し触れた**通貨ベイシス**に話を移しましょう。理屈の上ではSOFRベースで元本付のドルキャッシュフローと、TONAベースで元本付の円キャッシュフローはゼロ同士で交換できるはずですが、実際にはこの２つを交換する際に追加のスプレッドが必要になります。通常、円側の金利からこのスプレッドが差し引かれる形になることが一般的で、スプレッドを a ％とすると、金利の交換部分は、

　　ドル　３か月SOFR（後決め複利）

　　　⇔　円　３か月TONA（後決め複利）－ a ％

というような形になります。この a を通貨ベイシススプレッドと呼びます。

　理論上は等価になるはずのSOFRとTONAがなぜ実際にはそのまま交換できないのか、その最大の理由は通貨ごとの資金需給の影響だと考えられます。ドルと円の通貨スワップで円側にマイナスのスプレッドがつくことが多いのは、ドル金利を支払い、円金利を受け取るサイドの取引にニーズが偏り、したがって交換条件が悪化しているということです。

図表2-12●通貨スワップを使った外貨運用スキーム

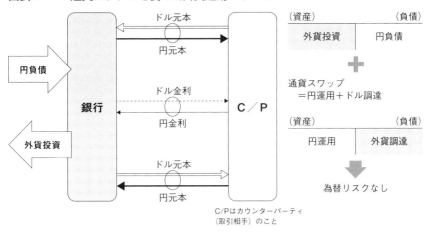

C/Pはカウンターパーティ
（取引相手）のこと

手元の円を貸し付けると同時に、
ドルを調達しているのと同じ

　その背景としては、円は近年恒常的に超低金利と金余りが続いており、国内では投融資の機会も多くないことがあります。そこで海外、とくに金利も高く投融資機会も豊富なドル建て等での運用ニーズが大きくなります。ただ、日本の金融機関や機関投資家が手持ちの円資金をドルに交換して運用するだけだと、大きな為替リスクを負ってしまうことになるので、それをどんどん積み上げていくわけにもいきません。そこで、**図表2-12**のような通貨スワップを組むわけです。この取引は、手持ちの円資金を相手に貸す代わりにドル資金を借入れているのと同じことで、この借入れたドル資金でドル建ての運用をすれば、為替リスクを削減することができます[14]。

　このような取引ニーズが積み上がる結果、取引条件が悪化し、円側にマイナスの通貨ベイシスがつくと考えられるのです[15]。また、経済危機、

14　為替リスクについては、第5章で改めて取り上げます。
15　コロナショック後には、アメリカもまた大規模な量的金融緩和や財政政策を実施したことからこうした資金需給にも変化がみられ、通貨ベイシスが大幅に縮小する局面もみられました。このように、スプレッドの水準はそのときの金融環境に大きく影響を受けます。

金融危機が懸念される状況になるとドル資金確保へのニーズが高まることが多く、そうした場合に通貨ベイシスが大きく拡大したりすることもあります。

いずれにしても、市場で交換されるものは等価と評価されなければならないので、通貨スワップではこの通貨ベイシス込みで等価交換が成り立つようにプライシングをしなければなりません。その結果、ここが少々厄介なところですが、同じ通貨のキャッシュフローでも、同じ通貨相手の金利スワップか、異なる通貨相手の通貨スワップかによって、割引金利に修正を加えないといけないことになります。

つまり、金利スワップでは市場で交換される固定金利と変動金利が等価となるように計算されなければならず、一方、通貨スワップでは市場の交換条件に合わせて、通貨ベイシススプレッド込みで相手方通貨のキャッシュフローと等価になるように計算されなければなりません。そのためには、通貨ベイシススプレッド込みの金利でディスカウント・ファクターを作る必要があるのです。

ドルと円の通貨ベイシススワップで考えると、ドルのキャッシュフローをSOFRベースの割引金利で割り引くとNPVはゼロになるので、それと交換される円TONA $-\alpha$ のキャッシュフローがそれと等価であるためにはNPVがゼロにならなければならず、そのために割引金利がTONA $-\alpha$ ベースの金利になることは自明でしょう。

この点についてはまた後で詳しくみていくとして、その前に通貨スワップとフォワード為替の関係、およびフォワード為替の理論レートについて整理しておきましょう。

2-16 フォワード為替の理論レートの計算

95ページ**図表2-12**の通貨スワップは、最初の元本部分は為替のドル買い円売りに等しく、将来キャッシュフロー部分は、金利部分の額が未確定である点を除くと、為替のドル売り円買いとみなすことができます。金利部分が未確定であることは、金利スワップを使えばその部分を固定金利に変換することができるわけですから、本質的な問題ではありません。つまり、通貨スワップはフォワード為替の組み合わせ取引としても表現することができるということです。同じ経済効果を持つものは同じ価格になるという原則からすると、フォワード為替は通貨スワップと全く同じ原理でプライシングされなければなりません。

　実際の計算は簡単です。通貨スワップのキャッシュフローの現在価値を計算するディスカウント・ファクターを用いて、将来時点で等価になる交換比率を計算すればいいのです。

　今現在のドル円レートが１ドル＝S円としましょう。これはスポット為替レートで、２営業日後（スポット日）に実際の交換が行われるレートですから、スポット日時点で１ドルとS円は等価ということになります。このスポット日時点の価値をスポットバリューと呼びましょう。スポット日から１年後に発生するドルキャッシュフローをスポットバリューに割り引くためのディスカウント・ファクターは、$\dfrac{1}{1+1年分のドルOISレート}$ですが、これを$Df^{USD}_{SPOT\text{-}1Y}$と表します。同様に円は$Df^{JPY^*}_{SPOT\text{-}1Y}$です。＊をつけているのは、通貨ベイシスを考慮したディスカウント・ファクターということを表しています。

　スポット日から１年後の時点で等価となるドルと円の比率は、今の金額をディスカウント・ファクターで割ると将来価値になることから、

$$\frac{1}{Df^{USD}_{SPOT\text{-}1Y}}ドル：\frac{S}{Df^{JPY^*}_{SPOT\text{-}1Y}}円$$ となります。それぞれスポット日ま

でのディスカウント・ファクターを掛けると1：Sになることから、両者は等価であることがわかると思います。フォワード為替レートの理論値は、この比率を1ドルあたりに直したものですから、

$$フォワード為替レート \ = \ S\cdot\frac{Df^{USD}_{SPOT\text{-}1Y}}{Df^{JPY^*}_{SPOT\text{-}1Y}} \ (円／ドル)$$

と計算ができます。

　つまり、フォワード為替のレートは、現在のスポットレートに、両通貨の金利差を反映して計算されたものです。金利のフォワードレートの場合と違って、そこに市場参加者の将来予想が反映される余地はあまりありません。実際に、ドル円のフォワード為替レートはほぼ常にスポットレートよりも値が小さく、つまりは円高方向にズレることになりますが、これは、ほぼ恒常的にドル金利が円金利よりも高いからです。

図表2-13 ● フォワード為替レートの意味

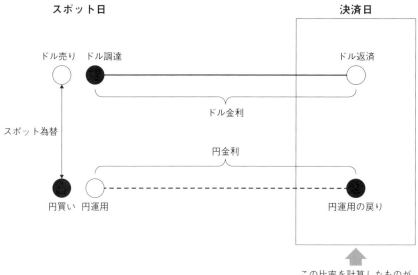

　なお、いきなり答えを導き出したので気がつきにくかったかもしれませんが、これも当然アービトラージ・フリーのレートです。

　たとえば1年後にドルを払って代わりに円を受け取りたい人がいるとして、フォワード為替以外にもそれを実現する方法があります。今、スポットの為替取引でドル売り円買いを行い、そのときに支払うドルはドルOISレートで1年間借りてきて、為替で受け取る円は円OISレートで1年間運用すればいいのです（**図表2-13**）。

　通貨をまたがる調達と運用の組み合わせには先述の通貨ベイシス相当のコストが掛かるとすれば、上記の理論レートは、この組み合わせ取引の構築コストに他なりません。ですから、ここから外れたレートを提示すると、どちらかの側にアービトラージ機会が生まれることになります。

2-17 通貨スワップの割引金利

　通貨スワップの評価は通貨ベイシススプレッド込みの割引金利を使わないといけないと先に述べましたが、担保付取引の場合は担保付利金利を割引金利にしないといけないという条件もありましたので、具体的な評価方法を考える際には、担保付取引を前提とした場合にどの通貨で担保の受け渡しをするかという点も考慮する必要があります。

　そこで、まずはいったん通貨スワップから離れて、円キャッシュフローなのにドル担保がやりとりされるという場合を考えてみましょう。ある取引から1年後に100万円を受け取るキャッシュフローが発生し、この取引の担保をドル建てでやりとりするとします。その場合、1年後の100万円の現在価値を、担保の受渡時点でドルに換算して担保として授受し、それに対してSOFRによる付利が行われます。ここで、為替リスクを完全にヘッジするためには、1年後のドル建て担保金返戻額とそれに付されるSOFRベースの利息額の合計をフォワード為替でヘッジする必要があり、そのヘッジ後の円価額が取引キャッシュフローの100万円に一致しなくてはなりません。

　このロジックを使って1年後の100万円の現在価値がいくらであるべきかを計算できるのですが、計算自体は今の話を逆向きにたどっていったほうがわかりやすいでしょう。つまり、今日約定した取引の担保受渡がスポット日に行われるとして、

① 取引から発生する1年後の100万円をフォワード為替レートで割ってドルに換算する

② そのドル金額を担保付利金利であるSOFRベースのディスカウント・ファクターを乗じてスポットバリューに割り引く

③ ドルのスポットバリューにスポット為替レートを乗じて円に換算

する

④　２営業日分の円ディスカウント・ファクターを乗じて、③の円建
　　てスポットバリューを現在価値に換算する

という手順です（**図表2-14**）。

　フォワード為替レートは先ほどの式をそのまま使うと、以上の計算
は、

$$100 \cdot \cfrac{1}{S \cdot \cfrac{Df^{USD}_{SPOT\text{-}1Y}}{Df^{JPY^*}_{SPOT\text{-}1Y}}} \cdot Df^{USD}_{SPOT\text{-}1Y} \cdot S \cdot Df^{JPY}_{TODAY\text{-}SPOT}$$

$$= \ 100 \cdot Df^{JPY^*}_{SPOT\text{-}1Y} \cdot Df^{JPY}_{TODAY\text{-}SPOT}$$

となり、通貨ベイシス考慮後の円ディスカウント・ファクターをベース
に現在価値を計算すればいいことになります。ちなみに、この式では通
貨ベイシスを反映させているのがスポット日以降となっていますが、そ
れはスポット日に担保の受け渡しが行われると仮定しているからで、要
するに異なる通貨の担保が受け渡しされるときに、実質的に円とドルの
交換が行われていると考えるわけです。ですから、その日以降の通貨ベ

図表2-14●ドル担保円キャッシュフローの場合の現在価値計算の考え方

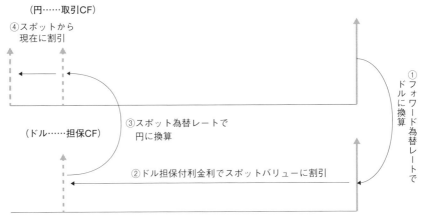

（円……取引CF）

④スポットから
　現在に割引

③スポット為替レートで
　円に換算

（ドル……担保CF）

②ドル担保付利金利でスポットバリューに割引

①フォワード為替レートでドルに換算

※ここでは、スポット日に担保が受け渡しされる前提で計算している

イシスが反映される必要があります。

　この計算式は、先ほど説明した通貨スワップで交換可能なものを等価にするには通貨ベイシス込みのディスカウント・ファクターを作らなければならないという結論と同じものになりましたが、注意しなければならないのは、今の計算はあくまでもドル担保で円キャッシュフローを評価する場合のものということです。

　どういうことかというと、ドル円通貨スワップをドル担保で行うときは上記のディスカウント・ファクターで円キャッシュフローを評価すればいいのですが、担保通貨が異なれば、ディスカウント・ファクターの計算は変わるということです。たとえば、担保通貨が円であれば、円のキャッシュフローを通常の円担保の割引金利で割り引き、ドルのキャッシュフローがそれと等価になるように通貨ベイシス込みで計算されなければなりません。

　以上を踏まえると、通貨スワップの評価は、（1）担保通貨と同じ通貨のキャッシュフローは、その通貨の担保付利金利で割り引く、（2）担保通貨と異なる通貨のキャッシュフローは、担保付利金利と交換可能な通貨ベイシス込みのレートで割り引くということになります。ですから、（2）の場合は、金利スワップとは違うディスカウント・ファクターを用意することになります。

　さらにいえば、担保通貨が別の第三通貨であれば、取引で交換される2つの通貨について、その第三通貨担保を前提にした割引金利を適用する必要があります。要するに、同じ通貨のキャッシュフローでも、担保通貨ごとに割引金利は用意されなければならないということです。計算方法は、ここで説明した計算の通貨を入れ替えるだけです。

　なお、ディスカウント・ファクターが変わると、変動金利の価値を計算するためのフォワード金利も変わります。その詳細を説明することは省略しますが、基本的な考え方はすでに説明してきた通りです。すなわち、新たなディスカウント・ファクターのもとで、市場で交換可能なものと等価になるようにフォワード金利を計算する必要があります。

2-18 マルチカーブ評価体系

　ここまでスワップを中心に、デリバティブのプライシングの第一の柱であるキャッシュフローの現在価値の計算についてみてきました。まとめると、

① 適切な割引金利を選択し、その金利体系からディスカウント・ファクターを算出する（ディスカウント・カーブ）

② 変動金利の現在価値は、その変動金利と市場で交換可能なものと等価になるように計算する（プロジェクション・カーブ）

というのが大きな流れです。

　①の割引金利については、適切な割引金利は無担保取引の場合と有担保取引の場合で変わり、有担保取引の場合にはその担保の種類や通貨の別によって変わることをみてきました。簡単に整理すると次のようになります。

無担保取引の場合	当事者双方の無担保資金調達金利（実務上は現金担保付取引と同等の割引金利＋必要に応じて別途調整）
有担保取引の場合	
同通貨の現金担保	OISレート
同通貨の債券担保	レポレート相当のレート
異種通貨の現金担保	通貨ベイシス反映後のOISレート

　無担保取引については、本来は当事者双方の調達金利で割り引くべきですが、以前の実務ではLIBORを割引金利とし、当事者双方の調達金利がLIBORと大きくかい離する場合はそのかい離分を別途調整するといった考え方が多かったと思います。この別途調整はXVAと呼ばれる

ものの中で行っていきますが、詳しくは第6章で扱うとして、いずれにしてもLIBOR公表停止後はLIBORが使えなくなるので、有担保取引と同等の割引金利で割り引いた上で、適宜別途調整を行っていくといったやり方が実務上は考えられるでしょう。

　また、有担保取引でも、債券担保の場合は担保そのものに付利金利はつかず、したがって現金担保のときと経済効果は必ずしも同じにはなりません。この点を改めて考えてみましょう。

　債券担保は、ただ債券を預かって、必要がなくなれば返すだけです。では、その場合の割引金利はどうすればいいかというと、この債券担保を現金に置き換えたとしたらどのくらいのコストが掛かるのかを考えるのです。

　債券を現金に換える取引は実際にあり、それがレポ取引です。レポ（債券レポ）は、債券を今の時点で売り、一定期間経過後にあらかじめ約定した価格で買い戻す取引をセットで行うものですが、経済効果としては債券を担保にして資金を借入れているのと同じです[16]。そのときの資金借入コストがレポ金利です。つまり、債券担保は、レポ取引を行うことによって、レポ金利を払って現金担保を受け取っているのと同じ効果を生むのです。そうであれば、債券担保の場合はレポ金利を割引金利にすべきということになります。

　この点については一つ問題があって、レポ金利は短期金利なので、長期の割引金利を得るためにはこのレポ金利と交換可能なスワップレートがわかればいいのですが、日本の場合はレポ金利を変動金利とするスワップ取引はほぼ取引されていません[17]。ただ、レポのオーバーナイト金利と無担保オーバーナイト金利は非常に密接な関係を持った金利です。レポは担保付取引なので、無担保取引の金利よりもわずかに低くなるも

16　日本では、レポ形式の取引として、ここで述べたのと同じ債券売買の組み合わせとして行う債券現先取引と、債券の貸し借りとして取引を行う日本独自の現金担保付債券貸借取引がありますが、いずれにしろ経済効果は基本的に同じです。

17　アメリカでは、SOFRがレポ金利なので、この問題は生じません。SOFRは同時に現金担保における付利金利であり、債券担保のときにそれを現金に換えるコストであるレポ金利でもあるので、どちらの場合もSOFRとSOFRベースのOISレートを割引金利とすれば済みます。

のと考えられますが、それほど大きな差は生まれず、適切な金利差を想定した上で無担保オーバーナイト金利のOISのレートからレポレート相当の長期レートを推測するという方法が考えられるでしょう。

　さて、このように割引金利の体系は複数種類が用意されるわけですが、これをマルチ・ディスカウント・カーブといいます。

　一方、②のフォワード金利の計算も複数のパターンが必要です。まず、変動金利の指標には様々な種類があります。円ではTONAの他に、TIBORがあります。こうした指標ごとにフォワード金利は計算していかなければなりません。また、TIBORのようにクレジット・センシティブな指標金利の場合には、たとえば３か月TIBORと６か月TIBORが等価になる保証はありません。このような同種指標金利で参照期間が違う変動金利同士の交換に発生する追加のスプレッドを**テナーベイシス**といいますが、テナーベイシスが実際に発生しているものについては、そのテナーベイシスを含めた上で等価交換が成り立つように、テナーごとにフォワード金利を計算していかなければならないのです。

　さらに、同じ指標金利でも、ディスカウント・ファクターが変わると、そのディスカウント・ファクターのもとで等価交換が成り立つようにフォワード金利を計算しなければなりません。

　こうして、フォワード金利の計算も、指標金利ごと、場合によってテナーごと、そしてディスカウント・カーブごとに行っていかなければならず、これをマルチ・プロジェクション・カーブと呼んでいます。

　このように現在のデリバティブの評価はかなり複雑なものになっており、総体として**マルチカーブ評価**という言い方をしています。そのすべてを詳述することはとてもできませんが、大切なことは、なぜディスカウント・カーブが複数必要になるのか（→担保の有無や種類によって資金調達コストが変わるから）、なぜプロジェクション・カーブが複数必要になるのか（→市場で交換されているものが等価になるように計算しないといけないから）という考え方を理解することです。

第3章

デリバティブのプライシング理論（2）
〜確率計算とオプション評価

3-1 オプションの概要と類型

　オプションとは、ある商品を売買する権利、あるいはある取引を行う権利など、何らかの権利を売買するものです。非常に多くのバリエーションがあり、プライシング理論も、基本的に四則演算の組み合わせであるスワップに比べて高度な数学を使うこともあって、デリバティブの中でもとくに難しく、同時に、わかり始めるととても面白くなってくる分野です。

　まず、ごく一般的なオプション取引についてみていくと、たとえば株式などの原資産を、一定の期日に一定の価格で買う権利、または売る権利といったものが考えられます。「買う権利」のことを**コール・オプション**、「売る権利」のことを**プット・オプション**と呼び、それぞれを買ったり売ったりできるので、都合4パターンの取引が可能ということになります（**図表3-1**）。

　コール・オプションの買いから、その経済効果をみていきます。今現在、1株1000円で取引されているA社株を、1か月後に1050円で買うことができる権利、すなわちコール・オプションを買うことを考えてみましょう。この場合、1か月後の期日のことを**権利行使日**、権利を行使したときに買える値段である1050円のことを**権利行使価格（ストライク・プライス）**といいます。OTCの取引ならどちらも当事者間で自由に決めることができます。

　権利行使日は、オプションにとっての満期日ということです。OTCで取引されるオプションの多くは、この例のように権利行使日が特定の日付に設定される形となっており、これを**ヨーロピアン・オプション**と呼んでいます。これに対して、一部の上場オプションなどを中心に、あらかじめ決められた一定期間内であればいつでも権利行使できるタイプ

図表3-1 ● オプション満期時の損益グラフ（ペイオフ図）

a）コール・オプションの買い

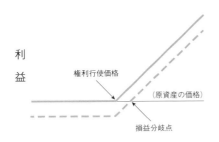

b）コール・オプションの売り

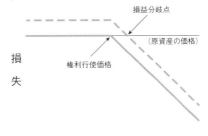

c）プット・オプションの買い

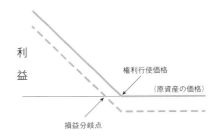

d）プット・オプションの売り

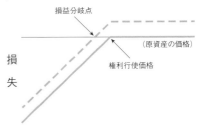

のものもあり、**アメリカン・オプション**と呼びます。両者の中間的なものとして、複数の特定期日に権利行使が可能なタイプもあり、ヨーロッパとアメリカの中間（実際にはアメリカ寄り）にあるバミューダ諸島の名前から**バミューダン**[18]**・オプション**と呼んでいます。

さて、この事例におけるコール・オプションが、買い手にとって満期時にどのような損益をもたらすかは1か月後のA社株の価格次第です。たとえば1か月後のA社株の価格が1200円なら、通常の現物株取引では1200円払わないと買えないものを、権利を行使することによって1050円で買えるわけですから、買い手は150円分得をしたことになります。

18　たとえば期間10年のスワップを5年後以降1年ごとにキャンセルできる権利がつくようなケースが考えられます（マルチ・キャンセラブル・スワップまたはマルチ・コーラブル・スワップ）。この場合、一度権利行使するとスワップが消滅してしまいますので、その後の権利行使日は当然無効になります。なお、プライシング理論的には、後述するように、バミューダンはアメリカンに近く、そうした意味でもアメリカ寄りということになります。

もし１か月後のA社株の価格が800円ならどうでしょう。市場で800円で買えるものをわざわざ1050円で買う必要はありません。権利なのだから、自分に不利になるときには行使しなければいいのです。これを権利放棄といいます。

　これが先物や先渡の取引とは違うところです。先物や先渡取引は、理論価格に近い値でしか取引できず、一度約定すれば基本的にその価格で取引をしなければなりません。一方のオプションは、権利行使するかどうかを自由に選ぶことができ、期日に自分に不利な状況となったら、権利を放棄することができます。

　期日における原資産価格に対するこのオプションの損益を図示したものが前ジ**図表3-1a**の実線です。一般にこれは満期時ペイオフと呼ばれています。満期時の原資産価格が権利行使価格を上回っていれば、権利を行使することでその上回っている分の利益を得ることができます。原資産価格が権利行使価格を下回っていれば、権利を放棄すればよく、したがって損益は発生しません。つまり、利益だけを生み、損失は発生しない取引です。

　ちなみに、オプションが利益を生む状態になっていることを**イン・ザ・マネー**（ITM、In The Money）といいます。つまり、コール・オプションであれば満期時に原資産価格が権利行使価格を上回っていればITMですが、満期日以前でも、このまま満期を迎えれば利益を生むというときに同じ言い方をします。これに対し、オプションが利益を生まない状態になっていることを**アウト・オブ・ザ・マネー**（OTM、Out of The Money）といいます。満期前にOTMの状態でも、その後の相場変動で利益を生む状態、すなわちITMへ移行することはもちろんあり得ます。

　両者の分岐点、すなわち原資産価格と権利行使価格が一致している場合[19]を**アット・ザ・マネー**（ATM、At The Money）といいます。権利

19　厳密にいえば、ある測定日における満期時点の原資産フォワード価格と権利行使価格が一致している状態です。

行使価格の設定は今の原資産価格とは関係なく自由に設定することができるということでしたが、一般的にはATM近辺で取引することが多いでしょう。

さて、コール・オプションの買いが何をもたらすのかをみてきましたが、そもそも取引が成立するには売り手が必要です。では、売り手にとっての損益はどうなっているでしょうか。権利を売るということは、その権利を保有する相手方（買い手）が権利を行使してきたときに、それに応じないといけないのですから、売る義務を負うということになります。

市場価格が1200円のときに買い手が1050円で買う権利を行使してくれば、その価格で売らなければなりません。150円分の損失です。市場価格が800円のときには、買い手は権利を行使しないので、売り手は何も得ることができません。したがって、売り手の損益は**図表3-1b**の実線です。買い手の利益は売り手の損失ですから、当然といえば当然です。

つまり、オプションは買い手にとって一方的に有利で、売り手にとって一方的に不利な取引ですから、こうした取引が成立するためには、売り手が納得する対価を買い手が支払わねばなりません。この権利料に相当するものを、**オプション・プレミアム**と呼んでいます。オプションのプライシングとは、このプレミアムの金額をはじき出すことに他なりません。

このプレミアムは買い手の負担ですから、この分が買い手の損益を引き下げます。したがって、オプションが生み出す利益がプレミアムの支払額以上にならなければ最終的な利益にはなりません。このプレミアム込みの最終的なオプションのペイオフが109ページ**図表3-1a**の点線で示したものです。逆に売り手にとっては、このプレミアムが利益となるので、ペイオフもその分だけ引き上げられます（**図表3-1b**の点線）。

両者の損益分岐点は、図を見れば明らかですね。満期時の原資産価格が、権利行使価格にオプション・プレミアム分を加えた以上に上がっていれば買い手の勝ち、そうでなければ売り手の勝ちです。

次にプット・オプションです。こちらは売る権利なので、市場価格が権利行使価格よりも下がったときに、高い権利行使価格で売ることによる利益が買い手に生じます。逆に、市場価格が権利行使価格よりも高くなったら、市場価格で売るほうが得なので権利を放棄します。したがって、プレミアムを含まない買い手の満期時ペイオフは109ペ**図表3-1c**の実線のようになり、売り手のペイオフはそれが上下逆になった**図表3-1d**の実線となります。

　買い手が売り手にプレミアムを払うことで取引が成立するのはプット・オプションでも同じですから、プレミアム込みの最終的なペイオフは**図表3-1c**、**図表3-1d**の点線となります。

　プット・オプションのペイオフは、ちょうどコール・オプションのペイオフを左右に反転させた形になっています。そして、その損益分岐点は、権利行使価格からオプション・プレミアム分を差し引いた価格ということになります。

金利オプション（1）
～キャップとフロア

3-2

金利を原資産としたオプションには、キャップ／フロア、スワップションなどがあります。

キャップ（caps）は、変動金利借入の金利に上限を設定する目的で使われることが多く、そのためにキャップと呼ばれています。たとえば6か月TIBORを対象とした期間5年のキャップを考えてみましょう。権利行使価格に相当するキャップレートを0.5％とします。

原資産となるのは、6か月ごと期間5年に渡る計10回分の6か月TIBORです。それぞれの6か月TIBORがあらかじめ決めたキャップレートである0.5％を上回ったら、その上回った差分を買い手が受け取ることができます。これを5年にわたり10回、繰り返していくわけです。

1回分の買い手にとってのペイオフ図を描くと、次ページ**図表3-2a**のようになり、これは将来の6か月TIBORを原資産としたコール・オプションに他ならないことがわかります。そしてこの場合、期日が6か月ごとに並んだ10個分のコール・オプションの集合体がキャップということです。ちなみに、一つ一つのコール・オプションのことは**キャプレット**と呼んでいます。

フロア（floors）は、逆に変動金利に下限を設定する役目を果たすものです。あらかじめ決められたフロアレートを実際の変動金利が下回ったら、買い手がその差分を受け取れます。これは変動金利のプット・オプションに相当し（**図表3-2b**）、いくつかの連続するプット・オプションの集合体がフロアです。一つ一つのオプションは**フロアレット**と呼んでいます。

使用例として、6か月TIBORに連動する期間5年の変動金利借入をしている企業を想定してみましょう。借入コストを6か月TIBOR＋0.5

図表3-2 ● キャプレットとフロアレットのペイオフ

a）キャップの買い

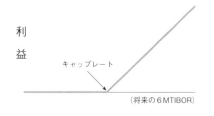

b）フロアの買い

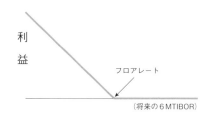

%とし、そのうち6か月TIBORについて0.7%のキャップの買いと、0.2％のフロアの売りを組み合わせてみます。ちなみに、キャップの買いとフロアの売りを組み合わせる手法は**カラー**（collar）と呼ばれています。

　6か月TIBORが0.7%を上回っていくと、借入金利はその分上がっていきますが、キャップの購入でその上回った分を受け取れるので、ネットでみると支払額はそれ以上には増えません。キャップレート0.7%に借入スプレッド0.5%を足した1.2%がこの企業の支払コストの上限になります。

　一方、6か月TIBORが0.2%以下になると、借入コストは下がりますが、フロアを売っているのでネットでみた支払額はそれ以下には下がりません。フロアレート0.2%と借入スプレッド0.5%を足した0.7%が支払コストの下限になります。

　変動金利借入の金利上昇リスクをヘッジするために、第1章では金利スワップを使った例を示しましたが、その場合、借入コストは将来の変動金利の水準いかんにかかわらず固定化されます。キャップの買いとフロアの売りを組み合わせた今回のスキームでも金利上昇リスクをヘッジできるのですが、今度は出来上がりのコストが一定のレンジを持ったものになります。「あるレベル以上の金利上昇リスクはヘッジしたいけど、金利はどちらかというと低下する可能性が高いと予想しているので、そうなったときの金利低下メリットもある程度は享受したい」というようなニーズにぴったりのスキームです。

　ただし、デリバティブのプライシングにおける大原則として、金利スワップと比べてどちらが有利ということはありません。結果にはもちろん差が生じますが、少なくとも約定時点では、どちらかのやり方が有利とか不利とかにならないように、つまりコストの期待値が同じになるようにプライシングが行われるのです。

　さて、このスキームではフロアを売っていますが、なぜこれを組み合わせるのかというと、これによってキャップの買いに対するプレミアムの支払を削減できるからです。フロアの売りによって得た代金をキャップの購入に充てるということですね。一般的には、ちょうどキャップの価格とフロアの価格が同じになるようにキャップレートとフロアレートの水準を設定します。そうすることで、キャップの購入に対する現金による支払は全く発生しないことになります。

　このようにヘッジするためのオプションの購入費用を、他のオプションを売ることで賄う取引方法を一般的に**ゼロコスト・オプション**と呼んでいます。金利に限らず、オプションの対顧客取引では非常によくみられる取引の仕方です。

金利オプション (2)
～スワップション

　金利オプションのもう一つの代表例はスワップションです。文字通りスワップのオプションで、特定の条件のスワップ取引を開始することができる権利を売買するものです。

　プレーンな金利スワップは、固定金利と変動金利を交換するものでした。したがって、プレーンなスワップションには、固定金利をレシーブするスワップ取引を開始できる権利と、固定金利をペイするスワップ取引を開始できる権利があり、前者を**レシーバーズ・スワップション**（あるいは単にレシーバーズ・オプション）、後者を**ペイヤーズ・スワップション**（ペイヤーズ・オプション）と呼んでいます。

　ペイヤーズ・スワップションは、たとえば1年後に、期間5年、固定金利1.0％（これが権利行使レートとなります）の支払、変動金利TONA後決め複利の受取、といったスワップ取引を開始できる権利です。この場合、期間については1Year into 5Yearsといった言い方をしますが、オプションの期間が1年で、原資産が5年のスワップという意味です。

　1年後、期間5年のスワップレートがたとえば1.5％なら、ペイヤーズ・スワップションの買い手は、権利を行使することで、0.5％の5年分に相当する利益を得ることができます。同じTONA変動金利を受け取るのに、市場では1.5％を払わなければいけないところを、スワップションの行使によって1.0％の支払で済ませられるからです。逆に、市場レートが1.0％よりも低ければ、市場で取引を行うほうがよく、したがって権利を放棄しておしまいです。ペイオフ図を見ればもう明らかですね。ペイヤーズ・スワップションは、将来のスワップ金利を原資産価格とするコール・オプションとなっています。ということは、レシーバ

ーズ・スワップションはプット・オプションということです（**図表 3-3**）。

　金利オプションはキャップ／フロア、ペイヤーズ／レシーバーズといった特殊な言い方をしますが、要はコール／プットと同じなのです。

　スワップションの利用例として、ここではコーラブル債のスキームを考えてみましょう。コーラブル債とは、早期償還条項付債券のことで、たとえば当初期間10年の債券として発行され、5年後に発行体が早期償還できる権利を持つような債券です。発行体が額面で債券を買い取ることができる権利付きという意味でコーラブルと呼ばれています。

　次の**図表3-4**は、発行体が固定クーポンのコーラブル債を発行し、その調達資金を変動金利建てに転換するスキームです。①のスワップは、固定クーポンを変動金利に変える普通の金利スワップです。債券をコール（早期償還）する場合には、後半5年分のスワップが不要になりますので、①のスワップをちょうど打ち消すことができるようなスワップションを組み合わせます。それが②です。このスワップションは、発行体がスワップの取引相手（カウンターパーティ、以下C/P）に売る形になっていますが、なぜ売るのかというと、オプション・プレミアムに相当する分を固定金利の上乗せ分として受け取りたいからです。そして、それがコーラブル債のクーポンの支払原資になるので、投資家が受け取るクーポンは、通常の早期償還権なしの債券よりも高くなります。

　この②のスワップションは、オプション保有者であるC/Pからみると、

図表3-3 ● スワップションのペイオフ

a）ペイヤーズの買い

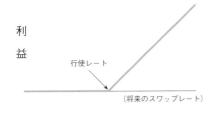

b）レシーバーズの買い

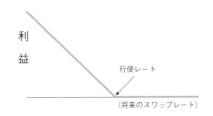

図表3-4 ● コーラブル債のスキーム

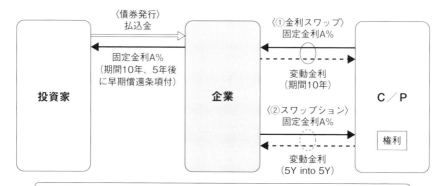

〈債券発行〉
払込金

〈①金利スワップ〉
固定金利A%

固定金利A%
（期間10年、5年後
に早期償還条項付）

変動金利
（期間10年）

投資家

企業

C／P

〈②スワップション〉
固定金利A%

権利

変動金利
（5Y into 5Y）

スワップションが権利行使されると、①と②が相殺され、そのときにコーラブル債も
早期償還される

固定金利を受け取るサイドのスワップ取引を開始できる権利なので、レシーバーズ・スワップションです[20]。そして、C/Pが権利を行使すると①と②は完全にお互いを打ち消しますので、経済効果が消滅します。実際には、①と②を一つの契約にまとめ、5年後にC/Pが権利を行使するとスワップが消滅するキャンセラブル・スワップとして締結することが普通ですが、経済的にはあくまでもスワップとスワップションの合成と考えることができます。

　この①のスワップと②のスワップションは、C/Pのマージンを無視すると、2つ合わせてMTMがゼロになるように取引条件が決められます。C/Pの側からみると、②のスワップションを取得する見返りに、そのプレミアムの分を①の固定金利のところに上乗せします。つまり、①の固定金利A％はスワップションのプレミアム分が込みになったレートです。

　このA％を簡単に求める公式はありませんが、①のスワップのマイナ

20　なお、このスキームは、5年スワップとペイヤーズ・スワップションの組み合わせでも実現できます。コーラブル債のコールという呼び名は、発行体が債券を買い取ることを意味しているので、背後にあるスワップションがレシーバーズかペイヤーズかは関係がありません。

スのMTMと、スワップションの価値が等しくなるようなA％を収束計算で求めればいいのです。収束計算は、いろいろな値を試して正解に近づいていく方法ですが、エクセルのソルバー機能を使って簡単に計算することができますし、手打ちで試行錯誤してもそんなに手間は掛からないでしょう。

さて、それではC/Pがスワップションを権利行使するのはどういうときでしょうか。レシーバーズですから、5年後の5年スワップレートが下がり、スワップションを行使することで利益が得られるときです。つまり、5年後のスワップ金利が行使レートより低下していると、②のスワップションが行使され、その結果として①のスワップが消滅します。発行体にとっては、それは金利が低下している局面で起きることですから、債券を償還せずに相対的に高くなってしまったA％のクーポンを払い続けるのは不合理なことであり、したがって債券の早期償還権を行使することになるでしょう。

その場合、投資家には10年後ではなく5年後に投資資金が戻ってきてしまうわけですが、そのときの金利水準は下がっているので、再運用の機会を探すのに一苦労することになります。つまり、投資家は金利低下時の再運用リスクを負う見返りに、オプション・プレミアム込みの高めのクーポンを得ることができるということです。それがコーラブル債の本質的な特徴です。

ちなみに発行体にとっては、資金調達が5年で終わるのか10年続くのかはわかりませんが、どちらにしても変動金利ベースの資金調達が行われていることになります。なぜこのスキームが採用されるかというと、それは普通の社債を発行するよりも変動金利ベースの資金調達コストを安くできる場合があるからです。

コーラブル債は、デリバティブを内包する債券、すなわち仕組債の中でも最も一般的で、最もシンプルなものの一つです。仕組債は、デリバティブの効果を債券に投資することで得られるようにしたものですが、その多くがこのコーラブル債とよく似た考え方で組成されます。つま

り、投資家が何らかのリスクを負う代わりに、そのリスクが顕在化しない限りは高いクーポンを享受できるというものです。

　とくにオプションを内包する仕組債の場合は、ほとんどの場合、裏側でC/Pがオプションを買う形となっており、投資家からみるとオプションを売ることでプレミアムを得ているということになります。そして、発行体がデリバティブ部分のリスクを負うことは希で、単に低コストの変動金利建て資金調達に転換するのが一般的です。したがって、仕組債にどのようなデリバティブを組み込み、どのような仕組債に仕上げていくのかは、組成を担当するアレンジャーと呼ばれる金融機関が投資家のニーズを探りながら決めていくことになります。

　なお、C/Pはアレンジャー自身が担うこともありますし、他の金融機関に依頼することもあります。

オプションの組み合わせ戦略と エキゾチック・オプション

オプションを使うメリットは何でしょうか。それは、一言でいえば戦略の柔軟性を高めるということです。先ほどの金利上昇リスクをヘッジするカラーと金利スワップの比較のように、オプションを使えば有利になるというわけではないのですが、金利スワップでは否応なく借入コストが固定化されるのに対して、オプションを使えば借入コストに幅を持たせて金利低下によるメリットも一定の範囲内で得られるように設計することが可能になります。つまり、よりきめ細かなニーズに対応するオーダーメイド型の取引が可能になるということです。前項で触れた仕組債でも、各種のオプションを組み合わせることで、個々の投資家のニーズに合った非常に多様な投資商品を生み出すことができるようになります。

ここでは、オプションの利用例の一つとして、オプションそのものを組み合わせていろいろな投資戦略を立てることを考えていきましょう。たとえば、「株式相場は基本的に上昇しそうだが、予想が外れて大きく下落する可能性もある」というような状況で、どのような投資戦略が考えられるでしょうか。現物株取引だけなら、少しだけ株を買ってしばらく様子を見ようというようなことにしかならないわけですが、オプションを使えば、次の**図表3-5**のようなペイオフをもたらすポジションを組むことが可能です。予想通りに相場が上昇すれば、それなりに利益を得ることができ、予想が外れても損失は限定的です。

このようなオプション戦略はバーティカル・ブル・スプレッドと呼ばれるもので、権利行使価格が低いコール・オプションの買いと権利行使

図表3-5 ● バーティカル・ブル・スプレッド

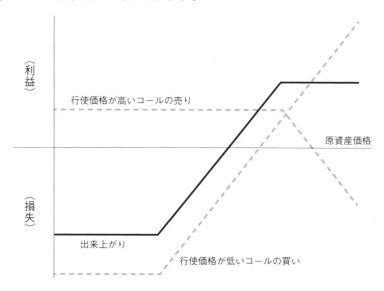

（利益）

行使価格が高いコールの売り

原資産価格

（損失）

出来上がり

行使価格が低いコールの買い

価格が高いコール・オプションの売りを組み合わせたものです[21]。

　また、相場がどちらの方向に動くかはわからないが、どちらにしても値動きが大きくなりそうだという場合、現物株の取引ではポジションの取りようがありませんが、オプションなら、**図表3-6a**のようにロング・ストラドルやロング・ストラングルといった戦略が可能です。前者は同じ権利行使価格のコールとプットの買いを組み合わせたもの、後者は権利行使価格が異なるコールとプットの買いを組み合わせたものです。コールとプットの売り同士を組み合わせて、**図表3-6b**のようにショート・ストラドルやショート・ストラングルといった相場が動かなければ利益が出るポジションを組むこともできます。

　このようにオプションとは、相場の方向性だけでなく、相場変動の大きさによって利益が出たり、損失が出たりするものであり、こうしたも

21　後に説明するプット・コール・パリティと呼ばれる理論的な関係により、権利行使価格が低いプット・オプションの買いと権利行使価格が高いプット・オプションの売りの組み合わせでも同じ経済効果を実現できます。

図表3-6●ストラドルとストラングル

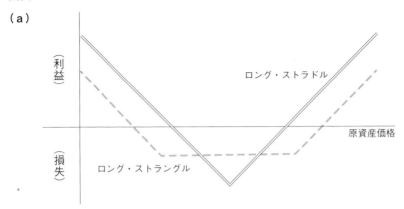

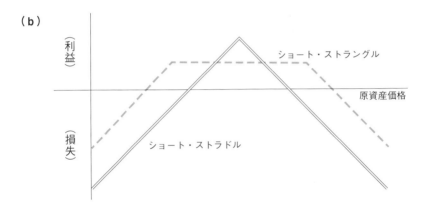

のを取り入れることで投資戦略の選択肢は飛躍的に増えることになります。

　なお、ここで取り上げたオプションの組み合わせ戦略は、ただ単にプレーンなオプションを組み合わせただけのものです。オプションにはそれ以外に、プレーンな取引とは異なる特殊なペイオフを持つタイプの取引が多数存在しています。これを、**エキゾチック・オプション**と総称しています。

　オプションは数学理論やプライシング・モデルに強く依存した商品なので、難しくもあるわけですが、だからこそ様々に特殊な条件を付加し

た取引をすることもできます。理論的な価値を計算できるものは、理屈の上ではいくらでも取引が可能ということです。したがってエキゾチック・オプションは、ある意味いくらでも考え出すことができ、実際に何種類のエキゾチック・オプションが世の中で取引されているかも定かではありません。さらにいえば、その中にはとてつもなく複雑で、一見しただけでは、わけのわからないものもあります。

　ここでは、エキゾチック・オプションの中でも比較的シンプルで、実際にもよく取引されている2例だけ紹介しておきましょう。

　一つ目は**バリア・オプション**です。これは、バリア価格というものが別途設定されており、原資産価格が取引期間中にこのバリア価格にタッチすると、オプションが無効になったり、有効になったりするものをいいます。最初は無効で、バリアにタッチすると有効になるものを**ノックイン**、最初は有効で、バリアにタッチすると無効になるものを**ノックアウト**といいます。もちろんこれにも様々な変種があり、たとえば複数のバリアが組み合わさったものなどがあります。

　なぜこんな特殊なオプションが取引されているかというと、その大きな理由としては、オプション・プレミアムが安くなるという点があります。オプションのプライシングの説明はこれからですが、買い手にとって有利であればあるほどプレミアムが大きくなるだろうということは直感的にも理解できるでしょう。バリア・オプションは、ノックインであればバリア価格に一度タッチしないとオプションが有効になりませんし、ノックアウトであれば、バリア価格に一度タッチしてしまうとオプションが無効になってしまいます。したがって、他の条件が同じなら、普通のオプションに比べて買い手にとっての有利さが小さくなるのです。ですから、プレミアムは安くなります。

　プレミアムが安くなるということは、オプションとしての有効性が小さくなることなのですが、オプションをリスクヘッジに用いるエンドユーザーには、できるだけリスクヘッジに伴うコストの支払を極小化したいというニーズがあることが多く、したがってバリア・オプションにも

根強いニーズが生まれるのです。

　もう一つ**デジタル・オプション**についても触れておきましょう。これは**バイナリー・オプション**ともいいます。勝ちと負けの二者択一型オプションで、たとえば権利行使日に原資産価格が権利行使価格を上回ったら100万円をもらえるが、そうでなければ何ももらえないといったタイプのものです。

3-5 オプション・プライシングの 基本的な考え方

　それでは、オプションのプライシングについて考えていきましょう。

　これから求めようとしているオプション・プレミアムは、オプションの買い手が権利を保有するための対価ですから、そのオプションが買い手にもたらす有利さと等価な金額ということになります。もちろん、オプションが最終的に何をもたらすかは結果をみないとわかりませんが、オプションがもたらすであろう経済的利益について、現段階で合理的に見積もることができる期待値を算出すればいいのです。

　期待値とは、確率的な事象において、平均的に得られるものを計算した値です。先ほどの説明で使用した権利行使価格1050円の株式コール・オプションを例にとりましょう。権利行使日における株価が1200円なら、コール・オプションの買い手は一株あたり150円分の利益を得ます。株価が800円ならゼロです。これを表したものが満期時ペイオフでした。期待値を計算するには、このペイオフに加えて、株価がどのくらいの確率でいくらになるかといったことを知る必要があります。

　将来の株価の確率を知ることは簡単ではありませんが、そこで登場するのが、モデル化という考え方です。簡単にいえば、種々の計算が可能になるように、現実を単純化して、数学によって表現してしまおうということです。

　たとえば、ある株の株価（当初価格S_0）が、一定時間（Δt）ごとに、一定の幅で上昇または下落すると想定してみましょう。最初のステップは以下のように表せます。

$$S_0 \quad \begin{cases} \to S_0 \left(1 + \sigma\sqrt{\Delta t} + r\Delta t\right) & \cdots\cdots\text{確率50％} \\ \to S_0 \left(1 - \sigma\sqrt{\Delta t} + r\Delta t\right) & \cdots\cdots\text{確率50％} \end{cases}$$

$r\Delta t$ は金利による影響を捉える部分なのですが、この点については後で触れるとして、要するにフィフティ・フィフティの確率で、σ で規定される一定幅の上下動をするという単純な想定です。あまり現実的な想定に思えないかもしれませんが、これを細かく繰り返していくと、現実の株価の動きに近いものが表現できるようになります。モデル化というのは、こういった感じのものです。

あくまでも現実を単純化したものなので、それが完全に正しいものだといえるようなものでもなく、また適切なモデルが一つとも限らないのですが、とにかく何らかの仮定を置かなければオプションの価格は計算できません。そして、何よりも重要な点は、このモデルがアービトラージ・フリーの条件を満たさなければならないということです。それが、オプション価格の"正しさ"を決める鍵になります。

上の二項分岐に $r\Delta t$ が加えられているのは、このモデルが予測する将来価格の期待値をフォワード価格に一致させるためです。フォワード価格は、ある資産を先日付で取引するときの価格ですが、配当のない資産であれば、現在の価格をディスカウント・ファクターで割ることで求められます。フォワード金利を求めるときに、現在価値をディスカウント・ファクターで割っていたのと同じことですね。ディスカウント・ファクターで割るということは、金利の効果を加えることに他なりません。したがってこのケースでも、フォワード価格に一致するためには、価格の期待値は、時間が Δt 経過するごとに $r\Delta t$ 分増加しなければなりません。なお、後でまた触れますが、このような条件でモデル化された確率の分布をリスク中立確率といいます。

さて、このようなモデル化によって、たとえばこの株価の将来推移が次のように描かれるとします。この例では、金利をゼロと仮定し、将来価格の期待値が変化しないものとしています。

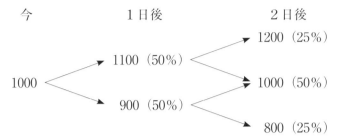

　権利行使日が2日後だとすると、株価1200円のときに利益150円、その発生確率が25%なのでこのケースでの期待利益は150×25%＝37.5円、株価1000あるいは800円ときは利益ゼロなので、結局37.5円がこのオプションの総期待利益となります。この37.5円の現在価値を計算すれば、それがすなわちオプションの価格ということになります。

　これを一般化した形で数式によって表現すると、以下のようになります。なお、この式は実際の価格算出では使いませんが、あとでブラック＝ショールズ・モデルの式と見比べることでブラック＝ショールズ・モデルが何を計算しているものかがイメージしやすくなりますので記載をしておきます。

$$\text{Call} \quad = \quad e^{-rt}\int_{S_t=K}^{\infty}(S_t-K)\cdot P(S_t)$$

$$= \quad e^{-rt}\int_{S_t=K}^{\infty}S_t\cdot P(S_t)-e^{-rt}\int_{S_t=K}^{\infty}K\cdot P(S_t)$$

$$= \quad S\int_{S_t=K}^{\infty}\frac{e^{-rt}S_t}{S}\cdot P(S_t)-e^{-rt}K\int_{S_t=K}^{\infty}P(S_t)\quad\cdots\cdots(1)$$

e^{-rt}　　：ディスカウント・ファクター

S_t　　：満期時の原資産価格（変数）

　　　　　（Sは現時点での原資産価格）

K　　：権利行使価格

$P(S_t)$　：満期時の原資産価格がS_tとなるときの確率密度[22]

22　確率密度とは、確率変数が連続的な値をとるときの確率の大きさを示す値です。

3-6　ブラック＝ショールズ・モデル

　前項の単純な設例からわかる通り、オプションの満期時のペイオフに加えて、株価が1200円になる確率が25％というような、満期時の株価ごとの生起確率がわかればオプションの価格は計算できるということです。

　ちなみに、ある変数が取り得る値とその生起確率の関係を**確率分布**といいます。最も有名な確率分布は**正規分布**です。これはこの後、頻繁に出てくるものですが、確率分布をグラフにしたときに、左右対称のきれいな釣り鐘型の確率曲線[23]が描かれるものです。サイコロ投げやコイン投げなどランダムな変動を積み重ねていくと次第に正規分布に近づいていくのですが、逆に言えば、正規分布の背後にはランダムな動きの積み重ねがあります。そしてこれは、自然界でも非常に多くみられる確率分布の一つです。

　オプション価格に話を戻すと、満期時の原資産価格の確率分布がわかればいいといっても、将来の価格の確率分布を正確に特定することは事実上不可能です。そこで、正しいかどうかはさておき、アービトラージ・フリーの条件が満たされるような確率分布を使って計算をしていくことになります。それがリスク中立確率といわれるもので、先ほど出てきたフォワード価格が期待値となるような確率分布です。

　本来、人にはリスクを忌避する傾向があり、したがってその意思決定は純粋に期待値だけの計算にもとづいたものとはならず、リスクの大小で評価が変わるはずです。そのときにリスクをとることの見返りとして求められるのが**リスク・プレミアム**です。ただ、このリスク・プレミア

23　正規分布の場合、その形状は釣り鐘型であることから、一般にベルカーブと呼ばれています。この曲線の縦軸の値は、確率密度関数というものによって計算されます。

ムがどのくらいの値かは厳密にはわかりません。そこで、リスク・プレミアムを無視して計算するのがリスク中立という考え方です。詳しい説明は補論2（260ページ）に譲りますが、それがアービトラージ・フリーを満たすものであれば、その前提でオプションの価値を計算していいことになります。

　つまり、リスク中立の仮定の下における確率分布は、現実の確率分布とは異なるものですが、それで計算したオプション価格は他の市場価格と整合的であり、計算のつじつまが合う価格ということになります。

　さて、実際のオプションのプライシング・モデルにはいろいろなものがありますが、プレーンなヨーロピアンタイプのオプションに関してはブラック＝ショールズ・モデルがスタンダードなモデルとして使われています。後でみるように、ブラック＝ショールズ・モデルにはいくつかの限界があるのですが、実務の上では最も基本的で重要なモデルです。

　ブラック＝ショールズ・モデルは、前にも触れた通り、フィッシャー・ブラックとマイロン・ショールズによって1973年に開発され、以後ずっと実務の世界で使われ続けています。ブラックは早世してしまいましたが、ショールズと、ブラック＝ショールズ・モデルの数学的な正しさを証明したロバート・マートンは、1997年のノーベル経済学賞を受賞しています。

　ブラック＝ショールズ・モデルでは、オプション満期時の原資産価格の確率分布について、**図表3-7**のような分布が想定されています。これは、平均がフォワード価格に等しく、満期までの期間を t、あとで詳しく説明する**ボラティリティ**を σ としたときに、標準偏差が $\sigma\sqrt{t}$ となるような対数正規分布です。対数正規分布とは、横軸の値を対数に変換すると、左右対称のきれいな正規分布になるような確率分布のことです。

　この確率分布のもとでオプションの期待利得の現在価値を計算すると、以下のような式（BS式）が得られます。

$$\text{Call} = e^{-qt}SN(d) - e^{-rt}KN(d - \sigma\sqrt{t})$$
$$\text{Put} = -e^{-qt}SN(-d) + e^{-rt}KN(-d + \sigma\sqrt{t})$$

$$d = \frac{\ln\left(\dfrac{S}{K}\right) + \left(r - q + \dfrac{1}{2}\sigma^2\right)t}{\sigma\sqrt{t}}$$

S：原資産価格

K：権利行使価格

r：権利行使日までのゼロレート（連続複利ベース）

q：配当利回り（連続複利ベース）

σ：ボラティリティ（年率）

t：権利行使日までの期間（年）

$N()$：標準正規分布の累積分布関数

　式の背後には高度な数学があり、一見すると難しそうに感じられるかもしれませんが、実際の計算は非常に簡単で、エクセルなどで実に簡単に計算ができます（次の計算シート5）。ノーベル賞受賞理論とはとても思えないこの簡便さこそが、ブラック＝ショールズ・モデル最大の利点です。

図表3-7●オプション価値計算のイメージ

コール・オプションの期待利益

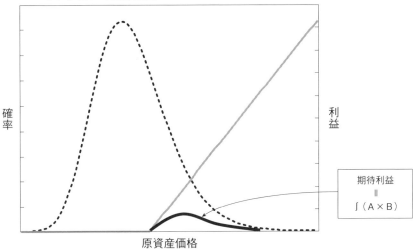

計算シート5●ブラック＝ショールズ・モデル（BSモデル）

ブラック＝ショールズ・モデル（BSモデル）

パラメーター		値		フォワード価格	1005.0125	（フォワード価格を行使価格にすると、CALL＝PUTになる）
S	原資産価格	1,000.00				
K	行使価格	1,050.00				
r	金利	1.00%				
q	配当	0.00%				
σ	ボラティリティ	20.00%				
t	期間	0.5				

| d1 | -0.23893 |
| d2 | -0.38035 |

＜グリークス＞

| CALL | 37.98807 |
| PUT | 82.75117 |

	デルタ	(比率)	ガンマ	(比率)	ベガ	セータ
CALL	4.056	0.406	0.274	0.027	2.747	-0.587
PUT	-5.944	-0.594	0.274	0.027	2.747	-0.483

※ デルタ、ガンマは原資産価格＋0.5％と－0.5％の差、ベガはボラティリティ＋1％による差、セータは0.01年経過時の差

-1%	-0.50%	0.50%	1%		
990	995	1005	1010		
34.1	36.0	40.1	42.2	40.7	37.4
88.8	85.8	79.8	76.9	85.5	82.3

　これを使えば、オプションのその時点での価格が計算できます。今から取引しようと思っているオプションの適正な価格を計算することもできますし、すでに締結したオプションの最新の時価を知ることもできます。

　既締結のオプションの評価損益は、オプションの買いの場合、

　　　評価時点での時価評価額 － 約定時に支払ったプレミアム額

であり、売りの場合は、

　　　約定時に受け取ったプレミアムの額 － 評価時点での時価評価額

です。

　それでは、少し式の中身をみていきましょう。

　e^{-rt}はディスカウント・ファクターですが、e^{-qt}は、配当が支払われると原資産価格が下がる、いわゆる"配当落ち"が生じることを調整するものです。株の場合は、配当は権利日（期末日）にのみ発生するので、連続複利で表現することに違和感があるかもしれませんが、ここで実現したいのは、権利行使日までに配当が発生する場合に、オプション満期時における原資産価格の確率分布の期待値が、配当落ち後のフォワード価格に一致するようにすることです。具体的には、予想される配当

落ち分の現在価値が $S \times (1 - e^{-qt})$ に等しくなるように q を求めて入力します。

　ドル円通貨オプションの場合は、原資産をドルと考えて計算すればよく、その場合、ドル金利を原資産がもたらす配当と捉えて、q に連続複利ベースに変換したドルのゼロレート（53㌻参照）を入力すれば通貨オプションの価格が計算できます。

　ボラティリティ σ は、満期時における原資産価格の確率分布の幅を決定するパラメータですが、とても重要な概念なので、こちらは後でまた個別に詳しく触れます。

　N() で示されている標準正規分布の累積分布関数[24]とは、平均0、標準偏差1の標準正規分布で、変数がある値以下になる確率を計算するものです。たとえばN(0)とすると、標準正規分布でゼロ、すなわち平均値以下になる確率を計算し、答えは0.5（50％）となります（次㌻**図表3-8**）。エクセルでは、「=NORMSDIST(x)」または「=NORM.S.DIST(x,TRUE)」で計算ができます。

　コール・オプションの式の中に出てくるKに掛かっている $N(d - \sigma\sqrt{t})$ は、満期時にこのオプションがイン・ザ・マネーになり、コール・オプションが行使される確率を示しています。では、その前の S に掛かっている $N(d)$ は何かというと、コール・オプションが行使される確率に、そのときの原資産価格の上昇率の期待値が掛け合わされたものになります。

　q を無視して、128㌻の式（1）と見比べていただくと、ブラック＝ショールズ式が何を計算しているものなのか、イメージがつきやすいのではないかと思います。これを図で表すと、131㌻**図表3-7**のペイオフと原資産価格の確率分布を掛け合わせて、現在価値ベースで総合計したものがこの式で計算できるということです。プット・オプションについても同じようなイメージで捉えることが可能です。

24　次㌻図表3-8の曲線は標準正規分布の確率密度関数ですが、累積分布関数はこれを $-\infty$ から特定の値まで積分するものと表現できます。

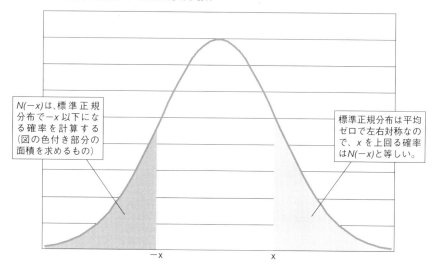

N(−x)は、標準正規分布で−x以下になる確率を計算する（図の色付き部分の面積を求めるもの）

標準正規分布は平均ゼロで左右対称なので、xを上回る確率はN(−x)と等しい。

なお、コール・オプションの価格とプット・オプションの価格には、**プット・コール・パリティ**と呼ばれる緊密な関係があります。

たとえば、同じ権利行使価格Kのコール・オプションの買いとプット・オプションの売りを組み合わせると、プレミアム考慮前の損益分岐点がKとなる右肩上がりのペイオフができます。これは、約定価格Kのフォワードの買いと全く同じペイオフです。フォワード取引は、フォワード価格Fであれば追加費用なしで取引できますが、それとは異なる価格Kで取引するためには、KとFの差の現在価値分を別途受払する必要があります。

アービトラージ・フリーの原則から経済効果が同じものは同じ価格にならなければいけませんから、オプションの組み合わせポジションの構築コストは、このKとFの差の現在価値に等しくなる必要があります。この関係を式で表すと、行使価格Kのコール、プットそれぞれのオプション・プレミアムをC_K、P_Kとしたときに、

$$-C_K + P_K = e^{-rt}(K - F)$$

Fの現在価値は、現在の原資産価格Sに他なりませんから、

$$-C_K + P_K = e^{-rt}K - S$$

となります。これがプット・コール・パリティです。

これを使えば、

$$P_K = C_K + e^{-rt}K - S$$

という具合に、コール・オプションの価格からプット・オプションの価格を計算することができるようになります。

実際の市場では、需給の偏りによって、厳密にプット・コール・パリティが成り立つとは限らないのですが、少なくともプライシング・モデルはこのプット・コール・パリティが成り立つようになっていなければなりません。

たとえばキャンセラブル・スワップは、レシーバーズ・オプションを使っても、ペイヤーズ・オプションを使っても組成できるとのことでしたが、プット・コール・パリティから本来はどちらで組成してもコストは変わらないはずです。もし実際の市場価格がここからズレていたら、どちらか有利な方法で組成すればそれだけ低コストで組成ができるということになります。

3-7 ボラティリティについて

　さて、ブラック=ショールズ・モデルによるオプション価格の計算式に出てきたボラティリティ σ について、もう少し詳しくみていきましょう。

　ボラティリティとは、価格変動率の標準的な大きさを示すパラメータです。要するに、値動きが激しいかそうでないかを示す値です。同時にこれは、将来時点における原資産価格の確率分布の幅を決める標準偏差の大きさを示すものでもあります。もし対象資産の瞬間的な価格変動率が、一定のボラティリティ（σ）のもとで完全にランダムに決まるとしたら、一定期間（t）後の原資産価格の確率分布は標準偏差 $\sigma\sqrt{t}$ の対数正規分布に従うことになります。つまり、確率分布の標準偏差は経過時間のルート t 倍だけ増えていくことになります。ブラック=ショールズ・モデルはこの関係を利用しています。

　実務上のボラティリティには２種類あり、一つ目はリスク管理などで使用する**ヒストリカル・ボラティリティ**です。たとえば前日1000円だったある株の株価が今日1050円になっていたら、価格変動率（日率）はプラス５％ですね。こうしたデータを多数集めて、その標準偏差をとったものがヒストリカル・ボラティリティ（日率）です。正確にいえば、価格変動率の標準偏差であり、上下の方向性には関係なく、価格変動率が平均からどれだけ振れるかを示すものです。

　これに対して、オプションの計算に用いるボラティリティは**インプライド・ボラティリティ**と呼ばれるものです。オプションの計算に必要なのは、過去の値ではなく、将来の予想値です。予想値に正解はないのですが、オプション市場はまさにこのボラティリティの予想値を取引するマーケットです。

　ブラック＝ショールズ・モデルのσのところにいろいろな値を入れるとオプションの価格がどう変化していくかが確認できます。実際にオプション市場でオプション・トレーダー達は、将来のボラティリティを予想しながら、どのくらいの価格でオプションを買えばいいのか、あるいは売ればいいのかを考えてトレードしています。その結果として、オプションの市場価格が決まってくるのです。

　プレーンなヨーロピアンタイプのオプションはブラック＝ショールズ・モデルを使うのがスタンダードですから、自分が納得できるボラティリティ水準に見合った価格をブラック＝ショールズ・モデルで計算してオプションを取引していくわけです。したがって、オプションの市場価格の背後には、必ずブラック＝ショールズ・モデルに使用するσの水準があるはずで、それを逆算したものがインプライド・ボラティリティです。意味としては、オプションの市場価格に内包された将来の予想ボラティリティということです。

　なお、同じ原資産でも、オプションの期間によってボラティリティの水準は当然に変わります。このオプション期間とインプライド・ボラティリティの関係を一般に**ボラティリティ・カーブ**と呼んでいます。ボラティリティには、**ミーン・リバージョン**（平均への回帰）という性質が備わっており、短期的に高いボラティリティ、あるいは低いボラティリティが見込まれていても、長期のボラティリティは平均的な水準に近づくと考えられます。

　実際のオプションの評価では、市場で形成されるこのようなインプライド・ボラティリティを使います。これが本当に正しい予想なのかどうかはともかく、アービトラージ・フリーの原則に則り、これら市場実勢のインプライド・ボラティリティと整合的になるように、種々のオプション価格を計算していくことになります。

ブラック・モデルによる
金利オプションの計算

　キャップ／フロア、スワップションといったフォワード金利を原資産とするオプションでは、ブラック＝ショールズ・モデルの派生版である**ブラック・モデル**がスタンダードなモデルとして使われます。ブラック・モデルは、計算の前提や論理構造はほとんどブラック＝ショールズ・モデルと同じで、ただ原資産が先物や先渡となっており、ブラック＝ショールズ・モデルの原資産価格に当たるところに先物価格やフォワード価格を代入するようになっているものをいいます。とくに区別することなく、まとめてブラック＝ショールズ型モデルと捉えていただいても問題ありません。

　ブラック・モデルによる前決め変動金利のキャプレット／フロアレットのオプション・プレミアムの計算式は、

$$\text{Caplet} = e^{-rt'}FN(d) - e^{-rt'}KN(d - \sigma\sqrt{t})$$

$$\text{Floorlet} = -e^{-rt'}FN(-d) + e^{-rt'}KN(-d + \sigma\sqrt{t})$$

$$d = \frac{ln\left(\dfrac{F}{K}\right) + \dfrac{1}{2}\sigma^2 t}{\sigma\sqrt{t}}$$

F ： 対象金利のフォワードレート

t ： オプションの満期までの期間（年）

t' ： 利払日までの期間（年）

となります。スワップションの計算式も基本的には同じですが、$e^{-rt'}F$ と $e^{-rt'}K$ に当たる部分が、複数回のキャッシュフローの現在価値合計となるところだけが違います。具体的な計算例は、**計算シート6**および**計算シート7**を参照してください。

　注意を要するのは、TONAなどの後決め方式の変動金利に対するキ

ャプレット／フロアレットの計算です。

　たとえば、1年後に決まり、1.5年後に決済される6か月金利を原資産とするキャプレット／フロアレットで、変動金利が前決め方式のものであれば、1年後にはオプションの損益が確定するのでオプション期間は1年です。支払日は1.5年後なので、上式で $t=1$、$t'=1.5$ と入力すれば計算できます。

　これに対して、後決め変動金利の場合は、1年後から1.5年後までの

計算シート6 ● キャップ／フロアのプレミアム計算（ブラック・モデル）〜前決め変動金利の場合

計算シート7 ● スワップションのプレミアム計算（ブラック・モデル）

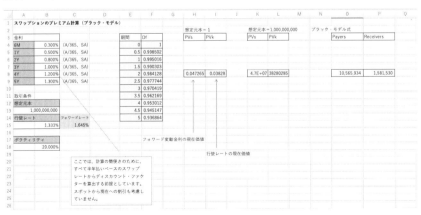

日々のオーバーナイト金利を使って原資産となる変動金利を決めていくので、一度に決まるのではなく、この期間にわたって少しずつ決まっていく形になります。したがってオプション期間は、1〜1.5年のどこかになります。

　このようなタイプのオプションは、ブラック・モデルでそのまま計算することができません。そこで考えられるのは、後で登場するツリー・モデルやモンテカルロ・シミュレーションを使っていくことです。ブラック・モデルでも、ボラティリティについて何らかの仮定を置くことで計算することは可能になりますが、その点については補論3（277ページ）で述べることにします。

3-9　ブラック＝ショールズ・モデルの限界（1）
～対数正規分布の妥当性

　ブラック＝ショールズ・モデルは、モデルを組み立て、数式を解くことで解を導き出すとてもエレガントな解析的モデルです。しかし、エレガントであるからこそ、いくつかの大きな限界も伴っています。

　とくに重要な点は、市場価格の確率分布として対数正規分布が想定されていること、そして精緻に導出された解析的手法であるが故に、エキゾチック・オプションなど特殊な条件がつくととたんに計算が難しくなったり、そもそも計算できなくなったりすることです。

　一つ目の対数正規分布の仮定にまつわる点についてですが、これには、（1）実際の市場価格の変動にしばしばみられる**ファットテール**と呼ばれる性質を計算に織り込めない、（2）マイナスの原資産価格を扱えない、という問題があります。この2点について、順にみていきましょう。

■ファットテール

　市場価格の確率分布を正規分布、または対数正規分布と仮定して種々の計算をすることは金融の実務で非常によく行われていることですが、このときに問題になるのがファットテールです。次頁**図表3-9**は、実際の市場価格の確率分布が理論上の正規分布とどうズレるのかをイメージとして示したものです。横軸を対数の値とすれば、対数正規分布でも同じ議論ができます。

　ズレている点は大きく3つあります。これは、ほとんどすべての市場にみられる共通の特徴です。

　①　価格があまり動かない確率は正規分布で想定されるよりも高い

　②　価格がほどほどに動く確率は正規分布で想定されるよりも低い

図表3-9 ● 理論上の正規分布と市場価格変動の差異（イメージ）

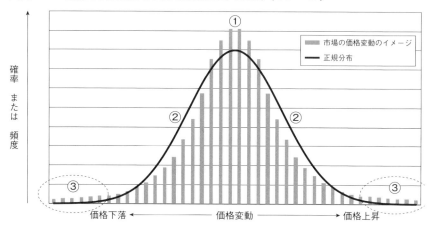

③　正規分布では生起確率が極めて低いと計算されるような極端な値
　　動きが生じる確率が実際にはそこそこにある

の３つです。その結果、実際の市場価格の確率分布は、正規分布に比べて中程が尖って両裾が広がった形[25]となっています。

　このうち、①と②が大きな問題となることはあまりないのですが、③は非常に深刻な問題で、これをファットテールと呼んでいます。テールは、確率分布の裾（両端部分）を指し、それが想定よりも分厚い、つまり極端な出来事が思ったよりも頻繁に起きることを意味します。俗に言うブラックスワン[26]とほぼ同義です。

　このファットテールを反映したモデルというものもいくつか存在しています。ブラック＝ショールズ・モデルでは、オプション期間中、ずっと一定のボラティリティのもとでランダムな変動が続くと想定されているのですが、ボラティリティもまた時間経過とともに確率変動をするよ

25　確率統計の用語を使うと、正規分布よりも尖度の大きな分布ということです。また、これに加えて、現物市場では重心がやや右に偏り、左側の裾が伸びた負の歪度を持つ分布になることが多いのですが、ここではその点には触れません。

26　起こらないと思っていた出来事が生じることを指す言い方です。元来白いスワン（白鳥）しかいないと思われていたところ、黒いスワン（黒鳥）が発見されたことに由来しています。

うにモデル化すれば、原資産価格の分布は尖った形となり、現実に近づけることができます。こうしたモデルを**ストキャスティック・ボラティリティモデル**と呼んでいます。

　一部のエキゾチック・オプションでは、こうしたモデルを使わないと正確な計算ができない場合もありますが、先に述べたようにプレーンなヨーロピアンタイプのオプションではブラック＝ショールズ・モデルが基本的には使われています。では、ファットテールについてはどうやって計算に反映させているのでしょうか。

　たとえば権利行使価格を現在の原資産価格から大幅に下がったところに設定した（ディープ・アウト・オブ・ザ・マネーの）プット・オプションを考えましょう。対数正規分布の想定では、原資産価格が大きく下落してオプションがイン・ザ・マネーになる確率はかなり低く計算されるので、オプション・プレミアムも非常に小さな値になります。ですが、現実の市場変動では大幅な価格下落がもっと頻繁に起きるというのがファットテールでした。つまり、対数正規分布を仮定したブラック＝ショールズ・モデルでは、このようなオプションの価格を低く見積もりすぎてしまうことになります。そこでどうするかというと、そうしたオプションの価格を計算するときに、普通のアット・ザ・マネー近辺のオプションを計算するときよりも、ボラティリティの値を大きくして入力するのです。

　こうした対応は、やや論理破綻気味ともいえます。権利行使価格の設定は、取引当事者間の合意に過ぎません。にもかかわらず、原資産の価格変動率の想定を、その権利行使価格の水準によって変えてしまうのです。せっかく高度な数学を使ってエレガントな計算手法を確立したのに、実際の計算では、鉛筆をなめながらトレーダー達の感覚にフィットするようにボラティリティの入力値を調整するわけです。

　その結果として、ブラック＝ショールズ・モデルで使うボラティリティは、権利行使価格の水準ごとに違ってきて、だいたい次の**図表3-10**に示した２パターンのうちどちらかに近い形になります。これを、スキュ

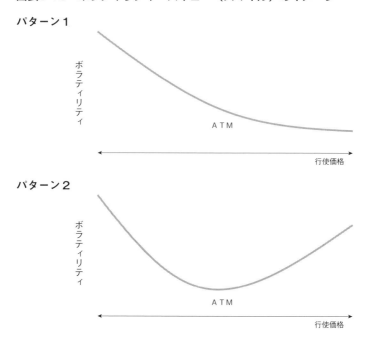

図表3-10 ●ボラティリティ・スキュー（スマイル）のイメージ

パターン1

ボラティリティ

ＡＴＭ

行使価格

パターン2

ボラティリティ

ＡＴＭ

行使価格

ーとかスマイルと呼んでいます。言葉の意味としては、右肩下がりにな
ったものがスキュー、両端が上がったものがスマイルですが、あまり厳
密に区別する必要はないでしょう。

　オプション市場で活発に取引されている代表的な原資産であれば、こ
うした権利行使価格水準ごとのボラティリティが得られますので、それ
を使ってプライシングを行うことになります。

　図表3-11は、**図表3-10**にオプション期間を追加したものですが、ここ
でイメージを示したように、一般的にはオプション期間が長くなるにつ
れ、スキューやスマイルの影響度合いも薄れていく傾向がみられます。

マイナス金利への対応

　次は、マイナスの原資産価格についてです。

　そもそも対数は正の値に対してしか計算できないので、対数正規分布

図表3-11 ● ボラティリティ・スキュー（スマイル）のイメージ

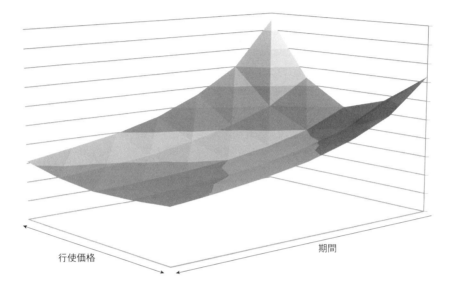

行使価格　　　　　　　　　　　　　　　　期間

型のオプション・モデルは、ゼロやマイナスの原資産価格を扱えません。普通の正規分布ならマイナスの値も扱えるのですが、株価や為替レートにゼロやマイナスの値はありませんし、かつては金利もゼロやマイナスにならないと考えられていたので、もともとは対数正規分布のほうが都合よかったのです。

　それに、普通の正規分布は、市場価格がどの水準にあってもだいたい同じ幅のランダムな動きが積み重なることで形成されるのに対して、価格に対してだいたい同じ率のランダムな動き、つまり価格が大きければ大きな値動き、価格が小さければ小さな値動きが積み重なると対数正規分布になっていきます。通常、後者の想定のほうがより自然と感じられるでしょう。

　しかし近年、かつてはあり得ないとされてきたマイナス金利が出現しました。少なくとも金利にはマイナスがあり得るようになってしまったので、これを扱えるようにしなければなりません。

　選択肢の一つは、マイナスの値も扱える普通の正規分布型のモデルを

使うということです。ただ、先ほども触れた通り正規分布型のモデルは現実の市場価格の動きにはそぐわない点があり、またこれまでずっと金利オプションの計算でも対数正規分布型のモデルを使うことに市場参加者が慣れていたということもあって、ブラック＝・ショールズ型のモデルをなんとかマイナス価格にも対応できるようにしようと登場したのが、**シフティッド・ログ・ノーマル**と呼ばれる計算手法です。

　これは、対数正規（ログ・ノーマル）分布をマイナス方向にずらして（シフトして）計算する手法です。何のことはありません。たとえばマイナス１％を下限とし、これをモデルの中ではゼロとして扱えばいいのです。この場合、実世界でマイナス0.5％の金利は、モデル上はプラス0.5％として計算されます。

　そんな強引なことをして大丈夫なのかと思われるかもしれませんが、適切なボラティリティを与えれば、それなりに自然な確率分布を描き出すことができます。また、下限がマイナス１％ではなく、マイナス２％としても大きな問題とはなりません。

　ただし、下限がどこにあるかによって、適切な確率分布を描き出すためのボラティリティの値が変わります。つまり、下限ゼロのときに適切だったボラティリティと、下限マイナス１％のとき、あるいは下限マイナス２％のときに適切となるボラティリティの水準はそれぞれ異なるのです。ですから、市場で提示されているボラティリティをそのまま使う場合、そのボラティリティの前提となっているシフト幅に合わせて計算をすることが必要です。

ブラック＝ショールズ・モデルの限界 (2) 〜一部のオプションはそもそも計算できない

ブラック＝ショールズ型のモデルは、特定のタイプのオプションしか計算ができません。基本的にはプレーンなヨーロピアンタイプのオプション計算用です。

たとえばアメリカン・オプションやバミューダン・オプションは、ヨーロピアン・オプションほどではないにしても一般的なオプションの一種に位置づけられるものですが、ブラック＝ショールズ型のモデルではこれらの価格を計算できません。

また、数多くあるエキゾチック・オプションのうち、デジタル・オプションや基本的なパターンのバリア・オプションなどについてはブラック＝ショールズ式を修正して解くことはできるのですが、それ以外の多くのエキゾチック・オプションはやはり計算ができません。きれいな数式でまとめたものであるが故に、応用が利きにくいのです。

では、どうするかというと、ブラック＝ショールズ・モデルのような解析的手法ではなく、実際に数値を当てはめて計算していく**数値計算手法**が用いられます。その代表的なものとして、**ツリー・モデル**と**モンテカルロ・シミュレーション**があります。

■ツリー・モデル

ツリー・モデルは、原資産価格がどのように変動していくかを、分岐図を使って表していくやり方です。なお、モデルという言い方をしていますが、今まで用いてきた原資産価格の動き方に対する仮定という意味でのモデルではなく、ここでは計算のやり方のことを指しています。

ツリー・モデルにもいくつかのバリエーションがありますが、最もシンプルなものは二項分岐を繰り返していく二項ツリー・モデルです。こ

れは、まさに127〜128ジーでの説明で使ったように、原資産価格が一定の時間間隔で、一定の比率で上昇と下落に枝分かれするというものです。**計算シート8**では、ブラック=ショールズ・モデルと同じ対数正規型の確率分布になるように作られた二項ツリー・モデルの例を示しています。もちろん別のモデル（このモデルは原資産価格の変動についての仮定の意味）に基づいた計算も可能です。

ツリー・モデルでは、各分岐の上昇率、下落率は、想定される確率分布の標準偏差と整合的でなければなりません。また、127〜128ジーの説明では、設例を単純化して上昇・下落の確率をフィフティ・フィフティとしていましたが、正規分布型モデルでなければ実際には必ずしもフィフティ・フィフティにはならず、分岐後の期待値がフォワード価格に一致するように上昇確率や下落確率をきちんと計算する必要があります。

ツリー・モデルの良いところは、分岐の各ステップにおける原資産価格の値と、その発生確率がわかることです。

たとえばアメリカン・オプションでは、権利行使期間中の各時点で、権利を行使すべきか、その時点では権利を行使せずにオプションとして保有を続けるべきかを選ぶことができ、その選択権の価値を含めてプレミアムを算出しなければなりません。実際に原資産価格の推移とその確率が示されているツリー・モデルなら、それを計算できるのです。

計算シート8(1) で、ツリー・モデルによって描かれた分岐図の最後を見ると、オプションの権利行使期間の最終日における原資産価格がわかります。このときまで権利を行使せずにオプションを持ち続けていた場合のペイオフが、これを使って計算できます。それが**計算シート8(3)**の分岐図の最後に示されています。

この分岐図で1ステップ前に遡り、

① その時点で権利を行使したらいくらの利得があるか

および、

② 権利を行使せずに次のステップに持ち越したときに利得の期待値はいくらになるか

計算シート8●ツリー・モデルによるアメリカン・オプションの計算

ツリーモデルによるアメリカン・オプションの計算

パラメータ

		値	
	r	1.00%	
	q	4.00%	
	S	100	
	K	100	98.511194
	v	15%	
	Δt	0.0833333	
	step数	6	
	M	0.5	
	u	1.0416451	上昇率
	d	0.9552318	下落率
	D	0.999167	ディスカウント係数
	F	0.9975031	フォワード係数
	P	0.4891764	上昇確率

（1）原資産価格推移（ツリー）

0	1	2	3	4	5	6
						127.73755
					122.63059	
				117.72781		117.14064
			113.02104		112.45735	
		108.50245		107.96129		107.42283
	104.16451		103.64499		103.12805	
100		99.501248		99.004983		98.511194
	95.523178		95.046754		94.572706	
		91.246775		90.791679		90.338854
			87.161819		86.727097	
				83.259739		82.844479
					79.532348	
						75.971826

（2）ヨーロピアン・オプションの価格計算

0	1	2	3	4	5	6
						27.737555
					22.305805	
				17.112096		17.14064
			12.344104		12.16641	
		8.4407832		7.7983119		7.4228297
	5.5280261		4.7166496		3.6280483	
3.4977507		2.7477253		1.7732772		0
	1.5592211		0.8667227		0	
		0.4236271		0		0
			0		0	
				0		0
					0	
						0

BSモデルによる計算（ヨーロピアン）

コール	3.4779881	
プット	4.9593687	
	-0.088388	
	-0.194454	

（3）アメリカン・オプションの価格計算

0	1	2	3	4	5	6
					22.630594	27.737555
				17.72781	22.305805	
			13.02104	17.419336	12.457345	17.14064
		8.5024471	12.728229	7.9612889	12.16641	
	4.1645079	8.8123058	3.6449853	7.9405119	3.1280537	7.4228297
	5.7294868	0	4.7963077	0	3.6280483	
3.6059313	0	2.7866597	0	1.7732772	0	0
	1.578251	0	0.8667227	0	0	
		0.4236271	0	0	0	
			0	0	0	
				0	0	0
					0	
						0

行使価値
（色なし）保有価値

を計算します。この①と②の大きなほうをその時点での価値とすることで、選択権を加味した評価ができます。この計算を、時間を遡る形で現

時点になるまで繰り返していくと、現時点におけるただ一つの値が求まります。それが、アメリカン・オプションのプレミアムです。ちなみに、このように時間を遡って計算するやり方をバックワード・リダクションといいます。

前ページの**計算シート8**は考え方を示すことが目的でステップ数をわずかにしていますが、もちろんステップ数が多く、分岐が細かいほど計算は正確になり、一般的には数百ステップくらいは必要となるでしょう。

バミューダン・オプションの計算も基本的にはこれと同じです。ただ、いつでも権利が行使できるアメリカン型とは違い、バミューダン型では特定日にしか権利を行使できない点に留意すれば、計算ができるようになります。

┃モンテカルロ・シミュレーション

数値計算手法のもう一つの代表的なやり方が、モンテカルロ・シミュレーションです。これは、金融界のみならず、多くの産業で実務において幅広く利用されているやり方です。具体的には、何らかの理論モデルに沿って乱数を使ったシミューション計算を行うものです。

シミュレーションをするにあたっては、原資産価格の変動モデルを選ばなければなりませんが、正規分布型や対数正規分布型はもちろん、現実の市場価格の確率分布に近い尖った分布を作り出すストキャスティック・ボラティリティモデルなどにも対応ができます。ブラック＝ショールズ・モデルのように数学的に解いた解析式が得られないような複雑なモデルでも、モデル式が定義され、その式に必要な各種のパラメータが与えられれば、いくらでもシミュレーションは可能なのです。

また、原資産の価格推移を任意の時点でシミュレーションすることができるので、原資産価格の推移の仕方によってオプションの価値が変動する経路依存型と呼ばれるようなものも計算できますし、満期時点の原資産価格も具体的な値として示されるので、オプションのペイオフがどんなに複雑なものでも価値を計算することができます。

適用できる理論モデルの幅広さ、対応できるオプションのタイプの幅広さ、両方の意味で、万能型の計算手法といっていいでしょう。唯一アメリカン・オプションに関しては、ツリー・モデルで計算するほうが簡単ですが、とにかく便利な計算方法なのです。

計算シート9では、ブラック＝ショールズ・モデルと同じ対数正規分布型のシミュレーション計算例を示しています。シート中の＜シミュレーション＞のところで何度も登場する

$$= NORM.S.INV(RAND())$$

という式が、エクセル上で標準正規分布に従う乱数（標準正規乱数）を生成する関数です。シートを再計算するたびに乱数は入れ替わります。

ちなみに、正規分布ではない分布を作り出す場合も、この標準正規乱数の組み合わせで行います。正規乱数を単に足し上げたものは正規分布にしかなりませんが、正規乱数を掛け合わせると正規分布ではなくなるので、これを利用するのです。

たとえば一定のボラティリティ σ で正規分布に従って発生する乱数は標準正規乱数に $\sigma\sqrt{\Delta t}$ を掛け合わせる形で作っていきますが、σ 自体も乱数を使って変動させていけば、その掛け合わせで実現する確率分布は正規分布ではなくなります。

計算シート9●モンテカルロ・シミュレーション

	A	B	C	D	E	F	G	H	I	J	K	L	M
1	モンテカルロ・シミュレーション												
2					＜シミュレーション＞								
3	今日の日付	2022/3/30			期間(年)								
4	原資産 現在価格	100.00			0	0.25	0.50	0.75	1.00		CALL	PUT	
5	オプション満期日	2023/3/30			＜価格展開＞								
6	スポットレート	1.00%			1	100.00	104.3021	95.9891	107.4001	91.4082		0.00	13.59
7	ディスカウントファクター	0.99005			2	100.00	84.30954	65.5176	61.58411	53.055		0.00	51.94
8	配当利回り	0.00%			3	100.00	92.30484	90.0633	87.7092	80.2629		0.00	24.74
9	オプション期間	1			4	100.00	93.14714	91.5107	112.0441	109.778		4.78	0.00
10	ボラティリティ	20%			5	100.00	96.02771	88.5171	82.24313	79.987		0.00	25.01
11	行使価格	105.00			6	100.00	101.5353	100.722	93.55327	80.3634		0.00	24.64
12					7	100.00	96.66988	88.3524	71.63441	81.6615		0.00	23.34
13	フォワード価格	101.01			8	100.00	99.04786	102.811	103.7692	111.946		6.95	0.00
14					9	100.00	82.1561	78.5578	72.02388	74.2404		0.00	30.76
15	ステップ数	4	(固定)		10	100.00	104.3923	98.1224	99.5145	94.2845		0.00	10.72
16	ステップ期間	0.250											
17	フォワード価格係数	1.00250313							平均		1.17	20.47	
18													
19	d	-0.094				Call(BSモデル)				Call(モンテカルロ)			
20	d−σ√T	-0.294						6.297			1.161		
21													
22						Put(BSモデル)				Put(モンテカルロ)			
23								10.252			20.270		

また、一定の相関を持ちながら変動する複数の変数を扱う場合は、相関を持つ複数の乱数を用意する必要があります。その生成方法については補論4（279ページ）を参照してください。

　さて、乱数によるシミュレーションは、1回行っただけでは、たまたま乱数によって作り出された、それだけではとくに意味のないシナリオが一つできるだけです。これを多数繰り返すことによって、起こりえる様々なシナリオが生成されていき、次第に意味のある計算が可能になっていきます。したがって、シミュレーション回数（シナリオ数）は通常かなり多くする必要があります。何回行えばいいかは、目的、使用する乱数の生成方法、コンピュータの処理能力、対象とするオプションの種類などによって変わるため、これといった正解はありませんが、数万回〜数十万回行うのが普通でしょう。

　ここで乱数の生成方法に触れましたが、乱数といっても、コンピュータで生成する乱数は、何らかのロジックにしたがって乱数らしく見えるものを作り出しているだけです。そのため、乱数の生成方法によっては計算精度に差が生まれます[27]。

　前ページの**計算シート9**では、単純なヨーロピアン・オプションの計算をしているだけなので、本来は2年後の原資産価格のシミュレーションができればオプション価格を計算できるのですが、あえて価格推移の途中経過もシミュレーションしています。これを使えば、経路依存型のオプションでも価格が計算できるということです。また、この計算シートではシミュレーションの回数（シナリオ数）がわずかに10ですが、実際にははるかに多数の計算が必要なことはすでに述べた通りです。最後に、期待値としてのオプション価格を求めるわけですが、シミュレーションの各シナリオはそれぞれ同等の重みを持つものなので、単に平均をすれば期待値を求めることができます。

27　実務でよく使われる生成方法には、メルセンヌ・ツイスター法といわれるものがあります。

第4章

クレジット・デリバティブ

クレジット・デリバティブは、第2章、第3章で主に取り扱ってきた一般的なデリバティブとはやや趣を異にする取引です。

クレジット・デリバティブそのものはクレジット・リンクの仕組債（CLN、Credit Linked Notes）やシンセティックCDO（Synthetic Collateralized Debt Obligations）など有力な投資商品の組成に欠かせないものですが、それだけでなく、後述するOTCデリバティブに伴う取引先の信用リスク（CCR、Counter-Party Credit Risk）の管理や、CCRを加味したデリバティブの時価評価額の調整（CVA、Credit Valuation Adjustments）に欠かせないものであり、ここで章を分けてその概要をみていくことにしましょう。

クレジット・デリバティブは、企業や国等の信用リスクを原資産としたデリバティブの総称で、いくつかの取引類型があるのですが、実際に取引されるもののほとんどが**クレジット・デフォルト・スワップ**（**CDS**、Credit Default Swaps）とその応用版なので、ここではそのCDSについてみていくことにします。

CDSとは何か？

クレジット・デフォルト・スワップ（CDS）とは、指定された**参照先**または**参照組織**（レファレンス・エンティティ）に一定の**クレジットイベント**（信用事由）が発生した場合に、売り手（**プロテクション・セラー**）が買い手（**プロテクション・バイヤー**）に対し、一定の経済価値を移転させる取引のことをいいます（**図表4-1**）。

参照先は、売り手と買い手の合意で自由に設定することができます。企業や国が選定されることがほとんどですが、それ以外の個別債務、た

とえば証券化商品等を指定することも可能です。

　クレジットイベントは、デフォルト（債務不履行）かそれに類する状況のことを指しますが、後で判定に疑義が生じないようにその定義については事前に契約で定めておく必要があります。

　一般的にクレジットイベントとして定義されるものには主に以下の3つのものがあり、契約時に選ぶことができます。

・倒産（Bankruptcy）

　　日本企業であれば、会社更生法、民事再生法など各種の倒産手続きの適用申請を行うことが該当します。

・支払不履行（Failure to Pay）

　　何らかの債務が履行できない状態になることを指します。事務ミスや錯誤などで生じた支払不履行は基本的に含まれません。

・債務再編（Restructuring）

　　債務の返済期限延長、優先順位変更などを指します。たとえば、債務を返済期限のないエクイティに変換するデット・エクイテ

図表4-1●CDSの仕組み

参照先がデフォルトしなければ……

参照先がデフォルトすると……

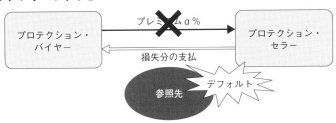

ィ・スワップなどが該当します。

上記３つすべてをクレジットイベント（CE）として適用する契約を3CEと呼びます。このうち債務再編は該当するかどうか、そのときの清算はどうするかといった判定が難しい場合があり、そのため債務再編以外の２つをクレジットイベントとして適用する2CEの契約も広く行われています。

クレジットイベントが発生したときの経済価値の移転方法には、後述するようにいくつかのやり方があるのですが、その目的は参照先がデフォルト状態に陥ったときに、参照先の発行する社債等の債権の保有者が受ける損失を補填することにあります。

いってみれば倒産保険のようなイメージですが、保険に入るためには保険料（プレミアム）を払う必要があり、CDSでもバイヤーがセラーに対してプレミアムを支払うことで取引が成立します。

▎CDSプレミアムとその支払方法

CDSのプレミアムは、バイヤーがセラーに対して、取引時に合意した率で取引期間中にわたって定期的に支払っていくものになります。プレミアムの料率は、取引時点での参照先の信用リスクに対する取引当事者の評価を反映したものなので、本来は取引ごとに値が変わっていくはずですが、標準的な取引では、期中に支払う率を定率（参照先にかかわらず、たとえば１％）とし、参照先の信用力を反映した実勢の料率（実勢スプレッド）との差額を取引開始時にアップフロント・フィーとして清算する方法がよく行われています。

たとえば、固定料率（年率）を１％、参照先に対する実勢スプレッド（年率）が1.5％で、取引期間は５年としましょう。本来なら年あたり1.5％を支払うことで保険に加入できるわけですが、実際に５年にわたって定期的に支払うのは固定料率の年１％です。不足分、すなわち1.5－1.0＝0.5％の５年分は、これを現在価値に換算して取引時にバイヤーが支払うことで調整します。

　参照先の実勢スプレッドが固定料率よりも低ければ、今のケースとは逆に、固定料率での支払が過剰になるので、その過剰分を取引開始時にセラーが支払うことで調整します。なぜこんなややこしいやり方をするのかというと、後でもまた触れますが、実はこの方式は一般的な債券の売買取引と非常によく似ており、多くの参加者にとってとてもなじみやすい形式なのです。

　CDSスプレッドという言葉が実務でもよく使われますが、これはここでいう実勢スプレッドのことを指します。

　なお、取引期間中に参照先にクレジットイベントが発生したら、セラーからバイヤーへの経済価値の移転が発生して、そこで取引は終了しますので、それ以降のプレミアムの支払はキャンセルされます。

▌クレジットイベント時の決済方法と支払金額

　クレジットイベント発生時の支払には、大きく分けると**フィジカルセトル**（現物決済）と**キャッシュセトル**（現金決済）の二通りのやり方があります。

　フィジカルセトルは、参照先が発行するCDS想定元本相当の債券を、セラーがバイヤーから額面価格で買い取る形でCDSの清算が行われるものです。クレジットイベントが生じた参照先が発行する債券の価格は額面よりも大きく下がっているはずなので、この取引によってセラー（清算のための債券取引に関しては買い手）には損失が生じ、バイヤー（債券取引では売り手）には利益が生じます。そのため、債券価格の実質的な値下がり分の経済価値がセラーからバイヤーに移転することになります。

　キャッシュセトルは、実際に債券をやりとりするのではなく、債券のやりとりで発生する損益に相当する金額を現金で清算する方法です。セラーからバイヤーに対する支払金額は以下の式で計算されます。

　　　清算金額 ＝ 想定元本×（額面価格－清算価格）/100

　式中の清算価格は、基本的には参照先が発行する債券のクレジットイ

ベント後の価格です。つまり、債券の残存価値であり、一般的には**回収価値**と呼ばれるものです。ちなみに回収価値を額面金額で割った比率を回収率といい、１から回収率を引いた値を**デフォルト時損失率**（**LGD**、Loss Given Default）といいます。ですから、

　　　清算金額　＝　想定元本×LGD

と整理することができます。

　インターバンクで頻繁に取引されるプレーンなCDSでは、参照先がクレジットイベントに該当するかどうかを業界横断的な組織であるDC（決定委員会）を開催して決め、該当するとなったら、複数のディーラーのオークションにより清算価格を決めて、これにもとづいて清算を行う**オークション決済**方式を採用しています。オークション決済では、決定された清算価格にもとづいて現金決済をすることになりますが、セラー、バイヤーのどちらかが現物の受け渡しを希望する場合は、オークション参加ディーラーが清算価格での売買を引き受けてくれるので、実質的にフィジカルセトルと同等の形で決済することもできます。

　いずれにしろ、どの決済方法でも、セラーからバイヤーに移転する経済価値は基本的に同じものになります。

　なお、キャッシュセトルの場合、あらかじめ清算価格を決めた上で取引を行うことも可能です。この方法なら、債券価格がわからなくても清算ができるので、債券を発行していない企業を参照先に選ぶことも可能になります。

4-2　CDSと債券取引の関係

　CDS取引は、ここまでの説明の通り、特定の企業や国等のデフォルトによる損失を補填するためのデフォルト保険として捉えることができます。もちろんこのイメージのままでもいいのですが、より実態的には参照先が発行する債券のオフバランス取引と捉えることも可能です。

　CDSのセラーは、参照先の信用リスクを引き受け、参照先がデフォルトになればその発行債券に生じる損失を負担します。そのかわりにプレミアムを受け取ることができます。これは、債券購入時の資金負担が発生しない点を除けば、債券投資と非常によく似た経済効果です。同様に、CDSのバイヤーから見れば、債券を空売りして債券発行体のデフォルトリスクをヘッジするのと経済効果が非常に類似した取引となります（次ページ図表4-2）。

　先ほども触れましたが、プレミアムを1％なら1％と決め、実勢スプレッドとの差をアップフロントで調整するやり方も、固定クーポンと実勢利回りの差が売買価格の変動によって調整される債券取引と基本的には同じやり方です。債券では、固定クーポンより実勢利回りが高い場合は債券価格が額面を下回り、逆の場合には価格が額面を上回ります。デリバティブの場合には額面金額のやりとりは行われないので、額面との差額だけをアップフロントでやりとりするようにすれば、CDS取引で行われているやり方そのものとなります。

　ただし、少々ややこしいのは呼び方です。CDSと債券売買では、買い手、売り手という呼び方が逆転しているのです。CDSのバイヤーは、プロテクションを買っているわけですが、経済効果としては債券の空売りをしているのと同じです。CDSのセラーは、リスクの引受け手であり、経済効果としては債券の投資家と同じです。

図表4-2 ● CDS取引と債券投資の関係

1．CDS取引のキャッシュフロー（プロテクション・セラーからみた場合）

（a）満期までクレジットイベントが発生しないケース

（b）途中でクレジットイベントが発生したケース

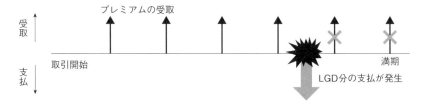

2．債券投資のキャッシュフロー

（a）満期までデフォルトが発生しないケース

（b）途中でデフォルトが発生したケース

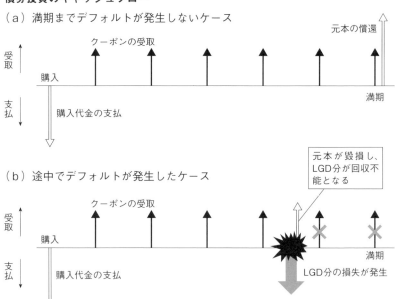

※クーポン＝リスクフリー金利＋クレジットスプレッド

CDSのプライシングの概要

　次に、CDSのプライシングについて簡単にみてみましょう。以下の説明では、固定料率のことは忘れて、実勢プレミアムを定期的に支払うというシンプルな取引を前提にしていきます。

　さて、CDSはスワップ、つまり交換取引ですから、取引時点では交換される2つのキャッシュフローが等価値と見なされるときに取引が成立することになります。CDSで交換されるキャッシュフローは、

　①　参照先のデフォルトが発生しない限り、バイヤーからセラーに支払われるプレミアム

　②　デフォルト発生時にセラーからバイヤーに支払われる損益の清算です。後者は実際に発生するかどうかはわかりませんが、いずれにしても、取引時点では①の期待値と②の期待値は等しくなっているはずです。

　ここでは、少し単純化した上で具体的に考えてみましょう。参照先がデフォルトする確率（予想**デフォルト確率**、PD、Probability of Default）を年率で1％、またデフォルトした場合の予想回収率を30％（LGD70％）とします。実際にはデフォルトがいつ起きるかわからないのですが、それを考慮すると計算が複雑になるので、ここではデフォルトが1年ごとにしか生じないものとします。一方で、CDSのプレミアムは、実勢スプレッドを1年ごとに受け払いするものとし、デフォルトしたときまでのプレミアムは受け払いされるものとします。

　さらに簡略化のため、市場金利はゼロ、つまりディスカウント・ファクターは全期間1で、将来金額がそのまま現在価値になるものとします。

　想定元本を100円として、先ほどの②、すなわちクレジットイベント

発生時に買い手が受け取れる清算価値の期待値を期間1年だけで考えてみると、デフォルト確率1％で、そのときのペイオフは100（額面）－30（回収価値）＝70円、一方デフォルトしない確率は99％で、そのときのペイオフはゼロですから、期待値は以下のように計算されます。

$$0.01 \times 70 + 0.99 \times 0 \ = \ 0.7円$$

　買い手と売り手がこの計算に納得すれば、買い手がこの0.7円のプレミアムを支払う約束をすることで等価交換が成り立つはずです。値を決める左辺の第1項は、参照先のデフォルト確率と、デフォルト時の損失率（LGD）を掛け合わせたものに他なりませんから、言葉で表すと、

　　　プレミアム（実勢）＝参照先の予想デフォルト確率
　　　　　　　　　　　　　　×デフォルト時損失率

ということになります。

　つまり、CDSの実勢プレミアム、すなわちCDSスプレッドは、参照先向けの債権におけるクレジットリスクに起因する予想損失額と等価になる料率ということになります。ですから、CDSとは参照先の信用リスクの大きさを予想し合いながら取引するものであり、その結果形成されるCDSスプレッドは、CDS市場における参照先の信用リスクの評価そのものといえます。

　ちなみに、CDS市場では、主な参照先ごとにCDSスプレッドの水準が形成されています。したがって、実務の上ではCDSスプレッドが先に決まっていて、その中に予想デフォルト率や予想LGDが含まれていることになります。これにより、CDSスプレッドがわかり、LGDの水準を特定できれば、CDSスプレッドに内包される予想デフォルト率を逆算することができます。

　LGDの特定については、最初からLGDが固定されている取引であればそれをそのまま使えばよく、そうでない場合は何らかの方法で推定しなければなりませんが、CDS市場には参照先ごとのLGDを予想し合う取引もあり、そうした情報を利用することも可能です。

　ここまでをまとめると次のようになります。まず、CDSスプレッドを

s、１年あたりの予想デフォルト確率を d、クレジットイベント該当時のペイオフをLGDとすると、$s = d \cdot LGD$ですから、

$$d = \frac{s}{LGD}$$

です。

この関係は、期間が長くなっても適用することができます。まず、１年後に参照先がデフォルトせずに生き残っている確率は（$1 - d$）で計算できます。これは、いわば１年後の生存確率です。次の１年も予想デフォルト率が変わらなければ、２年後に参照先がデフォルトせずに生存している確率は（$1 - d$）の二乗になります。以後も同様です。これを SRi という記号で表すと、

$$SR_i = SR_{i-1} \cdot (1 - d_i)$$
$$d_i は i 期のデフォルト確率$$

d が一定であれば、$SR_i = (1 - d)^i$ です。ここでデフォルト確率といっているのは、あくまでも参照先が生存しているときに次の１期間でデフォルトに陥る確率を指していますから、i 期目にデフォルトする確率を元の母数に対して求める場合は、$SR_{i-1} - SR_i$ と計算します。

ここで、期間５年のCDSを考えると、

$$s\sum_{i=1}^{5} SR_{i-1}Df_i = LGD\sum_{i=1}^{5}(SR_{i-1} - SR_i)Df_i$$

が成り立ちます。左側がCDSスプレッドの現在価値、右側がクレジットイベントに該当したときにセラーからバイヤーへ支払われる額の期待値の現在価値です。

CDSスプレッドの計算（左辺）で１期前の生存確率が使われているのは、デフォルトが発生するまではスプレッドが支払われるからです。つまり、当期のスプレッドは前期末の生存確率に対して支払われます。右辺の（）内は、i 期目にデフォルトが発生する確率でした。LGD分の支払はその確率で発生するということです。

次ページの**計算シート10**では、市場実勢のCDSスプレッドで取引をした

瞬間に、スプレッドの価値とクレジットイベント時の清算金額の価値が等しくなっている状態を示しています。既存取引の評価では、取引のスプレッドが固定されたままで、d や SR を計算する元となっている市場実勢のスプレッドが変動することで、この式の左右の均衡が崩れ、それによって損益が発生することになります。

　ここでは単純化のためにデフォルトが1年ごとにしか発生しないという前提で計算しており、正確に計算するためにはもう少し複雑な計算をしなければいけませんが、基本となる考え方はこれと変わりません。

計算シート10 ● CDSのプライシングの考え方

	A	B	C	D	E	F	G	H	I	J	K
1	CDSのプライシングの考え方										
2											
3		＜取引条件＞					SR	DF	プレミアム	清算金額	
4		想定元本	1,000,000,000			0	1	1			
5		参照先	XXXX			1	0.98571	0.99501	10,000,000	10,000,000	
6		期間	5 年			2	0.97163	0.99005	9,857,143	9,857,143	
7		CDSスプレッド（取引）	1.00%			3	0.95775	0.98511	9,716,327	9,716,327	
8						4	0.94407	0.98020	9,577,522	9,577,522	
9						5	0.93058	0.97531	9,440,700	9,440,700	
10		＜市場実勢＞									
11		金利（連続複利ベース、	0.50%				PV		47,876,339	47,876,339	
12		期間構造なし）									
13		CDSスプレッド（市場実勢）	1.00%								
14		LGD	70%				損益				
15									バイヤー	-0	
16		impliedPD	1.43%						セラー	0	
17											

4-4 インデックス取引

　通常のCDSでは、１取引につき１つの参照先のみが指定されます。これを**シングルネーム**取引といいますが、複数の参照先を指定した取引も可能です。これを一般にバスケット型CDSと呼びますが、これはさらにインデックス取引と、それ以外の狭義のバスケット型取引に分かれます。

　まずは、インデックス取引を取り上げましょう。最も一般的なものとしてi-Traxx（アイトラックス）と呼ばれるものがあり、その日本版であるi-Traxx Japanの場合、日本の代表的企業40社を一つのパッケージとして取引することが可能です。

　i-Traxx Japanは、40社分のCDSを等比率で組み合わせたものに等しく、経済的にはシングルネームのCDS40社分を束にして一括で取引するものといえます。したがって、そのCDSスプレッドは、40社それぞれのCDSスプレッドの平均に収れんしていくはずと考えられます。

　i-Traxx Japanの構成企業40社のうち１社が取引期間中にクレジットイベントを起こしたとすると、

　　　想定元本×1/40

の部分にのみクレジットイベントが適用されて清算が行われ、残りの

　　　想定元本×39/40

はその影響を受けずに、そのまま取引が続いていきます（次宀**図表4-3a**）。

　このように、インデックス取引はただ単にシングルネーム取引が束になっているだけであり、したがって概念上は分割可能なものになっています。

図表4-3 ● インデックス取引とバスケット取引

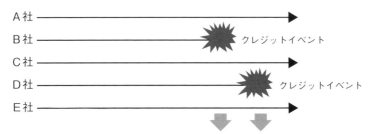

（ａ）インデックス取引

（ｂ）バスケット型取引（１）～ FTD

（ｃ）バスケット型取引（２）～ STD

4-5 バスケット型CDS (*n*th-to-Default)

バスケット型CDSには、前項のインデックス型以外に狭義のバスケット型取引があり、ここでは簡便のため後者をバスケット型CDSと呼ぶことにします。この中にもいくつかの類型があるのですが、いずれも、分割不可能な1つのCDS取引に複数の参照先が指定されているという特徴を持つ取引です。その点が、シングルネーム取引の合成と考えられるインデックス取引とは大きく異なっています。代表的な取引をいくつかみてみましょう。

FTD取引

まず取り上げるのは、ファースト・トゥ・デフォルト（FTD、First to Default）と呼ばれる取引です。これは、複数の参照先を指定しておき、そのうち一つでもクレジットイベントに該当したときに、あたかも最初からその参照先が唯一の参照先として指定されていたかのように、想定元本の全体について清算が行われるタイプの取引です。

図表4-3bの例では、B社にクレジットイベントが起きた時点で、想定元本の全部について清算が行われることになります。

参照先が5社指定されているケースで、そのうち少なくとも1社がクレジットイベントに該当してFTDの清算が行われる確率は、5社単独のデフォルト確率（PD）のうち最大のもの以上となり、かつ5社のPDの単純合計以下となります。

FTDの清算確率が5社中の最大PDと一致するのは、他の4社がデフォルトするときは、その前に必ずその1社がデフォルトするという場合だけで、それ以外の可能性があれば必ずFTDの清算確率のほうが大きくなります。また、FTDの清算確率がPDの単純合計と等しくなるのは、

各参照先のデフォルトが決して重なって起きない場合だけで、それ以外の可能性があれば必ずそれよりも小さくなります。

CDSスプレッドの大きさは、清算確率の大きさを反映しますから、やはり、

5社中最大のスプレッド ≦ FTDのスプレッド ≦ Σ（5社のスプレッド）

という関係になります。一応、等号付きで記載していますが、先の説明の通り、等しくなることは基本的にありません。

さて、FTDのスプレッドがこの関係式の間のどの値をとるかは、5社のデフォルト過程にどのような相関関係があるかに依存します。これを**デフォルト相関**といいます。A社とB社のデフォルト相関が高いという場合、A社のデフォルト確率が上昇するときにB社のデフォルト確率も上昇する可能性が高い、もっと直截的にいえばA社とB社は共倒れのリスクが高いということを意味します。

FTD取引においては、参照先間のデフォルト相関が高くなると、参照先のデフォルトが重なって生じる確率が上がって、参照先のうち「どれか1社以上がデフォルトする」確率が減ります。**図表4-4**の円は、個別の参照先がデフォルトする確率を示していますが、FTDの清算確率は、いずれかの円に囲まれた部分の総面積です。デフォルト相関が高いということは、デフォルトが重なり合う部分が大きくなるので、総面積は減少します。逆に、デフォルト相関が低くなると重なり合う部分が少なくなって円に囲まれた総面積、すなわち「どれか1社以上がデフォルトする」確率が大きくなります。その結果、FTDのスプレッドは、デフォルト相関が高ければ小さく、低ければ大きくなります。

*n*th to Default取引

バスケット型CDSでは、複数参照先のうち、1社目がクレジットイベントに該当しても清算は行われず、2社目が該当したときに想定元本全体が清算されるタイプのものを考えることもできます。これは**セカン**

ド・トゥ・デフォルト（STD、Second to Default）と呼ばれています（166ﾟ**図表4-3c**）。同様に、サード・トゥ・デフォルト（Third to Default）、フォース・トゥ・デフォルト（Fourth to Default）といった様々な取引が可能で、総称して**nth to Default** 取引と呼ばれています。

STDでは、参照先のデフォルトが２社以上起きた場合、すなわち**図表4-4**では２つ以上の円が重なり合った部分（色が濃くなった部分）で清算が生じます。同じ参照先の組み合わせならFTDよりもはるかに清算が生じる可能性は低いのですが、デフォルト相関との関係をみると、今度はデフォルト相関が高いほど重なり合いが増えて清算される確率が高まり、したがってCDSスプレッドも拡大します。デフォルト相関が低ければ、重なり合いは減少し、したがってCDSスプレッドも小さくなります。

一般に、nth to Default取引の n が大きくなるにつれ、参照先間のデフォルト相関が高いほどn番目のデフォルトが起きやすくなり、スプレッドが高率になっていくことになります。つまり、n が大きくなるとFTDとは大きく異なるリスク特性を持つようになっていきます。

図表4-4●バスケット型CDSとデフォルト相関（参照先が３社の場合）

債務者間のデフォルト相関が低い場合

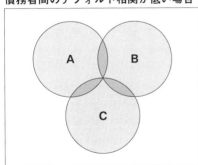

A～Cのいずれかがデフォルトを起こす確率（＝線で囲まれた総面積）は高い
　⇒　FTDスプレッド拡大
A～Cの複数がデフォルトを起こす確率（＝円が重なった部分の面積）は低い
　⇒　STDスプレッド縮小

債務者間のデフォルト相関が高い場合

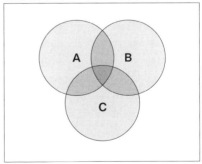

A～Cのいずれかがデフォルトを起こす確率（＝線で囲まれた総面積）は低い
　⇒　FTDスプレッド縮小
A～Cの複数がデフォルトを起こす確率（＝円が重なった部分の面積）は高い
　⇒　STDスプレッド拡大

4-6 シンセティックCDO

　シンセティック**CDO**は、クレジット・デフォルト・スワップ（CDS）を裏付資産とする証券化商品のことです。CDO（Collateralized Debt Obligations）は、日本語では債務担保証券と訳されていますが、社債や企業向け貸出債権などを証券化したものを指します。このうち、社債を裏付けにするものをCBO（Collateralized Bond Obligations）、貸出債権を裏付けにするものをCLO（Collateralized Loan Obligations）と呼びます。

　すでに述べた通り、プロテクション・セラーとしてCDS取引を行うことによって、社債に投資しているのと同等の効果を得ることができるということでしたから、社債を集めて証券化するのと同様に、CDS取引の売りを集めることで同じような効果を持つ商品を作ることが可能となります。これがシンセティックCDOです。

　CDSを組み込んだ債券としては、他に**クレジット・リンクノート**（CLN）があります。クレジット・リンクノートは、一般にデリバティブ組み込み型の仕組債に分類され、一方のシンセティックCDOはデリバティブを裏付資産とする証券化商品に分類されます。ただし、この境界は非常に曖昧であり、たとえば後述するシングル・トランシェCDOは、名称は証券化商品のものですが、経済実態的には仕組債というべきものでしょう。

　さて、シンセティック以外の一般的なCDOでは、発行体としてSPCなどのペーパーカンパニーを使い、その発行体が投資家から払い込まれた資金を使って裏付資産となる社債や貸出債権を購入します。一方、シンセティックCDOでは、投資家から払い込まれた資金で国債などを買い、それを担保にしてCDSの売りの取引を行います（**図表4-5**）。それに

図表4-5●シンセティックCDOの仕組み

（発行時）

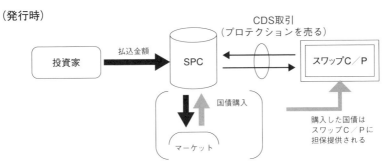

（取引期間中）

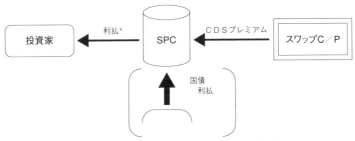

＊国債の利息とCDSプレミアムを原資に、投資
　家に利息を支払う（通常は優先劣後構造あり）

（デフォルト発生時）

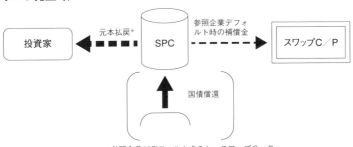

＊参照企業がデフォルトすると、スワップC／P
　に清算金を支払わなければならないので、投資
　家への支払はそれを差し引いたものとなる。

償還金額＝国債償還額－CDS補償金額
（通常は優先劣後構造あり）

より得られるリターンは、国債の利回りとCDSスプレッドです。社債の利回りは、リスクフリー金利に発行体企業の信用リスクに応じたクレジット・スプレッドを加えたものに等しくなるはずですが、国債とCDSの売りを組み合わせた場合でも、理屈の上では同等のものが得られるはずです。

　社債ではなくCDSを裏付資産とするメリットはいくつかあります。まず、株と違って社債は、発行が特定の業種、特定の企業に偏る傾向にあります。また社債の取引市場は、発行時に取引されるプライマリー市場とそれ以降に取引されるセカンダリー市場に分かれますが、セカンダリー市場には株式市場のような厚みがなく、市場に出回っているものも限られます。したがって、必ずしも希望通りの発行体や年限の社債をいつでも妥当な金額で取引できるとは限りません。

　これに対して、CDSの対象となる参照先は、社債がセカンダリー市場で出回っているものに限らないため、幅広い業種、幅広い企業のリスクを集めることが可能です。場合によっては社債を発行していないか、市場でほとんど見かけないような企業の取引を行うこともできます。また、一企業への投資額を一定金額に揃えたり、満期までの残存期間を揃えることも簡単なので、バランスのとれたポートフォリオを短期間で作り出すことが可能です。

　加えて、CDSスプレッドは社債のクレジット・スプレッドと同等のものであるといいましたが、実際には社債よりも様々なニュースに敏感に反応しやすい性質を持ち、またリスクヘッジ目的でCDSが使われることが多いせいか、スプレッドの水準が社債よりも大きくなることがよくあります。その場合、国債プラスCDSを使って構築したポートフォリオは、社債によるポートフォリオよりも利回りがよくなるのです。

　さて、CDOを含む証券化のスキームでは、裏付資産から生じるリターンを投資家に還元していくわけですが、その際に、投資家に販売した証券の種類にしたがって、支払の優先順位をつけながら還元していくという仕組みがよく取り入れられます。これを**優先劣後構造**といい、それ

によって生み出される各種証券の一つ一つを**トランシェ**と呼びます。

優先順位の高いトランシェは**シニア**と呼ばれ、裏付資産が生むキャッシュフローから優先的に利息や元本の返済を受けることができます。ただし、リスクが抑えられる代わりに、利回りは低めに設定されます。ローリスク・ローリターンということですね。

シニアの次に支払われるトランシェは**メザニン**と呼ばれます。支払順位がシニア債よりも劣後するので、ややリスクが高くなっている代わりに、利回りも高めになります。一般的にいえば、ミドルリスク・ミドルリターンです。

最も優先順位の低い部分は**エクイティ**と呼ばれます。当然ハイリスクですが、リスクが顕在化せず、裏付資産の価値が毀損しなければ、高いリターンを得ることができます。

ちなみに、シニア、メザニン、エクイティの各部分は、さらにその中で優先順位が異なるいくつかのトランシェに切り分けることも可能です。

このように、同一の裏付資産ポートフォリオから生じるリターンを、発行する証券の種類にしたがって、優先順位をつけて各投資家に配分していくというのが、証券化の大きな特徴です。ですから、シンセティックCDOでも、そこから生まれるキャッシュフローが複数のトランシェに異なる順位で流れていくのが基本形となります。

これに対して、発行される債券が1種類で、スキームの裏側にあるデリバティブのペイオフがそのまま投資家に流れていくものが仕組債の基本形ということになるでしょう。

いずれにしても、デリバティブは証券化の裏付資産となることができる一方で、証券化で生み出された証券化商品をCDSの参照先として取引することも可能です。デリバティブと証券化は、現代金融における二大イノベーションともいうべきものですが、この二つは、クレジット・デリバティブの分野で深く絡まり合い、融合し合っているのです。その最たるものが、次に取り上げるシングル・トランシェCDOです。

シングル・トランシェCDO

　ここで、国債と、参照先50社分の等金額のCDSの売りで構築した裏付資産ポートフォリオを想定しましょう。単純化のために、すべての参照先についてLGDを100%、つまりデフォルトが発生すれば、その参照先についての想定元本全額が毀損するとしましょう。この裏付資産から発行する証券は、シニア債、メザニン債、エクイティの3種類とします。

　エクイティは、優先順位が最も低い部分ですが、言い換えれば真っ先にリスクを引き受ける部分です。仮に、50社中1社目のデフォルトで元本が半減し、2社目で全額毀損してしまうものとします。この段階では、それよりも優先順位が高いシニア債とメザニン債に損失は波及しません。しかし、さらにデフォルトする参照先が増えると、もうエクイティが損失を吸収することはできないので、メザニン債の元本が毀損することになります。このメザニン債は、3社目のデフォルトで元本が半分になり、4社目で全損になるとしましょう。シニア債が損失を被るのは、デフォルトが5社目以降となったときです。

　さて、ここで nth to Default 型CDSのことを思い起こしましょう。そうすると、この場合のエクイティは、FTDとSTDを半々に合わせることで、同じ経済効果を持つものを作り出せることに気がつくでしょう。メザニン債なら、サード・トゥ・デフォルトとフォース・トゥ・デフォルトを合わせたもので再現できます。つまり、いちいち裏付資産をすべて揃えて、証券化の手続きを踏んで各種のトランシェを作り出さなくても、そのうちの一つと同じ経済効果を持つものをバスケット型CDSで作り出すことが可能なのです。

　実際には、何社目のデフォルトのリスクを引き受けるかということではなく、裏付ポートフォリオに発生する損失の何%部分を引き受けるか

という形をとるものがよく組成されます。上記例のメザニンを例にとれば、50社の仮想ポートフォリオのうち、4～8％部分の損失を引き受けるバスケット型CDS取引ということです。しかし、引き受けるリスクが何社目のものかというのと、何パーセント部分のものかということに本質的な差はありません。

　このように証券化商品の中の特定のトランシェに該当するものだけを、バスケット型CDSによって作り出すのがシングル・トランシェCDOと呼ばれているものです。このシングル・トランシェCDOはデリバティブとしてそのまま取引することもできますし、多くの場合は債券に組み込まれて投資家に販売されます。

　実際にもよくみられるメザニンのシングル・トランシェCDOを考えましょう。概念的には、1社目と2社目のデフォルトによる損失（0～4％）はエクイティ・トランシェに吸収され、5社目以降のデフォルトによる損失（8％～）はシニア・トランシェの負担となるわけですが、実際には他のトランシェは物理的には存在しておらず、あくまでも概念的な存在でしかありません。そして、50社分の裏付資産のポートフォリオも物理的にはどこにも存在していません。それらはただ、バスケット型CDSの価格を計算する過程の中にのみ存在しています。もちろん、部分的にはリスクヘッジのための取引が裏側で行われていますが、それはあくまでも最終的なリスクテイカーが自分の判断で行っている取引に過ぎません。

　そう考えていくと、シングル・トランシェCDOは、証券化の一種であるCDOの名を冠しているものの、実際には複雑なバスケット型CDSを組み込んでただ1種類の証券を発行する仕組債に他ならないのです。

　このようにシンセティックCDOは、証券化とデリバティブという現代金融における二大イノベーションが融合した分野です。それは、金融技術の結晶といってもいいものです。同時に、こうした分野における負の影響についても指摘しておかなければならないでしょう。

　2008年に起きた世界金融危機、いわゆるリーマンショックでは、この

証券化とデリバティブの二つが危機を増大させる決定的な役割を果たしました。危機の最初の引き金となったのは、審査基準の甘いアメリカのサブプライム住宅ローンの延滞率が急上昇したことですが、そのリスクが世界中を巻き込んだのは、世界的に金余りが広がる中で、これらのローンを集めた証券化が活発に行われたからです。そして、その証券化商品を参照するCDS取引が行われ、今度はそのCDSを裏付けにした証券化商品、つまりシンセティックCDOが作り出されます。

さらに、証券化で生み出された商品を集めて再び証券化する再証券化、ここで説明したシングル・トランシェCDOなど、様々な取引が複層的に行われた結果、サブプライム住宅ローンの延滞で大きな損失が生じる投資商品が膨大に作り出され、世界中にばら撒かれてしまったのです。

このような証券化とデリバティブによるリスクの増幅効果を抜きにして、リーマンショックの構図を理解することはできません。そして、それは次に起きる何らかの危機においても同様である可能性がとても高いでしょう。

デリバティブも証券化も、魅力的な投資商品を作り出す上で、今や欠かすことのできない金融技術ですが、その一方で、リスクの高い投資商品をいくらでも作り出せてしまうという面があります。便利な金融技術も、関係者の多くが節度のある使い方をしないと、その影響は世界中を大混乱に陥れてしまうほどの破壊力を持つことを、胸に刻んでおく必要があります。

第5章

デリバティブの価格変動とリスクヘッジ

(5-1) デリバティブの価格変動を捉える

　デリバティブ取引は、等価交換の原則から、市場実勢で取引をしたその瞬間は勝ち負けゼロ、つまりMTMゼロの状態からスタートし、その後の相場変動によってこれがプラスになったりマイナスになったりしていきます。そして、決済が行われるとそのMTMが実現損益という形で蓄積されていきます。

　したがって、既締結のデリバティブ取引の価格、すなわちMTMがどのような要因によって、どのように動いていくかを知ることは、リスクヘッジを含めたデリバティブのトレーディング戦略に欠かすことのできないものです。

　ここで、ある商品の価格を変動させる要因となるものを**リスクファクター**と呼びます。リスクファクターが市場価格である場合、これを市場リスクと呼びます。この章では、この**市場リスク**を扱っていきます。ちなみに、リスクファクターとしてどのようなものがあるかは、その商品のプライシングの過程をみればわかります。その商品の時価評価額を左右するインプットで、市場で形成されるものが市場リスクのリスクファクターとなります。ですから、リスクを理解するためにはプライシングを理解する必要があります。

　まず、単純な例として外貨預金を考えてみましょう。その円建て評価額（MTM）は、預金額（外貨）×対円為替レートで計算されますから、預金額が一定でも対円為替レートが変動すれば円建て評価額が変動します。この場合、その通貨の対円為替レートがリスクファクターとなります。リスクファクターが為替レートなので、為替リスクということですね。

　ここで外貨建ての預金額は、「リスクに晒されているもの」という意

味で、**エクスポージャー**（exposure）、またはリスクの種類も加えて為替エクスポージャーと呼びます。実務上はポジションという言い方をする場合も多いでしょう。

この事例で、為替レートが一定の幅で動いたときの円建て評価額の変動幅は、

エクスポージャー（預金額）

× リスクファクター（為替レート）の変動幅

で計算することができます。リスクファクターが自分に有利な方向に変動すればこれは利益となり、不利な方向に変動すれば損失となります。次章で説明するリスクの定量化という観点からは、リスクファクターの変動幅としてどのくらいを想定するのか、この場合であれば、対円為替レートが1円下がったときのことを想定すればいいのか、それとも5円下がったときのことを考えるべきかといったことを決める必要がありますが、とりあえずここでは、この計算式でリターンもリスクも計算できるということを押さえておきましょう。

別の事例として、債券のことも考えておきます。瞬間的な債券取引の損益は債券価格の変動によってもたらされるので、一義的には債券価格がリスクファクターとなりますが、その債券価格は、主にリスクフリー金利の変動と債券発行体のクレジット・スプレッドの変動によって動きます[28]。そこで、リスクファクターとしての債券価格を分解し、新たにリスクフリー金利と債券発行体のクレジット・スプレッドをリスクファクターとして捉え直します。

この場合、リスクフリー金利はすべての債券銘柄に共通するリスクファクターですが、クレジット・スプレッドは債券発行体固有のリスクファクターです。なお、ここでリスクフリー金利といっているのは、厳密な意味でのリスクフリーではなく、一般的な金利水準を表す基準金利の

28　実際の市場では、市場が混乱したりすると売買注文の厚みが急速に薄れ、価格が大きく飛んだり、そもそも売買ができなくなったりするリスクがあります。これを市場流動性リスクといいますが、ここではそれを無視して話を進めます。

ようなものを意味しています。具体的には国債利回りやスワップレート
を含みます。

　さて、このように、リスクファクターを一般的な市場要因と個別的な
要因に分けてリスクを考えていくことは実務の上で広く行われていま
す[29]。そうすることで、リスクの特性をより理解し、よりコントロール
しやすくできるからです。

　ここでは信用リスクがない債券を取り上げることにすると、リスク
ファクターは一般的な金利のみということになります。ここで注意しなけ
ればいけないのは、リスクファクターである一般的な金利水準が変化し
たときに債券価格がどのように動くかを知るためには、さらに追加の情
報が必要であるという点です。金利の変動に対する債券価格の変動の度
合いは、その保有額だけでなく、残存年数、クーポンの率や支払頻度な
どによって異なるからです。

　このリスクファクターの変動に対する対象商品価格の変動度合いのこ
とを、**感応度（センシティビティー、sensitivity）** といいます。リスク
ファクターが金利であることを明示したい場合は金利感応度です。債券
の金利感応度は銘柄によって違うため、その保有によって生じる利益や
損失の大きさを把握するには、この感応度をあらかじめ計算しておかな
ければなりません。その上で、損益の幅の大きさは、

　　　　感応度 × リスクファクターの変動幅

という先ほどと同じような形で把握することができるようになります。

　改めて考えると、先ほどの外貨預金の為替エクスポージャーもまた感
応度の一つと考えることができます。外貨建ての預金額がそのまま為替
レートに対する感応度になっているということです。

　ただ、外貨預金の場合は為替レートの水準によってエクスポージャー
である預金額が変化したりはしないのですが、債券の金利感応度は、金

29　国際的な銀行規制の枠組みであるバーゼル規制では、金利リスクは一般市場リスクと個別リス
　　クに分けて計算されます。一般市場リスクは全般的な金利水準の変動に起因するもの、個別リスク
　　クは銘柄固有の要因に起因するものを指します。

利の水準が変わると変化していきます。これが、金利に対する債券価格の非線形性という性質を生み出します。その場合、その感応度の変化を無視して、ある特定の感応度の値を使って損益の額を計算するのはあくまでも近似計算であり、厳密に正しいというわけではありません。この点については後でまた触れるとして、まずは債券の金利感応度をどう計算すればいいかをみていきましょう。

5-2 デュレーションと債券の金利感応度

　結論を先に述べると、債券の金利感応度の大きさは、デュレーション
に比例します。デュレーションは、この後のデリバティブの計算ではま
ず出てこないのですが、金融数学の基本ともいえるものの一つなので、
簡単に説明しておきましょう。

　デュレーションはもともと期間という意味ですが、金融においてはい
くつかの異なる定義があります。そのうち、最も一般的なものが**マコー
レー・デュレーション**と呼ばれるもので、平均回収期間という意味合い
のものです。

　割引債に関しては、残存期間がn年だとすると、それに投じられた資
金はn年後に一括で戻ってくるので、計算するまでもなく回収期間はn
年です。つまり、この場合、マコーレー・デュレーションと残存期間は
一致しています。

　しかし、固定利付債の場合、投じられた資金は、一部がクーポンとい
う形で定期的に回収され、最後のクーポンと元本がn年後に回収される
わけですから、平均回収期間であるマコーレー・デュレーションは残存
期間n年よりも短くなるはずです。

　マコーレー・デュレーションは、キャッシュフローが複数発生する場
合、各キャッシュフローの発生時までの年数を、その価格で加重平均し
た値と定義されています。キャッシュフローが1年ごとに発生するケー
スで1年複利を前提にすると、次の式で表されます。

$$D_{MAC} = \frac{1}{P} \sum_{i=1}^{n} \left[\frac{CF_i}{(1+r)^i} \cdot i \right]$$

$\frac{CF_i}{(1+r)^i}$ は、1年複利利回りで計算した各キャッシュフローの価格
なので、それを全体の価格 P で割った比重で、キャッシュフローの発

生年限を加重平均するという計算です。

　さて、われわれが知りたいのは、債券の金利感応度の大きさでした。それがこのマコーレー・デュレーションとどう関係しているのかというと、それは債券価格の理論式を金利で微分してみればわかります。

　まず割引債について考えると、割引債の理論価格は、額面を100、残存期間を n 年として以下の式で表されます。

（ r が1年複利利回りの場合）

$$P = \frac{100}{(1+r)^n}$$

（ r が半年複利利回りの場合）

$$P = \frac{100}{(1+\frac{r}{2})^{2n}}$$

　では、1年複利の式を r で微分してみましょう。といっても、r は（）の中に入っていますから、（）の中の $1+r$ ごと微分します。1は変化しませんから、$d(1+r)$ と dr は同じものであり、したがって $(1+r)$ で微分したものと r で微分したものは同じになります。まず上の式を少し変形して、

$$P = 100 * (1+r)^{-n}$$

とし、これを $(1+r)$ で微分すると、

$$P' = -n \cdot 100 \cdot (1+r)^{-n-1}$$

$$= -n \cdot \frac{1}{1+r} \cdot \frac{100}{(1+r)^n}$$

$$= -P \cdot n \cdot \frac{1}{1+r}$$

　つまり、金利 r が変化したときの債券価格の変化率は、n を $1+r$ で割ったものに比例します。割引債の場合、n はマコーレー・デュレーションなので、債券価格の金利感応度はマコーレー・デュレーションにほぼ比例することになり、より厳密にいえば、「マコーレー・デュレー

ションを$1+r$で割ったもの」に比例するといえます。この「マコーレー・デュレーションを$1+r$で割ったもの」を**修正デュレーション**と呼んでいます。なお、頭にマイナスがついているのは、金利が上がると債券価格が下落する関係を表しています。

　固定利付債の場合は、現在価格がP、クーポンがC％で1年に1回発生するとして、1年複利で計算すると以下のようになります。

$$P = \frac{C}{1+r} + \frac{C}{(1+r)^2} + \cdots\cdots + \frac{C+100}{(1+r)^n}$$

$$P' = -\left[\frac{C}{1+r}\times 1 + \frac{C}{(1+r)^2}\times 2 + \cdots\cdots + \frac{C+100}{(1+r)^n}\times n\right]\cdot\frac{1}{1+r}$$

$$= -P\cdot\text{マコーレー・デュレーション}\cdot\frac{1}{1+r}$$

　一つ一つのキャッシュフローを割引債とみなして先ほどと同じ計算をし、それを合計しているだけですので、最後の式の通り、割引債と同じ概念でまとめることができます。なお、固定利付債のマコーレー・デュレーションは、2行目の［　］の式を利付債の価格Pで割ったものとなります。

　　マコーレー・デュレーション

$$= \frac{1}{P}\left[\frac{C}{1+r}\times 1 + \frac{C}{(1+r)^2}\times 2 + \cdots\cdots + \frac{C+100}{(1+r)^n}\times n\right]$$

考え方は以上と全く変わりませんが、実務上は半年複利が用いられることが多いと思いますので、rが半年複利利回りの場合も記載しておきます。

　額面100、残存年数nの割引債の価格は、

$$P = \frac{100}{(1+\frac{r}{2})^{2n}}$$

　これを今度は$(1+r/2)$で微分すると、

$$P' = -2n\frac{100}{(1+\dfrac{r}{2})^{2n+1}}$$

　ただし、$(1+r/2)$ が1単位変化したときには r は2単位変化していることになり、このままだと r の微分の2倍になってしまうので、r での微分にするためには2で割ります。

$$P' = -n\frac{100}{(1+\dfrac{r}{2})^{2n+1}}$$

$$= -n\cdot\frac{1}{1+\dfrac{r}{2}}\cdot\frac{100}{(1+\dfrac{r}{2})^{2n}}$$

$$= -P\cdot\text{マコーレー・デュレーション}\cdot\frac{1}{(1+\dfrac{r}{2})}$$

となって、利回りが半年複利の場合の修正デュレーションは、マコーレー・デュレーションを $(1+r/2)$ で割ったものになります。固定利付債の場合は、クーポンが半年払いとして、

$$P = \frac{\dfrac{C}{2}}{1+\dfrac{r}{2}}+\frac{\dfrac{C}{2}}{(1+\dfrac{r}{2})^2}+\cdots\cdots+\frac{\dfrac{C}{2}+100}{(1+\dfrac{r}{2})^{2n}}$$

$$P = -\left[\frac{\dfrac{C}{2}}{1+\dfrac{r}{2}}\times0.5+\frac{\dfrac{C}{2}}{(1+\dfrac{r}{2})^2}\times1.0+\cdots\cdots+\frac{\dfrac{C}{2}+100}{(1+\dfrac{r}{2})^{2n}}\times n\right]\cdot\frac{1}{1+\dfrac{r}{2}}$$

$$= -P\cdot\text{マコーレー・デュレーション}\cdot\frac{1}{1+\dfrac{r}{2}}$$

です[30]。マコーレー・デュレーションは2行目の ［ ］を価格 P で割った

30　計算式を簡単にするために、クーポン1年払いのときに1年複利を、半年払いのときに半年複利を用いるようにしていますが、クーポンの支払頻度と複利計算は別のものなので、両者を一致させる必要は必ずしもありません。

ものです。

　いずれの場合でも、債券の金利感応度の大きさは、母数となる価格 P に、金利が変動したときの価格変動率を示す修正デュレーションを掛けたものになります。そして、金利が Δr 変動したときの債券価格の変化幅は、

$$\Delta P \ = \ -P \cdot 修正デュレーション \cdot \Delta r$$

で近似計算できます。

5-3　ベイシス・ポイント・バリュー（BPV）

　デリバティブの実務では、今みてきたデュレーションの計算を使うことはほとんどありません。そもそも微分の計算を実務で行うことはほとんどないのです。

　デュレーションを使わない理由の一つは、リスクファクターとして、市場で観測できる金利をそのまま使いたいからです。デュレーションは、複利利回りをリスクファクターとして計算されるものです。複利利回りは、割引債の場合には問題にならないのですが、固定利付債の場合は、それが何年の金利なのかがはっきりしません。一つの銘柄から発生する複数のキャッシュフローすべてに同じrが適用される前提で計算されているものだからです。別の言い方をすると、固定利付債の複利利回りは内部収益率といわれるものであって、市場で直接観測できる金利ではありません。

　デュレーションを使わない理由の二つ目は、デリバティブの価格計算式は、ここまでみてきた債券よりもかなり複雑になっていることが多く、いちいち微分の計算などしていられないからです。

　そこで登場するのが、**ベイシス・ポイント・バリュー（BPV）**という金利感応度の計算方法です。

　ベイシス・ポイントは、金利においては0.01％を意味します。したがって、BPVは0.01％分の価値、すなわち金利が0.01％変動したときに、価格がいくら変動するかを計算したものです。債券の場合、金利が0.01％変動したときの債券価格の変動は、デュレーションを使って、$-P \times$修正デュレーション$\times 0.01$％と計算できましたから、意味合いとしては、BPVはこれと同じものになります。

　ただし、BPVの特徴的なところは、すでに触れた通りですが、以下

の2点です。一つ目は、リスクファクターとして市場金利を使うことです。そして二つ目は、微分の計算式など使わずに、プライシング・モデルの中の金利を実際に0.01％動かして、デリバティブの価格がいくら動くかを計算するという点です。ですから、BPVには、先ほどのデュレーションを使った場合の公式のようなものはありません。このような計算方法を**有限差分法**といいます。

市場金利をリスクファクターにするということですが、たとえばOISディスカウントを前提にすると、それはOISレートということですね。ただ、デリバティブの価格計算では、それをブートストラップ法によってディスカウント・ファクターに変換し、それを使って現在価値を計算しています。ディスカウント・ファクターは、その背後にあるゼロレートと一対一で対応するものですから、そのゼロレートをリスクファクターとするのが、プライシングのやり方と最も整合する方法といえるでしょう。

ブートストラップでは、グリッドごとのディスカウント・ファクターが作られていきますから、それに対応するゼロレートもグリッドごとに存在しています。BPVを計算するためには、そのすべてのグリッドのゼロレートを0.01％（1bp）動かして価格やMTMを再計算します。

1bpの動かし方は、上昇方向でも低下方向でもどちらでも構いません。価格と金利の非線形性により、実際には上昇方向のBPVと低下方向のBPVではほんの少し値が異なるので、その影響を抑制するために、0.5bp上昇した場合のMTMと、0.5bp低下したときのMTMを計算し、その差額をBPVとすることもよく行われています。

BPVの符号に関しては、低下方向のBPVがプラスなら、金利が低下するとMTMが増えることを意味するので、逆に捉えれば金利上昇リスクを表すものとなります。値がマイナスなら金利低下リスクです。上昇方向のBPVの符号はその逆の意味になります。

さて、デリバティブの実務ではデュレーションを使わないもう一つの理由があります。それは、デュレーションは債券銘柄に一つの値が得ら

れるだけで、それを複数の年限に分解することが難しいからです。金利は、イールドカーブの形が変わりながら全体として変動していくものです。そのイールドカーブの形状変化の影響をみるためには、1年金利が動いたときに価格がいくら動くのか、2年金利ならどうかというようなことを知りたいわけですが、デュレーションではそれがわかりません。

　そうした意味では、BPVもすべてのグリッドの金利を1bp動かして計算しているので、イールドカーブの形状変化による影響は計算できないわけですが、これと同じ計算方法を使って簡単にこの問題に対処することが可能です。1年ゼロレートだけが1bp変動したらMTMがいくら変化するか、2年ゼロレートならどうか、という具合に一つ一つを計算していけばいいのです。このグリッドごとのBPVを、全体のBPVと区別するために、**グリッド・ポイント・センシティビティー（GPS）**と呼んでいます。

　GPSは、BPVをグリッドごとに分解したものです。このGPSを計算することで、イールドカーブのどの部分の金利に対してリスクを負っているのかが一目でわかることになります。

線形リスクと非線形リスク

　先ほども少し触れましたが、債券の金利感応度は、金利の水準によって少しずつですが変わってしまうため、特定の金利感応度の値を元に、金利感応度×金利の変動幅、といった形で債券価格の変化を計算するのはあくまでも近似計算でしかありません。これは、デリバティブでも同じです。

　このような近似計算のやり方は、**センシティビティー法**と呼ばれています。ここまで説明してきたデュレーションやBPV（GPSを含む）を使った計算で捉えることができるのは、あくまでもリスクファクターの変化がそのまま価格の変化に直線的に結びつくと仮定した場合の影響です。これを**線形リスク**といいます。

　実際には金利感応度自体が変化してしまうため、想定するリスクファクターの変動幅が大きくなるほど、その計算結果は実際の価格変化との間にズレを生むことになります。このズレが、**非線形リスク**といわれるものです。

　仮に、今の金利が1％で、それが1.5%に上がったときの影響を知りたいのであれば、プライシング・モデルの中の金利を1％から1.5%に変えて、価格がどう変わるかを調べたほうが正確です。額面100、残存期間n年の割引債で、金利が1年複利利回りなら、

$$価格変化幅　=　\frac{100}{(1+0.015)^n} - \frac{100}{(1+0.01)^n}$$

と計算すればいいのです。センシティビティーを使わないこうしたやり方を**フル・バリュエーション法**といいます。

　ただし、多少の正確性を犠牲にしたとしても、価格変動をいくつかの要因に分けて把握したほうが実務の上では扱いやすいという面がありま

す。具体的にいえば、債券であればデュレーションを把握しておくことで、どの銘柄がどのくらいの金利リスクを負っているのかが一目でわかりやすくなります。

デリバティブのポートフォリオでも、感応度を把握することで、全体でBPVいくらまでならリスクをとっていいか、また年限ごとに、あるいは短期、中期、長期といった区分ごとにどのくらいまでならリスクをとっていいか、というリスク管理がやりやすくなります。

それに、上記の説明では、金利が1％から1.5％に上がったときの価格変化はフル・バリュエーション法のほうが正確に計算できるということでしたが、金利がはたして1.5％になるかどうかは当然わかりません。それに、割引債の価格変動の計算ならたいして手間になりませんが、デリバティブの価格計算はもっと大変です。ですから、いろいろな金利変動シナリオに対して簡便に近似計算できるセンシティビティー法は、非常に便利なやり方なのです。

ちなみに、普通の債券やスワップ、あるいはフォワードなどの場合、非線形リスクはわずかですから、これを無視してもそれほど問題になることはありません。

加えて、普通の債券を保有している場合を考えると、金利水準と債券価格の関係は**図表5-1**のようなイメージになり、実際にはごくわずかで

図表5-1 ● 債券価格と金利の関係

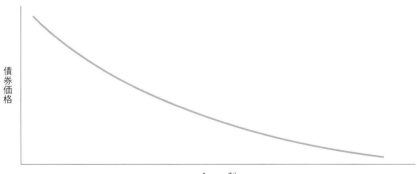

すが下に膨らんだ形になっています。これは、金利が上がると債券価格は下がっていきますが、その下がり方が次第に緩やかになっていくことを示しています。逆に、金利が下がったときに債券価格は上がっていきますが、その上がり方は、直線で考えるよりも次第に大きくなっていきます。つまり、債券の保有者にとっては、金利が大きく変動したときの非線形性がプラスに働くことになるため、それを無視してもリスクを過小評価することにはなりません。

　なお、債券価格が金利に対して持つこの非線形性を**コンベクシティ**と呼んでいます。数学的には債券価格を金利で二階微分したものの中に現れます。債券価格を金利で二階微分するということは、別の言い方をすれば、一階微分の値である「－価格×修正デュレーション」をもう一度金利で微分したものということですから、金利が変動すると金利感応度がどう変わるかを計算するものといえます。１年複利を使った割引債の事例だけ記述しておくと、

$$P = \frac{100}{(1+r)^n}$$

$$P' = -n\,\frac{100}{(1+r)^{n+1}}$$

$$P'' = n(n+1)\,\frac{100}{(1+r)^{n+2}}$$

$$= n(n+1)\,\frac{1}{(1+r)^2}\,P$$

となり、定義上は最後の式から P をとったものがコンベクシティです。マイナスの符号が消え、プラスの値になりますが、このプラスのコンベクシティ、すなわちポジティブ・コンベクシティが保有者にとってプラスに働くことを表します。

　当然のことですが、債券を空売りする場合には、保有している場合と損益が逆転しますので、コンベクシティは売り手にとってマイナスに働くネガティブ・コンベクシティになります。

　金利スワップの場合は、固定レシーブの取引が債券保有と経済効果的には同じですからポジティブ・コンベクシティ、固定ペイの場合は債券の空売りと同じですからネガティブ・コンベクシティです。

　いずれにしろ、普通の債券や金利スワップではコンベクシティの影響はごくわずかです。非線形リスクを気にしなければいけないのは、次にみていくオプションを含んだ取引ということになります。

オプションの感応度（グリークス）

　オプションは、スワップやフォワードに比べると価格計算が複雑で、その分、価格変動の要因も複雑です。ブラック＝ショールズ・モデルでは、6つのパラメータを入力するとオプションの価格が決定されるようになっていました。この6つのパラメータのうち、行使価格は、普通は取引時に決まってその後は変化しないものですから、それを除いた5つがリスクファクターになります。ここでは、配当が発生しない株式を原資産として考えることにしましょう。つまり、配当率を除いた4つのリスクファクターについて考えます。

　ちなみに、オプションの感応度は、ギリシャ文字で表されることが多く、ギリシャ文字を意味する**グリークス**（Greeks）と呼ばれています。

▌デルタ δ

　まず、リスクファクターの第一は、現時点での原資産の価格です。

　たとえば、原資産価格1000円のときに、行使価格1050円のコール・オプションを買ったとしましょう。行使期日を迎えるまでの間に、原資産価格が1050円以上に上昇していないと、このオプションは行使益を生みません。では、今の原資産価格が1100円に上がったらどうでしょう。そこから価格が上がらずに横ばいで行使期日を迎えても行使益が発生します。つまり、オプションとしての有利さが増すことになるので、オプションの時価評価額は上がるはずです。

　このように、原資産価格が変動することでオプション価格が変動するわけですが、その度合いのことを**デルタ**と呼びます。

　デルタは、オプション価格の原資産価格に対する一次感応度です。オプションの価格を P、現在の原資産価格を S とすると、数学的には

$$Delta = \frac{\partial P}{\partial S}$$

と表現できます。∂（ラウンド・ディー）は偏微分を表し、特定のパラメータ（ここではS）だけを動かしたときの対象（ここではP）の変化を示すものです。Sを金利、Pを債券価格やスワップの時価評価額と捉えれば、これは先ほど出てきた金利感応度に他なりません。つまり、修正デュレーションやBPVは金利をパラメータとしたときのデルタの大きさを表すものといえます。

　さて、デリバティブの実務の上では偏微分の計算を使うことはほとんどありません。ブラック＝ショールズ・モデルなら偏微分の計算もできなくはありませんが、それ以外の複雑なモデルではそうもいきませんし、具体的に数値を当てはめて計算していくほうが簡単で、実務的なのです。たとえば、原資産が１％変動したら、あるいは１円変動したらという具合に基準を決めておき、実際にオプション価格がどのくらい変動するかを計算するのです。BPVのときと同じやり方ですね。

　132ページの**計算シート5**では、原資産価格が0.5％上昇した場合と0.5％下落した場合の価格の差でデルタ（１％デルタ）を計算しています。

　なお、デルタは、一定の原資産価格変動に対するオプションの現在価値の変化幅として表すこともできますし、原資産価格の変動に対するオプション価格変化の比率として表すこともできます。一般には後者の比率を指すことが多いと思いますが、実務の上では現在価値変化幅として扱う場合も多いでしょう。

　ちなみに、比率で表す場合には、コール・オプションの買いであれば、デルタは０から１までのどこかの値になります。

　次ページ**図表5-2**は、一定の行使価格のもと、原資産価格の変動によってコール・オプションの価格がどのように変化するかを示したものです。原資産価格が低くなればコール・オプションの価格も低く、原資産価格が高くなればコール・オプションの価格も高くなります。ブラック＝ショールズ・モデルで、行使価格を固定し、原資産価格をいろいろと動か

図表5-2 ● デルタは価格曲線の接線の傾き

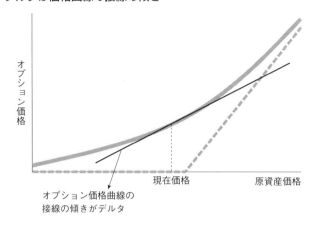

オプション価格曲線の
接線の傾きがデルタ

（縦軸）オプション価格
（横軸）現在価格　原資産価格

していくことで、この曲線が得られます。ちなみに、この曲線は、満期時ペイオフの線（点線）よりも上方に浮かんでいて、下に膨らんだ曲線となっています。満期時ペイオフの線が表すものは本源的価値（intrinsic value）と呼ばれ、実際のオプション価格がそれを上回っている部分は時間的価値（time value）と呼ばれます。価格曲線の膨らみは、この後に取り上げる原資産価格に対するオプション価格の非線形性に由来するものです。

　さて、比率としてのデルタは、この曲線に対して、現在の原資産価格のところで接線を引いたときに、その接線の傾きとして捉えられるものです。原資産価格が行使価格よりもずっと低いときには、多少原資産価格が上がってもオプション価格はたいして上がりません。原資産価格が行使価格近辺のときは、原資産価格の上昇に対して0.5（50％）に近い比率でオプション価格が上がっていきます。原資産価格がもっと高いと、原資産価格の上昇にほぼ連動するようにオプション価格も上昇していきます。

　接線の傾きは、原資産価格が高くなるにつれ、水平に近い状態から、右肩上がり45°線に近いものに変わっていくわけです。接線が水平のときデルタはゼロで、原資産価格の変動に対してオプション価格が変化し

ないことを、接線が右肩上がり45°線のときデルタは1で、原資産価格の変動とオプション価格の変動が等しい状態を指します。

　コール・オプションの売り手にとっての損益は、この価格曲線を上下逆転したものになりますから、デルタは0からマイナス1のどこかの値になります。

　プット・オプションの場合は、コール・オプションを左右逆転させたものと考えればイメージしやすいでしょう。ですから、買いの場合のデルタは0からマイナス1の間、売りの場合は0からプラス1の間です。

▌ガンマγ

　先ほども少し触れましたが、オプションの価格は原資産価格に対して、直線ではなく、大きく曲がった曲線で表されます。これがオプションの非線形性ということです。この曲線は、下に膨らんだ形となっていて、程度の差こそあれ、債券保有の場合のポジティブ・コンベクシティと同じ形です。つまり、この非線形性は、コール、プットにかかわらずオプションの買い手にとってプラスに働きます。

　逆にオプションの売り手にとっては非線形性がネガティブに働くことになります。つまり、原資産価格が大きく動いたときに、線形リスクだけで捉える以上の損失に直面する可能性があるということです。このオプションの原資産価格に対する非線形性は、普通の債券などと比べてかなり大きいので、オプションのリスクを捉える上でこれを無視するわけにはいきません。

　そこで、原資産価格をリスクファクターとする二次的な感応度として登場するのが**ガンマ**です。非線形性は、原資産価格が変化するとデルタが変化してしまうことから生じますから、デルタをもう一度原資産価格で微分したものでその非線形性を捉えることができます。数学的に定義すると以下になります。

$$Ganma = \frac{\partial^2 P}{\partial S^2}$$

ガンマも、比率で表すのか、デルタの変化幅として表すのかなど、いくつかの表現方法がありますが、P を債券価格、S を金利だとすれば、すでに登場した債券のコンベクシティと概念的には同じものです[31]。

　実務では、ガンマもまた微分を使わずに、有限差分法で計算されることが多いでしょう。原資産価格が一定の変化をしたときに、デルタがどのくらい変化するかを計算すればいいのです。

　では、このガンマを使って、オプション価格の変化を予測するにはどうすればいいでしょうか。

　まず、デルタを使うと、デルタに原資産価格変動幅を掛けることによって、線形を仮定した場合のオプション価格の変動幅を計算できました。ただし、原資産価格が変動するにしたがってデルタそのものが変化してしまうので、その部分を、ガンマを使って計算します。

　計算を簡単にするために、原資産の変動に伴ってデルタがずっと一定の割合で変化していくと仮定しましょう。つまり、ガンマは原資産が変動しても変化しないと考えるのです。

　図表5-3は、横軸に原資産価格、縦軸にデルタの大きさをとっています。図の下側に描かれている長方形は、原資産価格に関わらずデルタが一定という線形の仮定を表しており、その場合のオプション価格変動幅は、デルタ×原資産価格変動幅で計算できますから、この長方形の面積そのものということになります。

　長方形の上に乗っている三角形は、デルタが一定の割合で増えていくことを示した部分です。原資産価格の上昇に伴ってデルタが増える比率がガンマでしたから、この三角形の斜線の傾きがガンマに他なりません。デルタは、このガンマの作用によって、結果的には原資産価格の上昇幅×ガンマの分だけ増えることになります。

　さて、非線形性によるオプション価格への影響は、この図の三角形の面積を求めればいいことになります。三角形の底辺は原資産価格の変動

---

31 厳密に言えば、すでに説明した通り、コンベクシティは債券価格を金利で二階微分したものを価格で割ったものと定義されます。

図表5-3 ● ガンマによるオプション価格へのインパクト

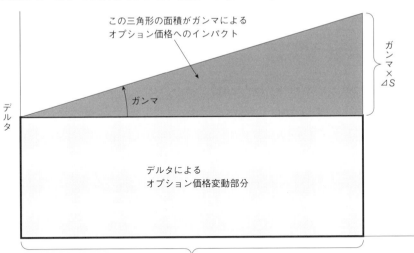

幅ΔS、縦の長さは「原資産価格の変動幅ΔS×ガンマ」でしたから、

$$三角形の面積 \ = \ \frac{1}{2}×ガンマ×\Delta S^2$$

と計算できます。

　長方形と三角形を足して、

$$オプション価格の変動幅 \ = \ デルタ×\Delta S \ + \ \frac{1}{2}×ガンマ×\Delta S^2$$

です。これはデルタ＋ガンマ（デルタ・プラス・ガンマ）法といわれるやり方です。なお、この計算はガンマが一定と仮定して計算したものですから、やはり近似計算です。

　この近似計算は、数学の世界では極めてよく使われる**テーラー展開**というものを利用しています。テーラー展開とは、どんなものでもいいのですが、何らかの関数があって、その関数のパラメータが変化したときの関数の値を今のような近似計算で求めていく手法です。一般的に示すと、

$$f(a+h) \ = \ f(a)+f'(a)h+\frac{1}{2}f''(a)h^2+\cdots\cdots+\frac{1}{n!}f^{(n)}(a)h''+\cdots\cdots$$

というような計算方法です。原資産価格が h 分だけ変動したときのオプション価格を示す式だとして、右辺第１項が元のオプション価格、第２項はデルタが一定としたときのデルタによる変動部分、第３項はガンマが一定としたときのガンマによる変動部分です。これだけだとまだ差異が残る場合は、さらに、３次の項、４次の項を追加して計算していくこともできます。

　実際のオプションでは、原資産価格の変動によってガンマもまた変動していくのですが、そのガンマの変動度合いを把握するために、３次感応度を考えることもできるというわけです。これは、ガンマ・オブ・ガンマとかスピードと呼ばれるものですが、ガンマが大きく変動するようなエキゾチックな商品を扱うのでない限り、ガンマの大きさまでを捉えておけば十分でしょう。

■ローρ

　次は金利に対する感応度です。これを**ロー**と呼びます。これは先にみたBPVとして扱うことができるものなので、説明は省略して次に移りましょう。

■ベガ

　次は、ボラティリティに対する感応度です。これは、通常**ベガ**と呼ばれます。ベガは実はギリシャ文字ではないため、ギリシャ文字であるカッパ κ と呼ぶ場合もありますが、実務上はベガという呼び名が一般的です。ベガは、ボラティリティを σ として、

$$Vega = \frac{\partial P}{\partial \sigma}$$

ということですね。これも実務上は、ボラティリティが１％変動したらどうなるかといったような有限差分法で求めることが多いでしょう。

　ボラティリティは、オプションの価格を決定する上で、最も重要なパラメータです。どのような行使価格、行使期日を選んだとしても、ボラ

ティリティが上昇すればオプション価格は上がります。つまりベガは、コール、プットにかかわらず、ボラティリティの上昇に対して買い手に有利に、売り手に不利に働く感応度です。ボラティリティはもちろん下がることもあるので、その場合は買い手に不利、売り手に有利になります。

■セータ θ

最後に、時間に対する感応度である**セータ**です。

$$Theta = \frac{\partial P}{\partial t}$$

ここまで取り上げた原資産価格、金利、ボラティリティはいずれも確率的な変動をするものですが、時間はただ満期が近づくにつれて残存期間が短くなっていくだけです。確率変動ではなく、確実に一方向に変化していくリスクファクターということです。これもやはり、たとえば1日経過したらオプション価格はどうなるか、というような形で計算することが多いでしょう。

オプション価格は、将来原資産価格が買い手に有利な方向に動く可能性を織り込んで算出されますが、満期までの時間が短くなれば、その可能性も小さくなります。時間的価値が減少するということですね。つまり、時間の経過によってオプション価格は減価していきます。これをタイム・ディケイと呼ぶこともあります。

したがってこのセータは、常に、買い手に不利に働く一方で、売り手には有利に働くものになります。

デルタ・ヘッジとオプション取引の本質

　オプションのグリークスのうち代表的なものをみてきましたが、この
うち、一般に最もリスクとして大きいものがデルタです。ですが、この
デルタは原資産の価格変動によって引き起こされる線形のリスクであっ
て、オプション固有のリスクとはいえません。

　具体的にいえば、原資産の売買を組み合わせることで、このデルタの
リスクは簡単にヘッジができるのです。これを、デルタ・ニュートラ
ル・ヘッジとか、単に**デルタ・ヘッジ**と呼んでいます。

　コール・オプションの買いを例に挙げましょう。**図表5-4a**のオプショ
ン価格曲線に、現在の原資産価格のところで接線を引いたときの接線の
傾きがデルタでした。このデルタの影響を消してしまうにはどうすれば
いいかというと、同じ角度で左肩上がりの損益線を持つ取引を行えばい
いということになります。

　原資産をA社株10000株としましょう。今の原資産価格で計算した比
率としてのデルタ（つまり接戦の傾き）がプラス0.4だとします。この
接線に沿って計算すると、株価が10円下がれば1株あたりオプション価
格は4円下がることになります。このリスクをヘッジするためには、株
価が10円下がったときに4円分の利益が出る取引をすればいいのです。
それはすなわち、0.4単位分の空売りです。その損益は、**図表5-4a**の右
肩下がりの太い点線で表されています。原資産が10000株なので、4000
株を空売りすれば、デルタのリスクを打ち消すことができます。これが
デルタ・ヘッジです。

　デルタ・ヘッジ後の損益はどうなるでしょうか。元のオプションの価
格曲線に、0.4単位分の空売りの損益線を足すと、でき上がるのは**図表
5-4b**の下に膨らんだお椀型の曲線です。デルタはオプションの価格曲

図表5-4●デルタ・ヘッジ後のコール・オプションの買いの損益

（a）デルタを打ち消す

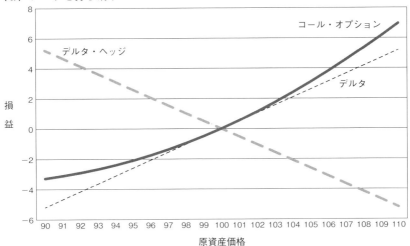

（b）

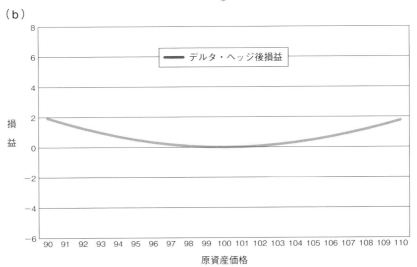

線が持つ右肩上がりなどの傾きを示すものです。デルタ・ヘッジを行うと、この傾きは消え、オプションが持つ非線形の成分のみが残ります。

　ちなみに、プット・オプションの買いは、マイナスのデルタをもち、その損益線は左肩上がりの傾きを持っています。このリスクを打ち消すには、デルタ分の原資産を買えばよく、そうすると傾きは消え、やはり下に膨らんだお椀型の曲線が残ります（**図表5-5**）。

　一般にオプションの説明は、「オプションにはコールとプットがあって……」というところから始まるのですが、デルタを取り除いてオプション固有の成分だけを取り出すと、コールとプットの違いは消え、同じお椀型の損益曲線を持つ取引に変わるのです。

　ちなみに、このお椀型の曲線は、ポジティブ・ガンマを表しています。図では原資産価格が上下どちらに動いても利益が出るように描かれていますが、もちろん対価も存在します。それが、マイナスのセータです。コールであろうとプットであろうと、オプションを買っている場合、セータは必ずマイナスなのです。つまり、どちらに転んでも利益が出そうなお椀型の損益線は、時間の経過とともに下に押し下げられて、マイナスの領域に沈んでいきます。オプションの買いが利益を上げるためには、このマイナスのセータによる損益押し下げ効果に負けないほどの原資産価格の変動が必要ということです。

　オプションの買いにはもう一つ利益を生む要因があります。それはプラスのベガです。ここでプラスのベガといっているのは、ボラティリティと損益が同じ方向に変化する関係を示しています。これもコールとプットの違いは関係ありません。オプションの買いならベガはプラスです。

　要するに、プラスのガンマとプラスのベガ、そしてマイナスのセータがセットになっているわけです。この３点セットこそが、オプションの買いの本質的特徴です。これらのリスクはオプション固有のものであるために、ヘッジしたいのであればオプションの売りによってリスクを解消していくしかありません。

図表5-5 ● デルタ・ヘッジ後のプット・オプションの買いの損益

（a）デルタを打ち消す

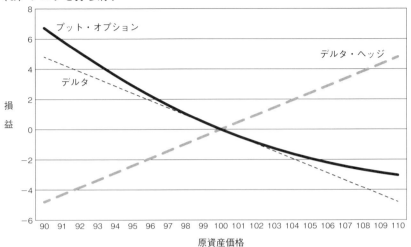

（b）

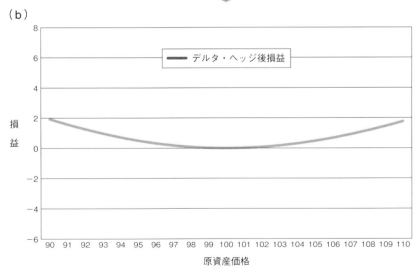

改めてまとめると、プラスのガンマは、原資産価格が上下どちらの方向であっても大きく動いたときに利益が発生することを意味します。プラスのベガは、インプライド・ボラティリティが上昇したときに利益が発生することを意味します。つまり、原資産価格の大きな変動、またはそれを予想するインプライド・ボラティリティの上昇を期待する取引がオプションの買いです。それには当然対価があり、それが時間の経過です。時間が経過するごとに、マイナスのセータによるコストを支払わなければなりません。

　ではオプションの売りの本質は何でしょうか。もうおわかりでしょう。オプションの売り手の損益は買い手の逆です。損益曲線は上に膨らんだ形となっており、デルタ・ヘッジによって**図表5-6**のような山形の曲線が残ります。これは、ネガティブ・ガンマを表しています。またオプションの売りでは、ベガは必ずマイナスである一方、セータは必ずプラスです（**図表5-7**）。これらの３点セットがオプションの売りの本質です。

　オプションの売りは、時間の経過から利益を得る取引なのです。原資産価格が大きく変動することなく、またインプライド・ボラティリティが大きく上昇することなく、ただ時間が経過していけばいいのです。

　このように、デルタ・ヘッジによってコールとプットの区別を取り払ってみると、オプションというのは時間の経過に対する原資産価格の将来変動の大きさ（実際の価格変動の大きさと、その予想値であるインプライド・ボラティリティの大きさ）を取引するものだということがわかってきます。

図表5-6 ● オプションの売り＋デルタ・ヘッジ

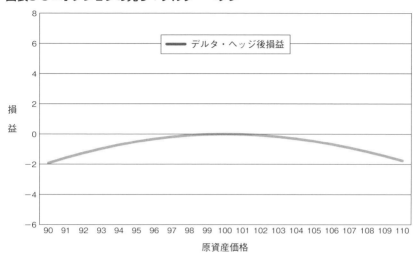

図表5-7 ● オプション・グリークスの3点セット

ガンマの符号は原資産価格の大きな変動が有利になるか不利になるか、ベガの符号はインプライド・ボラティリティの増加が有利になるか不利になるか、セータの符号は時間の経過が有利になるか不利になるかを示す。

ポートフォリオ単位のダイナミック・ヘッジがデリバティブの競争力を左右

　ここまでみてきたように、デリバティブの価格変動リスクは、感応度を通していくつかのリスク要素に分解することができます。分解することができるのならば、複数の取引にまたがって同じリスクファクターに対する感応度を合算し、まとめて取り扱うこともできます。

　金融商品や金融取引における市場リスクのヘッジ方法には、大きく分けて2つの考え方があります。一つ目は、一つ一つの商品や取引のリスクをこまめに消していく個別ヘッジの考え方です。たとえば、顧客と行ったデリバティブ取引とキャッシュフローがちょうど反対になるようなカバー取引を他の銀行との間で行えば、市場リスクという点ではきれいにヘッジすることができます。しかし、この方法では、取引が複雑なものになればなるほどヘッジにコストが掛かるようになり、カバー取引ができないものは顧客に提供することができなくなってしまいます。

　そこで登場するのが、**ポートフォリオ・ヘッジ**、あるいは**マクロヘッジ**という考え方です。すべてのデリバティブ取引を1つのポートフォリオの中に入れ、ポートフォリオ全体でリスクヘッジを行っていくというものです（**図表5-8**）。

　そこでは、個別の取引や商品の区分は消え、ただ特定のリスクファクターに対する感応度だけが現れます。先ほどのオプションの話でいえば、コール・オプションやプット・オプションの区別は消え、特定の原資産に対するデルタやガンマ、ベガ、セータといったリスク要素のみが残ります。

　デルタ・ヘッジについてはすでにお話しした通りです。デルタは原資産価格の変動に対する線形のリスクですから、オプションに限らず、同じ原資産を持つすべての取引、そして原資産そのものの売買すべてから

図表5-8 ● 個別ヘッジとポートフォリオ・ヘッジ

個別ヘッジ

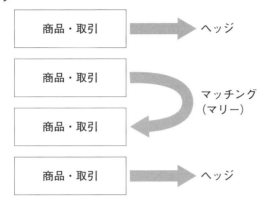

ポートフォリオ・ヘッジ

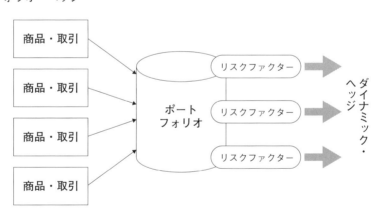

発生するリスクを合算して扱うことができます。つまり、ある原資産の
デルタ・リスクは、どんなに多くの取引を行ったとしても、たった1つ
の感応度の値で表されるものになります。

　ガンマ、ベガ、セータについてはオプション固有のリスクですから、
そのヘッジにはオプション取引を用いるよりありません。しかし、同じ
原資産に対するものであれば、どんなに複雑な取引を行ったとしても、
同じ感応度に分解し、それらをまとめて管理することができます。

このポートフォリオ単位でのリスクヘッジでは、リスクヘッジのために特殊で複雑な取引を行うことは希です。そもそもなぜ感応度に分解するかといえば、その感応度から生まれるリスクをヘッジしたいからなので、感応度が減るさまざまな取引のうち、コストの安い一般的な取引でリスクヘッジを行えばいいのです。具体的にいえば、リスクヘッジで主に使うのは、上場デリバティブや、インターバンクで普通に行われるプレーンな取引です。

　たとえば、ポートフォリオにおける円金利についてのBPVとGPSが**図表5-9a**のような形になっていたとします。ここでのBPVは1bp低下時のMTM変化額とすると、プラスの値は金利上昇リスクを表します。まず、全体のBPVのリスクをヘッジするためには、どんな手段でもいいので、BPVがマイナスの取引を行っていけばいいことになります。

　次に、イールドカーブの形状変化のリスクについても考えなければいけませんが、各年限のGPSをすべてゼロにする必要性も薄いでしょう。イールドカーブは各年限でバラバラに動くわけではなく、関連性を保ちながら一体で動いていくものだからです。そこで、金利低下時のBPVがマイナスになる取引のうち、５年の固定金利ペイと７年の固定金利ペイの金利スワップを適当な比率で組み合わせてみます。

　そうすると、ヘッジ後のGPSは**図表5-9b**のような形になります。どのような形にするのが最適かは、ポートフォリオ・マネジャーの感覚にもよるので、ただ一つの正解というものはありません。また、この状態がどのくらいのリスクを抱えているかは、次章でみるリスクの定量化技法を待たなければきちんと把握することはできません。ただし、恐らくこの形なら、各年限のGPSがゼロになってはいなくても、実質的なリスクはかなり抑え込めているはずです。

　全体のBPVはほぼゼロであり、イールドカーブのパラレルシフトのリスクはほぼヘッジされています。各年限のGPSをみるとプラスとマイナスが入り組んでおり、イールドカーブの傾きの変化、曲率の変化などが起きても大きな時価変動は起こりそうにありません。

図表5-9 ●マクロヘッジの一例

（a）ヘッジ前のGPS

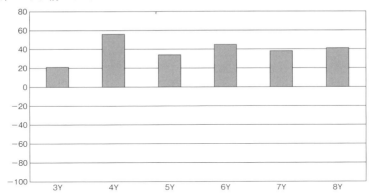

（b）ヘッジ後のGPS

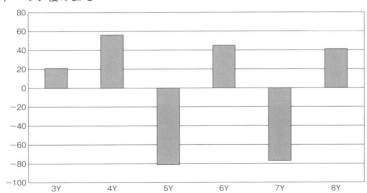

　もちろん一口に円金利といっても様々な金利があります。国債利回り、OISレート、TIBORスワップレート等々です。たとえばOISレートのリスクを国債の売買でヘッジすることもできますが、異種金利間で異なる動き方をするリスク、すなわち**ベイシスリスク**と呼ばれるものは残ります。ただ、一般にベイシスリスクは金利変動そのもののリスクよりも小さいですし、「OISレート－国債利回り」のスプレッドが縮小していくとみているのであれば、金利低下リスクはOISのレシーブでヘッジし、金利上昇リスクは国債の空売りでヘッジするといった具合に、ポー

トフォリオ・マネジャーの相場観を反映させることも可能です。

　いずれにしても、感応度を一つ一つ全部潰していくのではなく、関連する感応度を全体的に均すようなオペレーションをすることで、リスクヘッジの取引を単純化し、その取引コストを大きく引き下げることができます。これは、扱っているものが非常に複雑なエキゾチック商品であっても同じです。感応度という観点からみると、エキゾチック商品は、その商品単体でみたときに発生する感応度が多岐に渡っていたり、通常の商品とは現れ方が異なっているだけにすぎません。

　スワップ・ハウスとかデリバティブ・ハウスと呼ばれるようなデリバティブを専門的に取り扱う金融機関は、とにかくすさまじい数の取引をこなし、その中には個別性の強いカスタマイズ化された取引や、エキゾチック・オプションなども多く含まれるでしょう。そうした個別性の強い取引やエキゾチックな商品を、個別ヘッジの考え方によって自前で作り出すことは至難の業です。ですから、業者としてデリバティブを扱うには、ポートフォリオ単位で、いくつもの感応度に分解して管理するという考え方が必須なのです。

　こうした感応度をベースとしたマクロヘッジでは、感応度が時間とともに変化していきます。もちろん新たな取引がどんどん追加されるということもあるでしょうが、たとえばオプションのデルタは原資産価格の変動によってどんどん変化していくので、新しい取引が追加されなくても時間とともに変化していきます。そのため、常に種々の感応度を計算し直し、必要に応じてヘッジ取引を行い続けることになります。

　個別ヘッジでは、１回カバー取引をすればリスクは完全にヘッジされるので、それ以降は何もする必要がありません。ポートフォリオ単位でのリスクヘッジは、感応度がどんどん変化していく中で、動的に行っていく必要があります。そうした観点から、このようなヘッジの手法は**ダイナミック・ヘッジ**とも呼ばれます。

　いずれにしろ、このようなリスクヘッジの考え方こそが、デリバティブ・ハウスの競争力を生み出す源となっているのです。

第6章

リスクの定量化とXVA

6-1 デリバティブに伴う 様々なリスクと評価調整

デリバティブ取引からは、様々なリスクが発生します。リスクとは、損失の可能性であり、それが顕在化すると現実の損失となって現れます。もちろんデリバティブはリスクヘッジのツールとして使うことができるものですが、投資目的で使用する場合や、業務としてデリバティブを提供する場合は、各種のリスクを避けることはできません。もっとも、それはすべてのビジネスに共通のことであり、デリバティブだけが特殊なわけではありません。

ビジネスが抱えるリスクが顕在化したときにでも経営の健全性が維持されるためには、リスクの大きさを数値として把握し、リスクの顕在化に対してあらかじめ事前に備えをしておくことが重要です。その第一歩であるリスクの大きさを数値として把握すること、すなわち発生しうる損失額を特定することが、**リスク定量化**といわれるものです。

前章では、市場リスクの大きさを、

感応度 × リスクファクター変動幅

として捉え、その感応度の種類によってリスクを分解、管理していく考え方を示しました。この式に即していえば、さらに、リスクファクターの変動幅としてどのくらいのものを想定すればいいかを決めることで、リスクの定量化が図れます。

一方、損失への備えとなるものは自己資本[32]です。自己資本は、必ずしも企業が好き勝手に使っていいものというわけではありませんが、返済の義務がないお金なので、損失の発生によってそれが減少してしまっても企業破綻には直結しません。ですから、リスク管理上は、自己資本

---

[32] リスク管理上の自己資本は、損失の吸収力を持つものであって、会計上の自己資本とは必ずしも一致しません。

は損失のバッファーになるものと捉えます[33]。つまり、リスク管理の目的は、定量化されたリスクの総量を自己資本の枠内に抑えることといえます。

　少し見方を変えれば、自己資本は業務をするにあたって必要なリスクをとるためのものであり、リスクをとるということはそこに自己資本をつぎ込むことに他なりません。そうした観点からは、経営とはどのリスクに自己資本を振り向けるかを判断することであり、業務の成果はその振り向けられた自己資本に対する収益率で測られねばなりません。そしてリスク管理とは、そうした経営判断からみて、各業務部門が適切なリスクを適切な量だけとっているかをモニタリングするものということになるでしょう。こうした考え方にもとづく経営管理手法を**経済資本管理**と呼んでいます。

　いずれにしろ、こうした経営管理手法を導入するためには、各種リスクの定量化と、それらを一体的に管理する統合リスク管理が不可欠です。

　一般に金融業務におけるリスクは、市場リスク、信用リスク、オペレーショナル・リスク、流動性リスクに分けられます。市場リスクは、前章でも取り上げた市場価格の変動に伴うリスクです。**信用リスク**は、融資などの貸倒れリスクが典型ですが、債券のデフォルト、OTCデリバティブの取引相手のデフォルトなど、市場取引にもついて回ります。

　オペレーショナル・リスクは、いうなれば業務遂行にあたって発生しうる諸々のリスクを指すもので、事務リスク、不正や犯罪などのリスク、システム障害などのリスク、情報漏洩などのリスク、さらにリーガル・リスクやレピュテーション・リスク等を含みます。もちろん、デリバティブ業務でも種々のオペレーショナル・リスクが伴います。

　流動性リスクは、資金繰りのリスクを指し、端的にいえば、急激な資

33　当たり前のことですが、大きな損失が発生し自己資本が毀損すれば、株主から経営責任を追及されるのは必至です。ここで述べていることは、あくまでも損失が自己資本の範囲内に収まっていれば破綻は免れうるということだけです。

金流出や資金調達の困難化によって資金がショートし、債務の支払ができなくなるというリスクです。債務の履行ができないと経営破綻とみなされることになるので、経営にとって非常に危険なリスクといえます。デリバティブにおいては、取引に伴う資金の流出などももちろんありますが、マージン契約における担保請求（マージンコール）などにも気をつける必要があります。市況の変動によりMTMが大きくマイナスに振れると、その分のマージンコールを受けることになり、短期間で巨額の資金流出が発生する恐れがあるのです。

　さて、リスク管理は、それ自体で非常に幅広い論点を含む複雑なテーマです。本書では、それをかなり絞り込んで、市場リスクの定量化手法と、OTCデリバティブ取引における取引相手の信用リスク（CCR）について、その概要をみていくこととします。

　後者のテーマからは、デリバティブの時価評価額に、CCRに伴う期待コストを反映させるための信用評価調整（CVA、Credit Valuation Adjustment）というテーマも浮上してきます。それに関連して、CVA以外の評価調整、いわゆるXVAについても触れていきます。

6-2 バリュー・アット・リスク（VaR）と 期待ショートフォール（ES）

　リスクの定量化手法として、最も一般的なものがバリュー・アット・リスク（バー、**VaR**、Value at Risk）です。VaRは、一定の**保有期間**、一定の**信頼区間**のもとでの予想最大損失額として定義されます。

　リスクは現有しているポジションについて計測するわけですが、それをいつまで保有しているものとしてリスクを計算するのかを決めるのが保有期間で、要するにリスクの計測期間のことです。保有期間は、損失をもたらすような相場の急変があったときに、ポジションの解消やリスクヘッジがどのくらい容易にできるかにもとづいて設定されます。いざというときに簡単に売却できないもの、リスクヘッジができないものは、当然保有期間を長く設定する必要がありますが、ポジションの解消やリスクヘッジがいつでも簡単にできる前提であれば10日（営業日ベース）が一つのスタンダードとなります。

　信頼区間（または信頼水準）は、VaRを計算する際の基準となる確率の範囲のことで、たとえば99％というような水準を決めておいて、その範囲内で最大の損失額を予想しようというのがVaRの基本的な考え方です。

　なぜ信頼区間を設定するのかというと、一つには、ありとあらゆる可能性の中で真に最悪なケースを想定しようとするときりがなくなってしまうからです。さらにいえば、たとえば巨大隕石が地球に衝突するといった本当に最悪なケースを考えてしまうと、値動きの激しい新興株も、一般に安全資産とされる国債も、どちらも紙くずになってしまうことが考えられるわけですが、それでは各資産のリスクの大きさの違いが消えてしまって、実効的なリスク管理ができなくなってしまいます。そこで、どこか現実的なところに線を引いて、その中でリスクの大きさを評

価する必要があるのです。

　図表6-1は、VaRのイメージです。保有ポジションの期待損益がゼロ、利益と損失の発生確率を正規分布で表せるとして、信頼区間99％のVaRは、最悪の損失が発生する1％部分を無視して、残り99％の中で最大の損失額を求めるものです。ですから、図でいえば、中心（損益ゼロ）のところから左側（損失側）へと伸びた矢印の長さが99％VaRということになります。

　VaRの定義から当たり前のことですが、VaRの推定が正確なものだったとしても、実際の損失がVaRを上回ってしまうことは、（1－信頼区間）の確率で発生することになります。これはVaR計測の失敗ではなく、VaRとはそういうものなのです。

図表6-1 ● VaRの概念

利益と損失の発生確率を以下のような正規分布で見積もると……

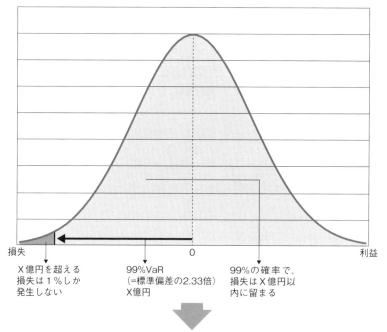

X億円の自己資本がある場合には、99％の確率で破たんを免れる。

　VaRは、基本的には破綻に陥る確率を一定の確率以下に抑えようという目的で開発されたものです。たとえば99％VaRを上回る自己資本を用意しておけば、自己資本を上回る損失が発生して破綻状態に陥る確率を１％以下に抑えることができます。

　なお、破綻確率が１％以下というのは、実際問題としてはかなり緩い基準といえるでしょう。そこで、信頼区間をもっと引き上げて計算するというのも一つの考え方ですが、たとえば国際的な銀行規制である**バーゼル規制**では、99％VaRに３〜４の乗数を掛けてリスク相当額とするような運用をしています。ちなみに乗数に幅があるのは、VaRの算出モデルの信頼性に応じて乗数が変わるようになっているからです。

　以上の説明でもわかる通り、VaRは、信頼区間から外れる事態となったときに何が起きるのかを語ってはくれません。個別の金融機関において、破綻確率を一定以下にとどめるという点ではそれで問題はなさそうですが、金融市場全体の視点で考えると、知りたいことはむしろ信頼区間を外れるような状況のときに何が起きるのかでしょう。

　このような観点からリスクを定量化するものが、**期待ショートフォール**（**ES**、Expected Shortfall）です。こちらは、信頼区間を外れたときに発生する期待損失額と定義されます。**図表6-1**でいうと、VaRでは無視されてしまった左端の１％部分で損失の期待値を計算したものとなります。確率分布の裾（テール）で生まれるリスク、つまり**テールリスク**を計量するものといえます。

　バーゼル規制は、基本的に金融機関の連鎖的な経営悪化を防ぎ、金融危機を起こさないようにすることが目的ですので、規制上のリスク定量化手法としては、こちらのほうが目的に沿っていそうです。ということで、バーゼル規制の市場リスク測定のベースモデル[34]は従来VaRだった

34　バーゼル規制におけるリスク計測手法は、当局指定の掛目を使用して計算する標準的手法と、自社データや自社モデルを使う先進的手法（市場リスクでは、内部モデル方式）に分かれます。ここでベースモデルといっているのは、このうち先進的手法に用いられるモデルのことですが、標準的手法の掛目も基本的にはベースモデルに平仄が合ったものが設定されていると考えられます。

のですが、2023年以降はそれがESへと切り替わる予定になっています。

　ちなみに、従来のベースモデルは、保有期間10日間、信頼区間99％のVaRです。新たなベースモデルは、信頼区間97.5％のESとなります。保有期間に相当するものは、ベースはやはり10日間ですが、リスクの種類によってその期間が調整されるような形になっています。信頼区間が引き下げられたのは、定義から明らかですが、同じ信頼区間だとESのほうがVaRよりもリスク量が大きく測定され、規制としては厳しい基準になってしまうので、それを避けるために調整したものです。ちなみに、正規分布を仮定して線形リスクのみを計測するとき、99％VaRと97.5％ESはほぼ同じ値となります。

VaRの計算方法 (1)
……分散共分散法

VaRとESの実際の計算方法には、いくつかのバリエーションがあります。

まず、もともとのVaRの計算方法[35]である**分散共分散法**をみていきましょう。この方法は、後でみるように、リスクを過小評価してしまう危険があり、これだけでリスク管理を行うことは適切ではないのですが、第5章でみた感応度によるリスク管理の延長線上で計算されるものなので、非常にわかりやすく、リスクの分析といった目的では非常に有益な方法です。

これは、リスクファクターの変動が正規分布で表すことができるという前提で計算されるものです。オプションの計算で使われる対数正規分布でももちろんかまいませんが、ここではより簡単な普通の正規分布を仮定して話を進めます。

たとえば、ある銘柄の株を保有しているとしましょう。株価が下落したときの損失は、

　　　　保有株数×株価×株価下落率（もしくは保有株数×株価下落幅）
で計算できます。この場合には、非線形性はなく線形リスクがあるだけです。

このケースで、保有期間10日間、信頼区間99％での最大の損失額を計算するためには、10日後の株価の確率分布、あるいは10日間の株価変動率の確率分布が必要です。この確率分布に正規分布を仮定すると、平均と標準偏差を特定するだけで確率計算が簡単にできるようになります。ちなみに、線形リスクの場合、当然のことながら、リスクファクターの

35　もともとのVaRは米銀大手のJPモルガンが自社のリスク管理用に開発し、その計算仕様を無償で公表したことで金融業界に広まっていったものです。

分布が正規分布なら、損益の分布も正規分布となります。

　10日後の株価の平均は、オプションのプライシングでいえばフォワード価格が適切ですが、リスク管理では計算の整合性にそれほどこだわる必要はないので、ここでは今の株価のままとしましょう。そうすると、あと必要になるのは価格、あるいは価格変動率の標準偏差（ボラティリティ）だけです。一般に、VaRの計算では、客観性を確保するために過去のデータを用い、たとえば直近1〜5年間分の日次データなどを使って計算します。この過去何年分のデータを使うかというデータ参照期間のことを、**観測期間**といいます。

　正規分布の前提となるランダムな動きの積み重ね、いわゆるランダムウォークでは、t日後の確率分布の標準偏差が、1日あたりの標準偏差の$\sqrt{t}$倍になります。ですから、観測期間の日次データから1日ごとの価格変動率を計算してその標準偏差をとり、それをルート10倍すれば、10日分の価格変動率の標準偏差が得られます。このような期間調整のやり方は、**ルートt倍法**[36]といわれるものです。

　あとは、正規分布の中で、最悪の1％を切り捨てて、残り99％と切り分けるポイントがどこにあるかがわかればいいことになります。ここで、標準正規分布の累積分布関数を思い起こしましょう。標準正規分布では、N(x)＝0.01となるときに、x以下の値を取る確率が1％となるわけですから、それこそが1％部分と99％部分を切り分けるポイントとなります。

　標準正規分布の累積分布関数の逆関数というものを使えば、このxは簡単に計算することができます。この逆関数はN⁻¹()と標記されますが、N⁻¹(0.01)とすることで、さきほどのxが計算できる関数です。エクセルなら、

　　　　＝ NORM.S.INV(0.01)

と計算すると、約−2.33という値が得られます。これは、平均から標準

36　他に、ランダムウォークを仮定せず、10日間の価格変化率から直接10日分の標準偏差を算出するボックス・カー法やムービング・ウィンドウ法といった方法もあります。

偏差の2.33倍分左側にずれたところが、1％と99％を分けるポイントだということです。

ちなみに、ショートポジションの場合、リスクはリスクファクターの上昇方向にあるので、本来なら正規分布の右端1％部分を分離するポイントが必要で、これは$N^{-1}(0.99)$で計算できます。ただ、正規分布の場合は左右対称なので、$N^{-1}(0.99) = $約2.33となり、絶対値は変わりません。したがって、いずれにしても、平均から標準偏差の2.33倍分離れたところが1％と99％を切り分けるポイントとなります。

以上から、株価が10日間、99％の範囲内で最大の下げ幅になるのは、10日分の価格変動率の標準偏差の2.33倍の値下がりが起きたときであり、それをもとに計算した損失額が99％VaRということになります。日次の株価変動率の標準偏差をσとして

$$VaR^{10日}_{K=0.99} = \text{保有株数} \times \text{現在の株価} \times \sigma \times \sqrt{10} \times N^{-1}(0.01)$$

と計算できます（**計算シート11**）。

これが、リスクファクターが1つだけの場合の線形リスクのVaRの計算ですが、実際には、リスクファクターは複数のものが組み合わさっているのが普通です。そうすると、分散効果というものが生じて、全体のリスク量は個々のリスクファクターのリスクを単純合計したものよりも小さくなるはずです。お互いのリスクファクターによる影響が相殺される可能性があるからです。

計算シート11●為替VaR

	A	B	C	D	E	F	G	H	I
1	為替VaR								
2									
3									
4		為替エクスポージャー				-980,000	ドル		
5		為替レート				115.121	円		
6		為替ボラティリティー				0.33%	(日率)	5.33%	(年率)
7		保有期間				10	日		
8		信頼区間				99%			
9									
10									
11		保有期間あたりの為替ボラティリティー				1.05%			
12		信頼区間は標準偏差の何倍分か				2.3263479			
13		信頼区間の最大為替変動幅				2.8029071			
14		変動後為替レート				117.92391			
15									
16		VaR				-2,746,849	円		
17									

正規分布を仮定すると、こうした分散効果も簡単に計算できるようになります。まず、資産Aのリスクファクターが資産Aの価格そのもので、ボラティリティをσ_A、資産Bも同様に価格がリスクファクターで、そのボラティリティをσ_Bとします。ここで、資産Aと資産Bを1円ずつ組み合わせたポートフォリオのボラティリティσ_Pを計算するためには、いったん（$\sigma_A + \sigma_B$）を二乗する必要があります。ボラティリティは価格変動率の標準偏差ですが、標準偏差は分散の平方根として求まるものなので、改めて分散から計算するのです。

二乗の計算は$(x+y)^2 = x^2 + 2xy + y^2$と同じように計算するわけですが、ここで注意しないといけないのは、σ_Aとσ_Bは普通の数字ではなく、確率変数の標準偏差であり、2つを掛け合わせた部分は、共分散として定義される値になるということです。共分散は、セットになっている2つの確率変数それぞれの平均からのかい離幅を掛け合わせたものの平均[37]です。これをσ_{AB}と表記すると、ポートフォリオの価値変動の分散は、

$$\sigma_P{}^2 [= (\sigma_A + \sigma_B)^2] = \sigma_A{}^2 + 2\sigma_{AB} + \sigma_B{}^2$$

となります。

また、

$$\rho = \frac{\sigma_{AB}}{\sigma_A \sigma_B}$$

とおくと、σ_{AB}は、$\rho \sigma_A \sigma_B$と置き換えることができます。このρは相関係数と呼ばれるもので、-1から1までの値を取り、-1が完全な逆連動、1が完全な連動を示します。これを使うと、

$$\sigma_P{}^2 = \sigma_A{}^2 + 2\rho \sigma_A \sigma_B + \sigma_B{}^2$$

です。これを平方根にすることで、ポートフォリオとしてのボラティリティが計算できます。

これらを、後々の計算が楽になるように、行列式に変換してみましょ

---

37 定義式は、$\bar{x}$を確率変数xの平均、$\bar{y}$を確率変数yの平均として、以下の通りです。

$$x と y の共分散 = \frac{1}{n}\sum_{i=1}^{n}(x_i - \bar{x})(y_i - \bar{y})$$

う。行列は、普段はめったに使うものではないでしょうが、ただ単に、上式のような計算を簡単に行うためのテクニックだと考えてもらえばいいでしょう。

$$\sigma_P{}^2 = \sigma_A{}^2 + 2\sigma_{AB} + \sigma_B{}^2 = (1 \quad 1) \begin{pmatrix} \sigma_A{}^2 & \sigma_{AB} \\ \sigma_{AB} & \sigma_B{}^2 \end{pmatrix} \begin{pmatrix} 1 \\ 1 \end{pmatrix}$$

$$\sigma_P{}^2 = \sigma_A{}^2 + 2\rho\,\sigma_A\sigma_B + \sigma_B{}^2 = (\sigma_A \quad \sigma_B) \begin{pmatrix} 1 & \rho \\ \rho & 1 \end{pmatrix} \begin{pmatrix} \sigma_A \\ \sigma_B \end{pmatrix}$$

　上の行列式の最初と最後の（1　1）という数字は、資産Aと資産Bの組み入れ額ですので、実際の計算ではそれぞれの保有額を入れます。より一般化していえば、リスクファクターAとリスクファクターBに対する感応度の組み合わせということになります。下の式も同じように計算するためには、最初と最後の行列を、各リスクファクターの感応度とボラティリティを掛け合わせた値の組み合わせとします。

　ちなみに、このように行列式にするメリットは、組み合わせるリスクファクターの数がどんどん増えていったときにでも、そのまま行列のサイズを大きくするだけで、同じ形の計算ができるからです。ちなみに、行列の乗算は手でやると大変ですが、エクセルでは「＝MMULT()」という関数で簡単に計算できます[38]。

　さて、2つ並べた式の上の式が一般に分散共分散法と呼ばれるものですが、実務の上では、下の式が使いやすいと思います。ρの大きさが分散効果の大きさを決めるわけですが、そのρが一目でわかるようになっているからです。もちろん、計算結果はどちらでも同じです。

　さて、リスクファクターごとのVaRは、各リスクファクターの感応度に、標準偏差の2.33倍分の価格変化率を掛ければ求まりました。ですから、先ほどの下の式の最初の行列と最後の行列の値（σ_A　σ_B）に、感応度を掛け、それをさらに2.33倍にすると、以下のような式になります。

38　ただし、行列の掛け算は、普通の掛け算とは違い、順番通りに一つ一つ掛け合わせていく必要がある点に注意してください。

$$VaR_P{}^2 = \begin{pmatrix} VaR_A & VaR_B \end{pmatrix} \begin{pmatrix} 1 & \rho \\ \rho & 1 \end{pmatrix} \begin{pmatrix} VaR_A \\ VaR_B \end{pmatrix}$$

　これを平方根に戻せばポートフォリオVaRです。計算事例を示した**計算シート12**では、一応損失であることを示すために、マイナスの符号をつけてあります。

　さて、先ほども触れた通り、この行列式を使った計算は、組み入れる資産の数、あるいはリスクファクターの数が増えても、そのままの形で計算ができるので、一般化して表すと以下のようになります。

$$VaR_P = -\sqrt{\begin{pmatrix} VaR_1 & VaR_2\cdots & VaR_n \end{pmatrix} \begin{pmatrix} \rho_{11} & \cdots & \rho_{1n} \\ \vdots & \ddots & \vdots \\ \rho_{n1} & \cdots & \rho_{nn} \end{pmatrix} \begin{pmatrix} VaR_1 \\ VaR_2 \\ \vdots \\ VaR_n \end{pmatrix}}$$

　たとえば、金利リスクのVaRを計算したいのであれば、GPSにもとづいて金利のグリッドごとにVaRを算出し、それを上式に当てはめて計算すれば求められます。

計算シート12●相関のある複数資産のリスク

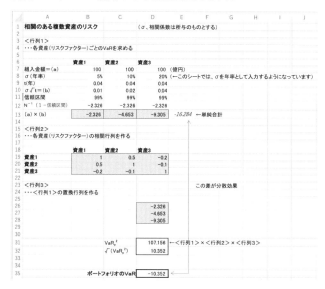

VaRの計算方法 (2)
……ヒストリカル法とモンテカルロ法

　分散共分散法によるVaRの計算は、先にも述べた通り、扱いやすく、リスクの中身が見えやすいとても便利な手法ですが、一方で大きな欠点も抱えています。

　一つ目は、感応度をもとにリスク量を計測するセンシティビティー法からくる限界です。

　たとえば、分散共分散法でオプションのリスクを計測するときには、まず原資産価格に関する線形リスク（デルタ分）を補足し、それだけでは足りないので次に非線形リスクとして、1997のガンマによるインパクトを加えます。さらにベガのリスクも別途計算して加える必要があるでしょう。そういう具合に、各感応度に対するリスクを順次加えていくことになるわけですが、これらを足してリスクを捕捉するやり方はあくまでも近似計算にすぎません。正確にオプション価格の変化を計測したいのであれば、各リスクファクターが変化した前提でプライシング・モデルを回し、実際にオプション価格がどれだけ変化するかを計測するしかありません。前にも触れましたが、フル・バリュエーション法です。

　もっとも、フル・バリュエーション法はリスク量の計測方法としては正確ですが、計算負荷が高くなる可能性があり、かつ計算結果だけが出てくるので、それだけでは損失が何から発生しているのかがわかりにくいといった欠点もあります。

　結局、どちらを使うかは目的次第ですが、少なくともリスク特性が複雑なエキゾチック商品を扱っている場合、リスク量の把握に関してはフル・バリュエーション法を採用することが適切となるでしょう。

　分散共分散法のさらに本質的な問題点は、市場価格の変動に正規分布の仮定を置いているところです。オプションのところでみたように、正

規分布では、現実の市場で観測されるファットテールに起因するリスクを捉えることができません。

　リスク管理でこの問題に対処する方法は、大きく２つに分かれます。一つ目は、正規分布ではなく、ファットテール性を再現できるようなモデルを使って計算する方法、もう一つはそもそもモデルに頼らずに、市場データをそのまま使って計算する方法です。

　後者のほうから先に説明しましょう。これは、**ヒストリカル法**と呼ばれる方法です。分散共分散法では、過去の市場価格のデータから価格変動率の標準偏差であるボラティリティを算出し、それを2.33倍することで99％VaRを計算していました。標準偏差の2.33倍が99％の範囲内で最大の値動きになるというところが正規分布を仮定した計算なので、それをやめて、過去データの中から直接99％で最悪の価格変動率を抜き出して使えばいいというのがヒストリカル法の基本的な考え方です。

　観測データがn個あるとして、それを下から並べたときにa％目にある値のことをaパーセンタイル値といいます。エクセルでは、「＝PERCENTILE.EXC（データ範囲,率）」で簡単に求めることができます[39]。株式を保有している場合の99％VaRなら、株価の変動率データの１パーセンタイル値を求め、それによって計算された損失額がヒストリカル法によるVaRになります。正規分布に置き換えた計算をしないので、むしろ非常にシンプルに求めることができます（**計算シート13**）。

　各リスクファクターの相関関係についても、同日の価格変動を一つのデータセットとして扱えば、そのデータセットの中に自動的に相関関係が織り込まれることになり、やはり、とてもシンプルな計算が可能です。

　ヒストリカル法は、市場価格の変動がどのような確率分布に従っているかをとくに仮定せずに計算するノンパラメトリックな計算方法です。

39　aパーセンタイル値は、厳密にいえば、その値を下回るデータの個数が全体のa％となる値であり、n個のデータのうち下から（n＋1）×a％目の値として算出されます。データ個数が1000個で１パーセンタイル値なら、下から10.01個目の値ということです。この値は10個目と11個目のデータを線形案分して求めます。

計算シート13●ヒストリカル法によるVaR

	A	B	C	D	E	F	G	H	I	J	K
1	ヒストリカル法によるVaR										
2					現在価格						
3		対象	トヨタ株10,000株		6878						
4		信頼区間	99%								
5		保有期間	1 日								
6					データ個数	i 番目					
7	トヨタ株式の日次価格変化率データ				1000	10.01					
8	日付	株価	変化率(%)								
9	2012/11/27	3530				C列の値を下から順に					
10	2012/11/28	3475	−0.02		−0.0866306						
11	2012/11/29	3515	0.01		−0.0738877						
12	2012/11/30	3535	0.01		−0.0680594		＜参考：分散共分散法VaR＞				
13	2012/12/3	3515	−0.01		−0.065151		価格変化率		VaR		
14	2012/12/4	3510	−0.00		−0.0611747		−0.0419		−2,881,016		
15	2012/12/5	3500	−0.00		−0.0603318						
16	2012/12/6	3535	0.01		−0.0567656						
17	2012/12/7	3535	0.00		−0.0553122						
18	2012/12/10	3560	0.01		−0.0497592				VaR		
19	2012/12/11	3530	−0.01	10	−0.047561			−0.0476		−3,270,731	
20	2012/12/12	3560	0.01	11	−0.0468152						
21	2012/12/13	3600	0.01		−0.0460751			−0.0476			
22	2012/12/14	3600	0.00		−0.042184						
23	2012/12/17	3670	0.02		−0.0406504			エクセルの関数			
24	2012/12/18	3720	0.01		−0.0404176			で求める方法			
25	2012/12/19	3850	0.03		−0.0389068						
26	2012/12/20	3880	0.01		−0.0384615						
27	2012/12/21	3785	−0.02		−0.0383973		＜97.5%期待ショートフォール（簡略版）＞				
28	2012/12/25	3780	−0.00		−0.0374956		−0.0482			−3,313,008	

　これに対し、市場価格の変動に一定の確率分布を当てはめて計算するのがパラメトリック法です。分散共分散法もパラメトリック法の一種ですが、それではファットテールのリスクは捉えられません。そこで、パラメトリックはパラメトリックだけど、ファットテールな特性を持つ分布を仮定してリスク量を計算しようというときに使われるのが、**モンテカルロ法**です。

　第3章でも述べましたが、ボラティリティがずっと一定でランダムな動きが積み重なると仮定すると、市場価格の分布は正規分布や対数正規分布になる一方で、ボラティリティが一定ではなく、時間経過とともに確率変動していくと考えれば、より現実に近い分布を作り出すことができます。これがストキャスティック・ボラティリティモデルとか、可変分散型モデルと呼ばれるものです。よく知られているARCHモデルや

GARCHモデル[40]では、単にボラティリティが確率変動するだけでなく、一度大きな値動きが生じると、その影響がしばらく残って高ボラティリティの状態が続く**ボラティリティ・クラスタリング**という性質が組み込まれており、ファットテール性をより表現しやすいとされています。

こうしたファットテール性を帯びた分布を仮定してリスク量を計算する場合にモンテカルロ・シミュレーションが用いられるので、モンテカルロ法と呼ばれています。

さて、ヒストリカル法とモンテカルロ法には一長一短があります。

ヒストリカル法は計算が簡単で、パラメトリックな仮定を置かないので、いわゆるモデルリスクがありません。一方で、1年あたりで使用できる日次データは年間の営業日数分ですから、およそ250データセットほどです。観測期間を4年としても約1000データセットであり、計算に使用する観測データの数が限られています。そのため、市場価格変動の分布がかなりいびつになる可能性があります。たとえば観測期間の間、ずっと金利が下がり続けていたとか、ずっと株価が上がり続けていたというような場合に、金利上昇リスクや株価下落リスクが十分にデータに反映されないかもしれません。そうした点に注意が必要で、場合によってデータの補正等の工夫が必要になることもあるでしょう。

一方、モンテカルロ法にはモデルリスクがあり、適切なモデルを選択することが重要であることに加え、モデルで使用される各種のパラメータを観測データと整合的になるように適切に推定する必要もあります。何よりも、モンテカルロ法は計算負荷が非常に大きな計算方法となります。そのかわり、シミュレーションデータを必要に応じていくらでも作り出すことができるので、なめらかな確率分布を作り出し、きめ細かくリスクを補足していくことが可能です。

---

40 ARCHモデル（アーチモデル、AutoRegressive Conditional Heteroscedastic Model）は、可変分散型自己回帰モデルという意味の時系列モデルです。GARCH（ガーチ、Generalized ARCH）モデルは、ボラティリティの粘着性をさらに高めたものです。ちなみに時系列モデルは、過去の時系列データを参照して価格推移を予想するするタイプのモデルを意味します。

6-5 期待ショートフォール（ES）

　ESの計算方法は、基本的にはほぼVaRと同じです。

　たとえば、正規分布を仮定した分散共分散法でも、線形リスクに関してはESを簡単に計算できます。標準正規分布で、変数がある値（＝z）以下になる確率は、標準正規分布の累積分布関数を使ってN(z) と計算できました。そのときの期待値は、標準正規分布の確率密度関数を$g(z)$として、

$$-\frac{g(z)}{N(z)}$$

と計算できます。信頼区間をkとすると、$z = N^{-1}(1-k)$、$N(z) = 1-k$を当てはめて、信頼区間kのESは、標準偏差の

$$-\frac{g(N^{-1}(1-k))}{1-k}\text{倍}$$

となることがわかります[41]。

　ただし、ESはテールリスクを補足するためのものであり、そうであればファットテール性を織り込んだ計算が望ましいことは明らかでしょう。また、非線形リスクについては、信頼区間を外れる場合の損益の確率分布が特定できないと期待値は求まらないので、いわゆるセンシティビティー法では計算が困難です。そうした意味では、分散共分散法でESを求めることは適切ではないでしょう。

　そうするとESの計算は、基本的にヒストリカル法かモンテカルロ法で、かつフル・バリュエーション法で求めることになります。フル・バリュエーション法であれば、各データセットやシナリオごとに損益が計

41　エクセルでは、「=-NORM.S.DIST（NORM.S.INV（1-k），FALSE）/（1-k）」で計算できます。k＝0.975とすれば約−2.34となって、99％VaRとほぼ同じ大きさになります。

算されるので、信頼区間から外れる場合の損益の平均を計算すればいいだけです。

　ただし、ヒストリカル法の場合、信頼区間から外れる少数のデータを使って計算するため、特定のデータが計算に含まれるかどうかで値が大きく動いてしまい、安定した値が得られないということも考えられます。

　モンテカルロ法ではこうした問題は生じないので、ESの計算には最も適した方法といえるでしょう。

6-6 カウンターパーティー・クレジット・リスク（CCR）

　OTCデリバティブには、市場リスクに加え、取引相手の信用リスク、すなわち**カウンターパーティー・クレジット・リスク**（CCR、Counterparty Credit risk）が伴います。

　CCRの計測や管理は、当然のことながら一般的な信用リスクと重なる部分が多いのですが、デリバティブ固有の特徴もあります。とくに特殊性の強い点が、信用リスクに晒される額、つまり信用エクスポージャー（与信額）が時間の経過や相場の変動に伴って大きく変化するということです。

　まず、デリバティブの信用エクスポージャーが何から発生するかという点からみていきましょう。

　たとえば、ある取引のMTMがゼロのときに取引相手がデフォルトに陥ったとしても、それによる損失は発生しません。その取引をキャンセルしてしまえば、ゼロのものが消えるだけなので、損益には影響しないのです。また、MTMがゼロということは、取引コストを無視すれば、今の市場価格でそのポジションが再構築できることを意味するので、取引の消滅で新たに生じるリスクも、コストをかけることなく回避できます。

　MTMがマイナスの場合はどうかというと、これは取引から生じる債務額が債権額を上回っている状態です。取引相手が取引を継続できなくなったら、取引をキャンセルして、マイナスのMTM分をキャンセルフィーとしてこちらから支払えば終わりです。普通のキャンセル取引と変わりません。消えた取引分のカバー取引は、より良い条件で再構築できるでしょうから、やはりコストなしでリスクへの影響も回避できます。つまり、MTMがゼロか、マイナスの場合は、信用リスクによる損失は

発生しないのです。

　一方、MTMがプラスの状態では、債権額が債務額を上回っており、いわば勝っている状態になります。勝っている状態のときに相手がデフォルトしてしまうと、その勝っている分を受け取れなくなってしまうので、信用リスクが発生するわけです。つまり、信用エクスポージャーは、正のMTMそのものということになります。

　ちなみに、通常のオプションの場合は、スワップ取引と違って、プレミアムの受け渡しを済ませた時点で片務取引となります。オプションを売っているのなら債務を負うだけなので、信用リスクは発生しません。相手の財務状態にかかわらず、買い手が権利を行使してきたら応じるだけです。つまり、買い手として権利を保有している場合にのみ、信用リスクは発生します。買っているオプションのMTMはプラス、売っているオプションのMTMはマイナスですから、当然のことといえば当然です。

　さて、デリバティブのエクスポージャーについて問題になるのは、取引相手が将来のどこかの時点でデフォルトになるとして、そのときのMTMがいくらになるかが事前にはわからないという点です。したがって、デフォルト時のエクスポージャーの額（EAD、Exposure at Default）を、何らかの方法で推定する必要があります。

　ちなみにMTMは、時間の経過によって、そしてそれ以上に市場価格の変動によって大きく変動していきますから、今のMTMがマイナスでも、将来少しでもMTMがプラスになる可能性があるのであれば、エクスポージャーの期待値、すなわち期待エクスポージャーは必ずプラスになります。

　デリバティブにおけるEADの計算方法にはいくつかのものがあります。できるだけ正確に計算しようと思えば、時間の経過とともに関連する市場価格がどう変動するかをシミュレーションし、そのときのMTMを計算して、プラスのMTM部分の期待値を算出する必要があります。これは、言葉通りですが、**期待エクスポージャー方式**といわれる手法で

す。バーゼル規制では、エクスポージャー推定の先進的手法として IMM（Internal Model Method）方式が定められていますが、これがまさにそうです。

IMMの大まかな流れをみると、まず、信用リスクの測定期間である1年をいくつかのグリッドに区切り、シミュレーション計算で各グリッドにおける期待エクスポージャーを求めます。ただし、計測対象となる既存取引が満期を迎えていくと、計算上はエクスポージャーが減っていくようにみえる場合がありますが、実際には新たな取引も加わるでしょうから、この計算上のエクスポージャーの減少については無視して、ピーク時のエクスポージャーがその後も持続するものとして計算を続けます。そして各グリッドの期待エクスポージャーを平均し、それにさらに定数 a を掛けてリスク計算に使うEADを求めます。a は、後で説明する誤方向リスクを捕捉するためのもので、一般には1.4の値が用いられます。

しかし、この計算方法は非常に計算負荷が掛かるやり方です。そこで、バーゼル規制では、もう少し簡便な新標準方式（**SA-CCR**、Standardized Approach for Counterparty Credit Risk、通称サッカー）と非常に簡便な**カレント・エクスポージャー方式**（CEM、Current Exposure Method）が規定されています。

従来、多くの金融機関が用いてきたCEMは計算がとても簡単ですが、あまりに簡単すぎて正確性には疑問が残ります。一方、詳しい説明は省略しますが、SA-CCRでは、MTMの変動の大きさが取引種類ごとに、よりきめ細かく測定されると同時に、この後で詳しく説明するネッティングやマージン契約によるエクスポージャーの削減効果、あるいは超過担保（MTM以上に受け取っている担保）の効果や先ほど触れた誤方向リスクなど、エクスポージャーに影響を与える様々な要素が考慮された計算方法となっています。したがって、CEMよりもかなり正確といえますが、IMMほどではないにしても計算はかなり複雑です。

なお、与信枠の管理などでは、**PFE**（Potential Future Exposure）

というエクスポージャーの計測手法が用いられる場合があります。これは、エクスポージャーがどのくらい上振れするかをみるもので、一般的にはシミュレーション計算によって、一定の信頼区間で最大となるエクスポージャーを算出するものになります。PFEは時点ごとに変化していきますが、そのうち取引期間中で最大になるものをMPFE（Maximum PFE）と呼んでいます。

　与信枠は、特定の相手にどのくらいまでなら信用エクスポージャーを有していいかを管理するものですから、上振れしたときのエクスポージャーであるPFEで管理することが適切ということです。

6-7　信用リスクの定量化

　信用リスクは、一義的には、債務者が一定の確率でデフォルトすることにより発生する損失のリスクであり、多くの債務者を抱えている場合は、必然的にある程度の損失の発生が見込まれます。つまり、信用リスクによる損益の期待値は基本的にマイナスであるということです。市場リスクは、市場価格の変動が利益になるか損失になるかがわからず、大雑把にいえば損益ゼロの点を基準にしてリスクを考えていけばいいのですが、信用リスクの場合は、そもそも損益の期待値がマイナスというところが基準となります。

　一定の損失が合理的に見込まれるのであれば、それはリスクというよりも、あらかじめ費用として計上しておくべきであり、その見込みを上回って発生するかもしれない損失額の上振れ部分をリスクとして捉えようというのが、その場合の基本的な考え方になります。

　この合理的に見込まれる損失額の期待値は、**期待損失（EL、Expected Loss）**と呼ばれ、1年分を計算する場合に、次の式で表されます。

　　　EL ＝ EAD×PD（年率）×LGD

　PD、LGDは第4章でも出てきましたが、PDはデフォルト確率、LGDはデフォルト時損失率です。これらの値は、一般に債務者に付された信用格付[42]に紐付いた過去の実績データから推定されます。信用格付は人による調査や分析を経て更新されるものなので、急激な信用力の悪化をリアルタイムで捉え切れないという懸念がありますが、その点に留意しながら信用格付にもとづくリスクの測定を行うのが実務の上では一般的

です。

　さて、デフォルト確率もデフォルト時損失率も本来は値が揺れ動く変数ですが、この計算に使われるPD、LGDはその期待値ということになります。変数としての値を小文字で表すと

$$\mathrm{EL} = \mathrm{E}\,[ead] \times \mathrm{E}\,[pd] \times \mathrm{E}\,[lgd]$$

$$\mathrm{E}\,[\quad]:\text{期待値}$$

ということです。さて、lgdの変動はとりあえず無視して、eadとpdに注目すると、この２つの期待値を掛け合わせたときに、その結果もまた期待値になるのは、２つに相関関係がない場合だけです。たとえば変数xとyに正の相関がある場合、$\mathrm{E}\,[xy] > \mathrm{E}\,[x] \times \mathrm{E}\,[y]$となるので、単純に期待値を掛け合わせただけだと本来の値よりも過小な値しか得られません。このように、エクスポージャーと相手方のPDに正の相関があるときに計測し漏れてしまうものが、先ほど少し触れた**誤方向リスク** wrong-way riskです。

　実際に、取引によっては、エクスポージャーの増大と相手型の信用リスクの増大が同時に生じてしまう可能性の高いものがあり、それをカバーするためにエクスポージャーを少し多めに計算するのが、先ほどの定数aというわけです。

　さて、リスク管理の対象とすべきは、期待損失額を超えて発生する可能性のある損失額ということでした。これを**非期待損失**（**UL**、Unexpected Loss）といいます。エクスポージャーが正しく見積もられているとして、なおかつ、ここでもまたlgdの変動を無視すると、ULは基本的にpdの上振れから生じることになります。pdは景気変動などによって揺れ動くでしょうから、景気が悪化したときにpdがどれだけ上振れするかがULの大きさを左右すると理解すればいいでしょう。信頼区間kのもとでの最大のデフォルト確率をpd_kとすると、

$$\mathrm{UL} = \mathrm{EAD} \times (pd_k - \mathrm{PD}) \times \mathrm{LGD}$$

と表すことができます。

　では、pd_kはどう求めればいいでしょうか。ただ一つの正解があるわ

けでもないのですが、バーゼル規制の内部格付手法（IRB、Internal Rating Based Approach）という先進的な信用リスク測定手法でも使われているバシチェック・フォーミュラと呼ばれるものを簡単に説明しておきましょう。

　この計算式は、前提としてワンファクター・マートンモデルが仮定されています。マートンモデルは、企業の信用力を企業資産の増減によって捉えるモデルで、企業資産は正規分布に沿って変動するものとします。企業資産の増減を表す x を標準正規乱数として、それがある閾値 z を下回ったときにデフォルトが生じると考えます。このとき、$N(z) = PD$ が成り立ちます。

　これだけだと何も言っていないに等しいですが、ここで、企業の資産変動は、すべての企業に共通する共通ファクターと、その企業特有の個別ファクターで構成されていると考えます。どちらのファクターも標準正規乱数で表現できるとしましょう。共通ファクターはいくつ考えてもいいのですが、一つだけ考えるのがワンファクター・マートンモデルです。これは、景気変動を表すものと考えることが自然でしょう。共通ファクターを ω、企業の資産変動と共通ファクターの相関係数を $\sqrt{\rho}$、個別ファクターを ε とすると、

$$x = \sqrt{\rho}\,\omega + \sqrt{1-\rho}\,\varepsilon$$

です。正規分布を足し合わせると正規分布になりますが、とくに標準正規乱数を、各係数の自乗の和が1になるように足し合わせると、できあがった合成乱数もまた標準正規乱数となります。

　ここで、共通ファクターが信頼区間の中で最も悪い値をとったとします。要するに、ものすごく景気が悪いシナリオを考えるということですね。信頼区間を99.9%とすると、その値は、

$$N^{-1}(1 - 信頼区間) = N^{-1}(0.001)$$

です。これを代入すると、

$$x = \sqrt{\rho}\,N^{-1}(0.001) + \sqrt{1-\rho}\,\varepsilon$$

　これが、z を下回ったときにデフォルトが生じるとのことでした。

$N(z) = PD$ から $z = N^{-1}(PD)$ であり、したがって、デフォルトの発生条件は、以下の通りです。

$$x = \sqrt{\rho}\, N^{-1}(0.001) + \sqrt{1-\rho}\, \varepsilon < N^{-1}(PD)$$

$$\therefore \varepsilon < \frac{N^{-1}(PD) - \sqrt{\rho}\, N^{-1}(0.001)}{\sqrt{1-\rho}} = \frac{N^{-1}(PD) + \sqrt{\rho}\, N^{-1}(0.999)}{\sqrt{1-\rho}}$$

この条件を満たす確率を計算すればいいので、ε もまた標準正規乱数であることから、

$$pd_{0.999} = N\left(\frac{N^{-1}(PD) + \sqrt{\rho}\, N^{-1}(0.999)}{\sqrt{1-\rho}}\right)$$

と計算できます。

このモデルでは、PDの大きさと ρ の大きさで信用リスクの量が決まります。ちなみに、共通ファクターが悪化したときにその企業のデフォルト確率がどのくらい悪化するかを計算しているので、ρ がゼロならば、pd_k は PD と等しくなりリスクもゼロと計算されます。そのため、ρ にどのような値を入れるかがこのモデルのポイントなのですが、バーゼル規制では、下限を0.12、上限を0.24とし、PDが低くなるにしたがって上限に近付き、PDが高くなるにしたがって下限に近付くように値を設定しています[43]。

PDの低い企業は、自社要因で信用力が悪化する心配が少なく、したがって信用力が悪化するとしたら景気動向等共通ファクターによるものである可能性が高いこと、逆にPDの高い企業は、景気動向以前に、自社要因で信用力悪化が生じる可能性が高いことを反映したものです。

ρ が大きくなると、共通ファクターに引きずられて信用力が悪化する度合いが大きくなりますが、リスクの絶対水準に対する影響はPDのほうが大きいので、当たり前ですがPDの大きな企業のほうがリスクが大きく計算されることになります。

なお、同様のマートンモデルをベースに、モンテカルロ・シミュレー

---

43 他に、中小企業の場合は、大企業に比べて個別要因による影響が大きいということから、バーゼル規制では ρ についてさらに引き下げる規定が加わっています。

ションを組み合わせて信用リスクを計測する**クレジット・メトリクス**という計算手法もあります。こちらは、シミュレーションで数値計算をしていくのでマルチファクター化が容易にできますが、ここではあくまでもワンファクターを例にとると、モデル式は先ほどと同じ

$$x = \sqrt{\rho}\,\omega + \sqrt{1-\rho}\,\varepsilon$$

で、この ω や ε に、エクセルでいえば「＝NORM.S.INV（RAND（））」で標準正規乱数を当てはめてシミュレーションをするだけです。シミュレーションの結果が閾値 $z = N^{-1}(PD)$ を下回ると、そのシミュレーションではデフォルトが起きたと判定されます。これを、やはり何十万回分か繰り返していくわけです。

　このシミュレーションにより、共通ファクターの悪化によって複数の債務者がともにデフォルトに陥るリスクを計算できるようになります。詳細は省きますが、こうしたデフォルトシミュレーションは単に普通の与信リスクの管理に使えるだけでなく、バスケット型CDSのリスクの大きさを測り、取引スプレッドの水準を決めることにも使えます。

　また、クレジット・メトリクスでは、デフォルトに陥る確率をもとにデフォルトシミュレーションができるのはもちろんですが、今の格付から別の格付に落ちる確率[44]を与えれば、それぞれの確率に応じた閾値を複数設定することで格下げリスクのシミュレーションをすることもできます。つまり、デフォルトには至らないけど債務者の信用力の悪化で債権価値が低下するリスクも捉えられるところに大きな特徴があります。

　デリバティブの信用リスクでもこうしたやり方でリスクを計測することはもちろん可能です。ただしデリバティブでは、相手方のデフォルト未満の信用リスクについて、後述するCVAリスクとして把握、管理していくやり方が主流となっているので、その点についてはのちほど改めて説明します。

44　一定期間で、ある格付から別の格付へ遷移する確率をまとめたものを格付遷移表といいます。こうしたデータも格付に紐づいた過去データから得ることができます。

6-8 信用リスクの削減

　信用リスクの計測について概要をみてきましたが、それでは信用リスクはどのように減らすことができるのでしょうか。

　従来、信用リスクはヘッジが困難とされてきましたが、クレジット・デリバティブの登場により、ある程度はヘッジができるようになりました。それでも信用リスクは、一般的な市場リスクに比べるとヘッジが困難で、しかも取引を重ねていくことによってどんどんリスクが積み上がってしまう可能性があります。

　OTCデリバティブでは、取引によって信用エクスポージャーが発生したりしなかったりするわけですが、その取引量は全体でみると膨大で、しかも取引期間が長いものも多くあり、放っておくと大変なリスク量となってしまう可能性があります。そこで、インターバンク取引を中心に、信用エクスポージャーを削減するための方策として、（1）ネッティングと（2）マージン契約が業界のスタンダードとなっています。

　まず、（1）のネッティングですが、これは取引相手がデフォルトに陥ったときに、その取引相手と行っているすべてのデリバティブ取引をキャンセルし、その全MTMを合算した金額の1本の債権または債務に置き換えるという事前の取り決めです。

　事前にそれを取り決めておかないと、債権債務の清算は取引ごとに行われることになります。つまり、MTMがマイナスの取引、つまりこちら側の負債となっている取引についてはMTM分のキャンセルフィーを払わなければならず、一方でMTMがプラスの取引の場合は、キャンセルフィーをもらわねばなりませんが、それがデフォルト企業への債権として貸し倒れのリスクにさらされます。その取引先と何百何千と取引を重ねていたら、プラスのMTMのものだけを集めて計算すると恐らく膨

大な金額になってしまうはずです。それを避けるために、ネッティングを行う事前の取り決めが必要なのです。

　インターバンクでの取引、あるいは大口顧客との取引では、国際的なデリバティブ業界団体である**ISDA**（International Swaps and Derivatives Association）が作成したひな型に基づいて基本契約（**ISDAマスター・アグリーメント**）を締結してからデリバティブ取引を行うことがスタンダードですが、このひな形の中にネッティングの規定があり、それをそのまま締結すれば、ネッティングの適用を受けることができます。

　信用リスクの計算では、このネッティングの効果を反映し、ネッティング契約を結んだ取引先との取引全体を1つのものとして計算していきます。

　（2）のマージン契約についてはすでに触れましたが、定期的に全取引のMTMを計算し、それをカバーするための担保を相手に請求できる担保契約です。一般的には、やはりISDAがひな型を定めている**CSA**（Credit Support Annex）というISDAマスター・アグリーメントに付随する担保契約書として締結します。

　ネッティングとマージン契約を結ぶことで、OTCデリバティブの信用エクスポージャーは大幅に削減できますが、かといって、すべてがなくなるわけではありません。

　マージン契約では、ある程度の与信枠を設けて、その枠内であればエクスポージャーが発生してもマージンコールを行わない取り決めをすることがあります。信用極度枠または**スレショールド**（Threshold）といわれるものです。また、少額の決済を避けるため、担保の移動額に下限を設ける最小受渡金額または**ミニマム・トランスファー・アマウント**（MTA、Minimum Transfer Amount）が設定されることも普通です。したがって、エクスポージャーがスレショールドとMTAを合計した金額を超えるまではマージンコールできず、その分のエクスポージャーは発生しうることになります。もちろん、エクスポージャーが一定の範囲

内に抑えられる効果は非常に大きいものがあります。

　ですが、それも担保の受け渡しが適切に行われることが前提です。マージン契約による担保は通常、マージンコールをした翌営業日に受け取ることができますが、相手の信用力が悪化し、担保に供するための資金等の調達が難しくなっている場合には、担保が実際には支払われない可能性があるのです。そして、そのまま相手方がデフォルトに至るとき、そのデフォルトが確定するまでの間、担保を受け取ることができないまま、エクスポージャーが変動に晒されることになります。

　この期間のことを**マージン・ピリオド・オブ・リスク（MPOR、**Margin Period of Risk）といい、一般的には少なくとも10日間（営業日ベース）を見込むべきとされています。取引相手が銀行だとして、その銀行がデフォルトに陥るケースというのは、通常は市場が大混乱に陥っているときでしょうから、その間、相場の急変でエクスポージャーが大きく膨らんでしまい、結果としてEADが大幅に増加してしまう危険性があります。

6-9 CCPへの清算集中と証拠金規制

　繰り返しになりますが、OTCデリバティブは取引量が膨大で、しかもインターバンク市場での取引がとくに多いことから、OTCデリバティブで大手金融機関同士が負う信用リスクは非常に大きなものになる可能性があります。実際に、2008年にクレジット・デリバティブの大手プレイヤーだったAIGが経営危機に陥ると、デリバティブ経由での大手金融機関の連鎖倒産が危惧される状況となり、結局AIGは公的資金により救済されました。

　しかし、いつまた同じ危機が訪れないとも限りませんし、このときのように必要に応じていつでも公的資金を投入できるとも限りません。そこで、前述の個別当事者同士のネッティングやマージン契約の導入だけでなく、デリバティブのCCR抑制に向けて、業界や当局による取り組みが求められるようになりました。

　その主なものとして、**中央清算機関**（CCP、Central Counterparty）への清算集中と**証拠金規制**があげられます。

　CCPは、金融取引の清算業務を行う組織で、日本では日本取引所グループの**日本証券クリアリング機構（JSCC）**が該当します。清算集中とは、インターバンクでの金融機関同士の取引を、取引締結後に相互にCCP相手への取引に変更することで、CCRをCCPに集中させる仕組みのことです。

　これにより、インターバンク市場の複雑な取引関係が、すべてCCP相手の債権債務へと置き換わり、取引ネットワークに参加する1社のデフォルトが予測のつかない形でネットワーク内に広がっていくことを防ぎます。もちろん、取引参加者のデフォルトによる衝撃はCCPが引き受けることになりますが、全参加者が拠出する基金によってそれに備えるこ

とができるようになっています。

　とはいえ、ありとあらゆるすべての取引をCCPが引き受けることは現実的ではありません。当然のことながら、CCPと各金融機関の間でもネッティングやマージン契約に類するものが定められているわけですが、そのためにはCCPは毎日膨大な取引の値洗いをしなければならないのです。そうしたことから、JSCCの場合でいうと、JSCCが引き受けるのはインターバンク市場で行われる一般的な取引形態の金利スワップとCDSだけです。

　そうすると、CCPへ清算集中された取引の信用リスクは概ね抑えられたとしても、それ以外の取引については信用リスクが残ります。こうした取引が個別のネッティング契約やマージン契約の対象になっているとしても、残るリスクとしてMPORでのエクスポージャー増大のリスクがあります。そこで、大手金融機関同士の取引に限りますが、CCPへ清算集中しない取引について、MPORのリスクをカバーするための**当初証拠金**（IM、Initial Margin）を取引時に相互に提供し合うように義務付けたものが証拠金規制です。

　証拠金規制では、従来のマージンコール型の担保も**変動証拠金**（VM、Variation Margin）として義務化されています。いずれにしろ規制ですから、これらの対応は法律上の義務となります。

信用コストを評価に反映させる……CVA

ここまでCCRの概要をみてきたところで、改めてデリバティブの時価評価額について考えてみたいと思います。

まず比較対象として債券を取り上げます。仮に同じ条件の債券があったとして、その市場価格は発行体の信用力によって異なります。信用格付が最上位のAAAである発行体なら100円で取引される債券でも、発行体の格付がBBBなら、それよりも価格は下がっているはずです。それは、発行体の信用リスクに起因する期待損失の分が割り引かれるからです。そして、その市場価格で評価される債券の時価評価額には、発行体の信用リスクが反映されていることになります。

ではなぜ、デリバティブのMTMは、取引相手の信用力が反映されていないのでしょうか。エクスポージャーが完全に担保でカバーされているのであれば、それで問題はないでしょう。では、担保でカバーされていない部分はどうでしょうか。

同じ割引金利で計算された2つのデリバティブ取引のNPVが同じくプラス100万円として、これがどちらも担保でカバーされておらず、かつ取引相手の信用力に差があるのであれば、信用力の高い相手と行った取引のほうが当然、価値は高くなるはずです。

前にも述べましたが、デリバティブのキャッシュフローは必ずしもリスクフリー金利で割り引くべきものではありません。無担保取引なら、債務を負う側の調達金利、担保付取引なら担保の付利金利で割り引くべきです。ということは、取引相手に対するエクスポージャーが担保でカバーされていない場合、そのエクスポージャーは取引相手の信用力を反映した金利で割り引くべきということです。

ただし、この部分を個々の取引の時価計算に織り込むのではなく、別

途、取引相手ごとに評価上の調整項目として計算するのが**信用評価調整**（**CVA**、Credit Valuation Adjustment）です。したがってCVAは、リスクではなく、デリバティブの評価を適正なものにするためのものであり、会計上の費用として認識すべきものです。

　以上の通り、CVAは取引相手のデフォルトによって発生しうる期待コスト、すなわち信用コストのことですが、この話は以前にも出てきました。期待損失（EL）ですね。ということは、CVAとELは基本的に同じものということになります。

　ただしELは、もともとリスク管理上の概念であり、一般的には向こう１年間の期待損失を計算するのが普通です。これに対してCVAは、取引の時価を修正するためのものですから、取引の全期間にわたって計算することが必須です。式で表すと、

$$CVA \ = \ \int_{t=0}^{M} EE_t \cdot dSR_t \cdot LGD \cdot Df_t$$

　　M：満期

　　EE_t：t時点の期待エクスポージャー

　　SR_t：カウンターパーティーがt時点で生存している確率

　　（dSR_t：瞬間的なデフォルト確率）

　　LGD：デフォルト時損失率（一定と仮定）

　　Df_t：ディスカウント・ファクター

となります。

　実際の計算では積分計算などは用いませんから、将来の期待エクスポージャーをどう推定するかにもよりますが、期待エクスポージャー方式を前提にすると、取引期間をいくつかのグリッドに区切り、以下のように離散的に計算したものを足し上げていきます。単純化のために、PD（１期間あたり）、LGDは一定で、デフォルトは各グリッドの終了時点でのみ起きるものとすると、

$$CVA \ = \ \sum_{i=1}^{m} EE_i \cdot SR_{i-1} \cdot PD \cdot LGD \cdot Df_i$$

となります。m は満期までのグリッドの数で、$SR_{t-1} \cdot PD$は前グリッドまで生存していた確率にデフォルト確率を掛けて i 期におけるデフォルトの発生確率を示しています。

さて、CVAそれ自体は、先ほども述べた通り、現時点における評価損失であり、リスクではありませんが、エクスポージャーが増大したり、あるいは取引相手の信用力が低下すると、CVAが増大することになります。このCVAの増大リスクが**CVA変動リスク**、または単にCVAリスクと呼ばれるもので、こちらはしっかりとリスク管理の対象としていかなければなりません。

CVAの計算にはもう一つの大きな特徴があります。それは、可能な限り、取引相手の信用力を市場実勢ベースで評価するということです。格付によるのではなく、リアルタイムの市場の評価を反映させようということですね。具体的には、取引相手を参照先とするCDSが取引されているなら、そのCDSスプレッドを計算に用いることになります。CDSスプレッドは、参照先のPDとLGDを掛け合わせたものに等しいので、その1期間あたりの値をsとすると、

$$CVA = s \sum_{i=1}^{m} EE_i \cdot SR_{i-1} \cdot Df_i$$

という式に置き換えられます。なお、式中の生存確率SR_iもまた、CDSスプレッドから推測されるPDにもとづいて計算をします（**計算シート14**）。

計算シート14●CVAの計算例

	A	B	C	D	E	F	G	H	I	J	K	L
1	CVAの計算例											
2	条件				CVAの計算							
3												
4					(年)	E E t	S f t	D f t			ΔPD	
5	E E	期待エクスポージャー	100,000,000		0	100,000,000	1	1				
6	r	評価金利	2%		1	100,000,000	0.99000	0.98039			0.01000	
7	s	CDSスプレッド	0.80%		2	100,000,000	0.98010	0.96117			0.00990	
8	P D	デフォルト確率	1.00%		3	100,000,000	0.97030	0.94232			0.00980	
9	R	回収率	20.00%		4	100,000,000	0.96060	0.92385			0.00970	
10					5	0	0.95099	0.90573			0.00961	
11												
12												
13							C V A	3,697,574		C V A	3,697,574	
14												

なぜ、CDSスプレッドでCVAを計算するのかというと、そうすることでヘッジがしやすくなるからです。CVAは、期待エクスポージャーとCDSスプレッドの変動によって増減することになりますが、CDSスプレッドの変動による影響はCDSの買いでヘッジすることができるのです。そうすると、CVAリスクは、本来は信用リスクであるにもかかわらず、あたかも市場リスクのように市場価格をリスクファクターとして計算し、市場リスクのようにヘッジしていくことができます。

　全社のCCRを集中して管理し、CDSを使ってリスクを適切にコントロールしていく専門部署を、一般にCVAデスクと呼びます。それ以外のデスクでは、OTCデリバティブを行ったときにCVA分のコストをチャージされる代わりに、CVAリスクについては責任を負いません。一方のCVAデスクは、各デスクから受け取ったCVA分のコストを原資にして、CDS取引を使ってCVAリスクをヘッジしていきます（**図表6-2**）。

図表6-2●CVA集中管理のイメージ

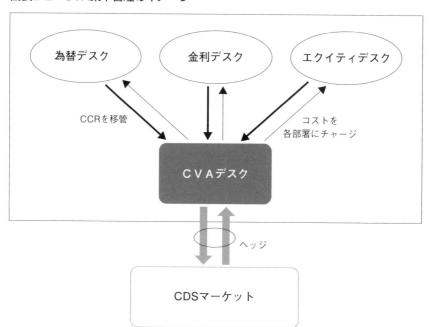

6-11 様々な評価調整
……XVA

　CVAは、取引先に対するエクスポージャーから発生する信用コスト
を別途計上するものでした。では、相手側からみた当方の信用コストは
勘案しなくてもいいのでしょうか。少なくとも、当事者双方が相手側の
信用コストのみを考慮すると、お互いの時価は平仄のとれないものにな
ります。個別の要因を加えていくと最終的にお互いの時価は平仄がとれ
なくなるのは致し方ないのですが、本来はお互いの時価は同じ額で符号
が逆になるだけというのが望ましい姿です。

　この相手側からみたこちら側の信用コスト、つまり相手側のCVAに
相当するものを、**債務評価調整**（**DVA**、Debt Valuation Adjustment）
といいます。DVAはもともと欧米の会計の考え方にあるもので、自社
の信用力が悪化すると自社の債務の時価が減り、それを利益として計上
することになります。日本の会計の考え方からすると少しなじみにくい
気もしますが、いずれにしろ、DVAを計上することで、当事者間の時
価は整合性を持つようになります。こちら側の信用コストをA、取引相
手の信用コストをBとすると、こちら側からみたデリバティブの価値
は、

　　　　MTM − CVA（＝B）＋DVA（＝A）

となります。相手側からみたデリバティブの価値は、MTMの符号が逆
転し、

　　　　− MTM − CVA（＝A）＋DVA（＝B）

となり、正負が逆転しただけで絶対額は同じになります。このような信
用コストの計上の仕方を、双方向のCVAと呼びます。

　さて、評価調整が考えられるのは、これだけではありません。

　担保付取引を標準とする場合、無担保取引を行うと追加の資金調達や

運用が発生することになるため、その追加の損益をあらかじめデリバティブの価格に織り込むべきという考え方があります。これをファンディング評価調整（**FVA**、Funding Valuation Adjustment）といいます。

　なお、無担保取引の評価は、以前はLIBORディスカウントで行うことが多く、必要に応じてLIBORと自社調達運用金利との差をFVAで調整していくのが一般的だったのでしょうが、LIBORが使えなくなると、無担保取引についてもOISレートでディスカウントし、OISレートと自社運用調達金利の差をFVAで調整するといったやり方が考えられるでしょう。

　さてMTMがプラス、つまりエクスポージャーが発生している場合、担保付取引なら担保が入ってくるのでOISディスカウントでいいわけですが、担保がない場合にそれと同じ状態にするためにはエクスポージャー分の資金調達をする必要があります。そのための追加のコスト、つまりOISレートと実際の調達金利の差の分、時価を調整すべきということです。

　ちょっとわかりにくいかもしれませんが、たとえば、MTMがプラスの取引に全く同条件の反対取引がカバー取引として存在するとしましょう。その取引はMTMが同額のマイナスになっているはずで、こちらは担保付きだとすると、相手に担保の提供が必要となり、その分を調達してこなければなりません。その調達コストとOISレートとの差分が元の取引の評価に反映されないと整合性が取れないということです。ちなみに、FVAの中でもこれを**FCA**（Funding Cost Adjustment）と呼んでいます。割引金利と調達金利の差（ファンディングスプレッド）をFSとすると、

$$FCA \ = \ FS \cdot \int_{t=0}^{M} EE_t \cdot Df_t$$

となります。厳密に言えば、ファンディング調整が必要になるのは両当事者が生存して取引が継続している間ですから、両当事者の生存確率を式中で掛け合わせる定義もありますが、ここでは省略します。

　一方で、この考え方をとるなら、負のエクスポージャー[45]が発生する取引については、資金余剰が発生していることになり、割引金利以上の金利で運用していれば利益が生じるはずです。これを調整するのが**FBA**（Funding Benefit Adjustment）です。負のエクスポージャーをNE、運用金利と割引金利の差を先ほどのファンディングスプレッドと同じだとすると、

$$FBA \ = \ FS \cdot \int_{t=0}^{M} NE_t \cdot Df_t$$

です。ここで、FVAをデリバティブの時価評価額から差し引く額として定義すると、

$$FVA \ = \ FCA - FBA$$

となります。

　さて、上記FBAの計算式では、自社運用金利を自社調達金利相当とみなしているわけですが、そうすると、FBAは負のエクスポージャーに自社のクレジットスプレッドを掛けて求めていることになり、基本的にDVAと同じものになってしまいます。双方向のCVAとFVAの両方に対応する場合は、この二重計上を回避する必要があります。たとえばDVAを計上してFBAは計上しない（またはその逆）とか、DVAとFBAの定義を重ならないように切り分けてそれぞれを計上するといったことが考えられるでしょう。

　次に、証拠金規制の当初証拠金（IM）についても考えましょう。IM対象取引については、必然的にこのIMの調達コストが余計にかかることになります。IMは、相互に受け渡しますが、受け取った分を運用に回す再運用に制限がかけられているため、自社が提供した担保の調達コストを、自社が受け取った担保の運用益で相殺することができません。そこで、このコストを時価評価額に反映させるのが**MVA**（Margin Valuation Adjustment）です。

45　エクスポージャーは本来正の値しかとりませんが、ここでは相手からみた当方へのエクスポージャーを負のエクスポージャーと表現しています。

最後に、規制資本についても考えましょう。デリバティブ取引には様々なリスクが付随し、そのリスクに対しては自己資本比率規制により自己資本の確保が必要になり、その調達には当然コストがかかります。本当にそこまで対応すべきかについては議論が分かれますが、この自己資本の調達コストをデリバティブの時価に反映させようという考え方もあります。これを規制資本評価調整（KVA、"K"apital Valuation Adjustment）といいます。資本のCapitalの頭文字がKになっているのは、規制上の資本であることを明示するためです。

　これら、諸評価調整のことを、総称してXVAと呼んでいます。

　いずれにしても、マルチカーブ評価に加え、これらXVAを加えて、デリバティブの評価はようやく完成に至ります。

補　論

ディスカウント・ファクターの期間補正
〜スプライン補間

　期日ごとのディスカウント・ファクターを算出する方法として、本文中ではゼロレートを直線的に補間する線形補間法（Linear Interpolation）を紹介しました。普通のスワップ取引などではこれで十分なのですが、将来の一時点のフォワードレートを対象にした取引、たとえばFRA（金利先渡契約、Forward Rate Agreements）などでは、この方法だとやや問題が生じる可能性があります。

　FRAは、本文中でとくに説明をしませんでしたが、欧米などではよく取引されているもので、将来の一時点のフォワード金利を取引するものです。たとえば、1年後の6か月金利を対象に一定のレートで取引をし、1年後にその取引レートと実際に決まった6か月金利との差額を清算します。

　対象レートが決まると、その本来の利払い日まで待たずにすぐに差金決済する点を除けば、1回限りのスワップととらえることも可能です。FRAでは売り、買いという言い方をしますが、買い手は実際の金利（変動金利）が約定金利（固定金利）を上回っている場合にその差額を受け取れるので、固定ペイのスワップと同じです。売り手は、約定金利（固定金利）が実際の金利（変動金利）を上回っていればその差額を受け取れるので、固定レシーブのスワップと同じです。

　さて、線形補間で何が問題になるかというと、グリッドごとのスポットレートを直線で結ぶので、そのグリッドのところに角ができてしまうのです。イールドカーブの全体的な形状がなだらかなものであれば問題は少ないですが、いびつな形をしている場合、大きな角ができて、いかにも不自然な形状となります。そして、その角を挟んだ間隔の狭い2時点の間のフォワード金利を計算すると、おかしな値が算出されてしまう

のです。

　そうしたことを防ぐために、角ができないようにスポットレートをなだらかな曲線で結び、その線上で補間計算をする方法が**スプライン法**です。

　とくによく用いられる三次スプライン法は、各グリッド点を三次曲線の積み重ねでなだらかに繋いでいく方法です。実際のやり方にはいくつかのものがありますが、ここでは自然三次スプライン法と呼ばれているものを紹介します。

　話を簡単にするために、グリッドは1年、2年、3年の3つだけ、それぞれのゼロレートをr_1、r_2、r_3とします。ここで、1年以下のゼロレートは、直線で表現できるとします。

$$r_t = a + \beta_1 t \quad (ただし、 t \leq 1)$$

　この直線はちょうど1年のグリッドでr_1を通らないといけませんから、

$$r_1 = a + \beta_1 \cdot 1 \qquad \cdots\cdots①$$

　この直線をそのまま伸ばしても2年のグリッドでr_2を通るとは限りませんから、角ができないように3次曲線の成分を加えて、ちょうど2年のところでr_2の点を通るようにしていきます。

$$r_t = a + \beta_1 t + \beta_2(t-1)^3 \quad (ただし、 1 < t \leq 2)$$

$$r_2 = a + \beta_1 \cdot 2 + \beta_2(2-1)^3 \qquad \cdots\cdots②$$

　これをそのまま伸ばしていっても3年のグリッドでr_3を通るとは限らないので、やはり角ができないようにまた新たな三次曲線成分を加えてr_3を通るようにします。

$$r_t = a + \beta_1 t + \beta_2(t-1)^3 + \beta_3(t-2)^3$$
$$(ただし、 2 < t \leq 3)$$

$$r_3 = a + \beta_1 \cdot 3 + \beta_2(3-1)^3 + \beta_3(3-2)^3 \qquad \cdots\cdots③$$

　さらに、tが3年以降の式も加えて、

$$r_t = a + \beta_1 t + \beta_2(t-1)^3 + \beta_3(t-2)^3$$
$$+ \beta_4(t-3)^3 \quad (ただし、 3 < t)$$

これら一連の定義式を、切断べき関数というものを使って一度に表記すれば、

$$r_t = \alpha + \beta_1 t + \beta_2(t-1)^3_+ + \beta_3(t-2)^3_+ + \beta_4(t-3)^3_+$$

となります。切断べき関数は、＋の記号がついた（ ）内がマイナスになるときはゼロとして扱うことを示します。

　さて、この定義式で表されるものがスプライン関数ですが、これで r_t を計算するためには、α や β などの値を特定する必要があります。これを、①、②、③の連立方程式を満たすように解いていくわけですが、特定すべき値が5つあるので、連立方程式も2つ式を追加する必要があります。そこで、スプライン関数がなめらかになるような制約条件を付けるのですが、自然スプライン法では、スプライン関数の最初（1年以内）と最後（3年以降）が直線になるようにします。

　最初の部分はもともと直線で定義していましたから、あとは $t > 3$ のときに直線になるようにするために、$\beta_2(t-1)^3 + \beta_3(t-2)^3 + \beta_4(t-3)^3$ を展開して、t^2 と t^3 にかかる係数がゼロになるようにします。途中の計算は省略しますが、

$$\beta_2 + \beta_3 + \beta_4 = 0 \qquad\qquad \cdots\cdots④$$
$$\beta_2 \cdot 1 + \beta_3 \cdot 2 + \beta_4 \cdot 3 = 0 \qquad\qquad \cdots\cdots⑤$$

です。

　これで、①〜⑤の5つの連立方程式が揃いました。改めて記載すると、

$$\alpha + \beta_1 \cdot 1 \qquad\qquad\qquad\qquad\qquad\qquad = r_1$$
$$\alpha + \beta_1 \cdot 2 + \beta_2(2-1)^3 \qquad\qquad\qquad\quad = r_2$$
$$\alpha + \beta_1 \cdot 3 + \beta_2(3-1)^3 + \beta_3(3-2)^3 \qquad = r_3$$
$$\beta_2 \ + \ \ \beta_3 \ + \ \beta_4 \qquad\quad = 0$$
$$\beta_2 \cdot 1 + \ \ \beta_3 \cdot 2 + \beta_4 \cdot 3 \qquad = 0$$

　連立方程式は、計算を簡単にするために、次のように行列で表現したり、計算したりすることができます。

$$\begin{pmatrix} 1 & 1 & 0 & 0 & 0 \\ 1 & 2 & 1 & 0 & 0 \\ 1 & 3 & 8 & 1 & 0 \\ 0 & 0 & 1 & 1 & 1 \\ 0 & 0 & 1 & 2 & 3 \end{pmatrix} \begin{pmatrix} a \\ \beta_1 \\ \beta_2 \\ \beta_3 \\ \beta_4 \end{pmatrix} = \begin{pmatrix} r_1 \\ r_2 \\ r_3 \\ 0 \\ 0 \end{pmatrix}$$

これをAX=Yと表記すると、Aの逆行列A^{-1}を使って、

$A^{-1}AX = A^{-1}Y$

$\therefore X = A^{-1}Y$

と解くことができます。Xは、a、$\beta_1 \sim \beta_4$の5つの値を含んだ行列なので、Xを解くということはa、$\beta_1 \sim \beta_4$を特定することと同じです。

エクセルでは、逆行列を計算する関数「=MINVERSE()」を使い、

=MMULT(MINVERSE(行列A),行列Y)

とすれば計算できますが、答えが配列数式（複数の値を含む数式）になるので、この場合だと縦5つのセル範囲を指定して数式を入力し、Ctrl + Shift + Enterを押下すると一度に5つの値を得られます。

a、$\beta_1 \sim \beta_4$がわかればスプライン関数が特定され、あとは関数のtに実際の年数を入れて計算すれば、その年数に対応するゼロレートを計算してくれます（**計算シート15**）。

計算シート15 ● 3次スプラインによる補間計算例

259

リスク中立確率とブラック＝ショールズ・モデルによるオプション価格計算式の導出

　ここからは少し理論的な話になりますが、ブラック＝ショールズ・モデルによるオプション価格の計算式がどのように導き出されるのかを考えていきます。実務をこなす上で必ずしも必修の内容ではありませんが、デリバティブ理論の根幹をなす部分でもあり、本文での内容をマスターしたら、ぜひチャレンジしてみてください。

　本文でも述べている通り、ブラック＝ショールズ・モデルはリスク中立確率と呼ばれる特殊な確率の下でオプションの満期時ペイオフの期待値の現在価値を計算するものなのですが、改めてリスク中立確率とは何かというところから話を始めましょう。

■ リスク中立確率

　最初に、現実の市場価格の変動を簡単にモデル化しておきましょう。ブラック＝ショールズ・モデルでは、非常に一般的な**幾何ブラウン運動**（**GBM**、Geometric Brownian Motion）モデルが前提に置かれています。このモデルでは、ある資産Sの価格変動が以下のように定義されます。なお、配当のことは後で考えるとして、とりあえずこの資産に配当は発生しないものとします。

$$dS = \mu S dt + \sigma S dW$$

μ：ドリフト率（期待収益率）

σ：ボラティリティ（価格変動率）

W：ウィーナープロセス

　この式の右辺第1項はドリフトと呼ばれ、基調としての変動を表し、第2項は拡散項と呼ばれ、ランダムに変動する部分です。この2つの合成で資産価格の変動を説明できると考えるのが幾何ブラウン運動モデル

です。ちなみに、μはＳの期待値が時間とともにどれだけ変化していくかを表すもので、要するに資産Ｓの期待収益率であり、理論的にはリスクフリー金利と資産Ｓに対するリスク・プレミアムの合計に等しくなります。また、Ｗは（標準）ウィーナープロセスとか（標準）ブラウン運動と呼ばれるもので、標準正規分布に従うランダムな確率変動を表します。モンテカルロ・シミュレーションでは、この部分に標準正規乱数をあてはめてシミュレーションをしていきます。ちなみにdWは微小時間dtあたりで生じるウィーナープロセスということです。

このモデルに従えば、Ｔ時点での将来価格S_Tは、現在価格をS_0とすると、

$$S_T = S_0 e^{(\mu - \frac{1}{2}\sigma^2)T + \sigma\sqrt{T}W} \qquad \cdots\cdots（補1）$$

として表せます。なお、式中の$-\dfrac{1}{2}\sigma^2 T$がなぜ出てくるのかは、後で判明します。また、σに掛かる$\sqrt{T}$は、ウィーナープロセスでは拡散項の振れ幅の大きさ、すなわち標準偏差が経過時間の平方根に比例して大きくなるという性質からくるものです。

さて、上式の中のμは、そこに含まれるはずのリスク・プレミアムの水準がわからないので実際には値がわからず、したがってこのままの形では具体的な計算ができません。

ただし、S_Tは将来様々な値を取り得るわけですが、それを現時点での価値に置き換える何らかの割引係数があるはずです。この割引係数は、市場参加者の意思決定を左右するもので、今までのディスカウント・ファクターとは必ずしも同じものではなく、値もわかりませんが、これをmとすると、S_Tにmを掛けて現在時点での価値を計算し、その期待値をとれば、それは恐らく現在価格S_0に等しくなるはずです。

$$S_0 = E^R [mS_T]$$

ここでE^Rは、これも実際には計算できませんが、実世界での確率に基づいて計算される期待値を意味します。

このように実世界を模した確率に基づく計算の尺度を実測度（Real

World Measure）と呼びます。ここで、この式の左辺（S_0）のほうが大きいとすると、この資産を保有するよりも売却してS_0分の現金を手元におくことが選好されるはずです。逆に右辺が大きいとすれば、この資産を購入してT時点まで保有しておいたほうが良いでしょう。市場で売買が均衡した結果として価格が形成されるのであれば、上式の左右は等しくなっていると考えられるわけです。

　このあとの理論展開は、少し実務上の意味が掴みにくいところも多いでしょうが、そのあたりは後でまた捉え直すとして、とりあえずは結論を足早にみてみます。具体的には、市場に裁定取引機会がなく、かつ市場が完備性を備えている場合、アセットプライシングの基本定理というものにより、ある資産の将来価格と他の資産の将来価格の相対価格の期待値が、一定の確率測度のもとで現時点の相対価格に等しくなるという関係が成り立ちます。ちなみに、ある将来変数の期待値が現在の値に等しいという関係を**マルチンゲール**と呼びますので、ここでは相対価格がマルチンゲールを満たすと表現できます。

　ここで相対価格を計算する基準となる他の資産のことを**ニューメレール**（基準材）と呼んでいて、基本的には何でもいいのですが、最も一般的なものとしてバンクアカウントとかマネーマーケットアカウントと呼ばれているリスクフリー資産があります。バンクアカウントは、市場実勢のリスクフリー金利により連続複利ベースで付利される預金口座で、いつでも同じ金利で借入も可能な架空の金融口座ですが、現実世界ではオーバーナイト金利による資金調達や資金運用を繰り返すことが最も近いでしょう。これをBで表すとすると、先ほどの関係は以下のように表せます。

$$\frac{S_0}{B_0} = E^Q\left[\frac{S_T}{B_T}\right]$$

　$B_0 = 1$円とすると、この関係は「一定の確率のもとで、ある資産の将来価格をニューメレールの将来価格で割った割引価格の期待値が、現在の価格に等しくなる」と言い換えることができます。

$$S_0 = \mathrm{E}^{\mathrm{Q}}\left[\frac{S_T}{B_T}\right]$$

　なぜ、ある資産の価格そのものではなく、別の資産の価格で割った相対価格を扱っているかというと、資産価格そのものの変動はよくわからないにしても、別の資産との相対価格がマルチンゲールになっていないと裁定取引が可能になってしまうからです。現実の世界で本当に裁定取引が存在しないのかという点はさておき、無裁定を保証する相対価格のマルチンゲールを前提に価格計算を行っていこうというわけです。

　さて、この新たに書き換えられた計算式で使われている確率の尺度のことを**リスク中立測度**（Risk Neutral Measure）と呼んでいます。E^{Q}は、その確率尺度のもとでの期待値です。そして、この測度のもとで用いられる確率が**リスク中立確率**（Risk Neutral Probabilities）です。

　さて、バンクアカウントの適用金利は日々（理論上は瞬間的に）変動していくので、$B_0 = 1$だとしても、B_tの値は現時点では確定しておらず、やはりこのままだと実務に落としづらいところがあります。

　そこで、Tを満期とするターム物のリスクフリーレートが得られるとして、Tまでの期間このバンクアカウントに対する付利金利にこの確定的なレートを当てはめて計算することを考えてみます。1円でスタートし、一定期間（0→T）同じ金利 r で連続複利計算した場合のバンクアカウントB_Tは、e^{rT}という形で値を表すことができますので、

$$S_0 = \mathrm{E}^{\mathrm{Q}}\left[\frac{S_T}{e^{rT}}\right]$$

e^{-rT}（$=\dfrac{1}{e^{rT}}$）はターム物リスクフリー金利により計算された確定的なディスカウント・ファクター$D_{0,T}$そのものなので、

$$S_0 = D_{0,T}\mathrm{E}^{\mathrm{Q}}\left[S_T\right]$$

　ここでニューメレールは消え、ディスカウント・ファクターに置き換わりました。いろいろな用語が出てきましたが、結局ニューメレールとはディスカウント・ファクターの元となっている材のことであり、ニュ

ーメレールがリスクフリーレートで計算される材である場合に、今まで登場してきたディスカウント・ファクターが計算に使え、そのディスカウント・ファクターのもとで期待値計算に使える確率がリスク中立確率というわけです[46]。

さて、これでようやくS_Tの期待値を計算できるようになりました。

$$\mathrm{E}^Q\left[S_T\right] = \frac{S_0}{D_{0,T}} = S_0 e^{rt}$$

結果をみてみると、ある資産の将来時点における価格の期待値$\mathrm{E}^Q$$\left[S_T\right]$は、リスク・プレミアムなど考えずに、現在の資産価格をリスクフリーのディスカウント・ファクターで割ればいいということになります。これが一般的に「フォワード価格」と呼ばれているものだったのですね。

ただしこれは、$D_{0,T}$を掛けたときに現時点の期待値が正しく計算できる値であって、前提なしに絶対的に正しいものというわけではありません。特定のニューメレールを置いて計算してきたのだから、それに対応するディスカウント・ファクターの使用が前提になっているということです。

以上を前提にすると、T時点での将来価格（期待値ではなく変数としての記述）は、以下のように表せます。

$$S_T{}^* = S_0 e^{(r-\frac{1}{2}\sigma^2)T + \sigma\sqrt{T}W^*} \qquad \cdots\cdots（補2）$$

元の式（補1）からは、μがrに変わっただけです。つまり、μをrだけとして将来価格を計算し、それを確定的なディスカウント・ファクターで現在価値に換算することが可能となっているのです。いつのまにかリスク・プレミアムがどこかに消え、どんな資産でもリスク・プレミアムを考慮することなく計算できるので、こうした計算手法をリスク中

46　ここではリスクフリーレートが一定期間一定であるという前提を置いていますが、その場合、リスク中立測度は実質的に「フォワード測度」と呼ばれるものと同じになります。厳密にいうと、リスクフリーレートが確率的に変動していく狭義のリスク中立測度と、リスクフリーレートが確定的なフォワード測度は必ずしも同じものではありませんが、ここではとくに区別をしません。

立化法と呼んでいます。

　なお、式に＊を付けているのは式（補1）とは測度が変わったことを示すためのもので、実際に計算するときはとくに意識する必要はありません。ただし、このリスク中立測度が、実世界の測度でないことには注意が必要です。実世界では、リスク・プレミアムを含んだ価格展開があり、そこに実確率がありますが、その計算はできません。それを、計算ができるようにリスク・プレミアム抜きの世界へと変換したものがリスク中立測度であり、それが正しい計算結果を導くのは適切なディスカウント・ファクターを使ったときだけです。

　しかし、こんな都合の良い実確率の世界からリスク中立確率への変換はなぜ可能なのでしょう。そしてそれは、いつでもどこでも適用できるものなのでしょうか。

　以上の説明で肝となっている部分は、「市場に裁定取引機会がなく、かつ市場が完備性を備えている場合、アセットプライシングの基本定理というものにより、ある資産の将来価格を他の資産の将来価格で割った相対価格がマルチンゲールを満たす」というところです。

　この点を少し実務の観点で捉えなおしてみましょう。具体例として、資産Sを原資産とするコール・オプションC(S)を考えます。

　まず、市場が完備であるということは、このC(S)の価格変動を原資産やら安全資産やらの組み合わせで再現できることを意味します。このように、あるデリバティブと同じ経済価値を持つ組み合わせ取引のことは本文でも何度かでてきましたが、改めてこれを**複製ポートフォリオ**と呼びます。

　たとえば、原資産価格が上昇すれば一定の割合でコール・オプションの価値も上昇しますが、適切な数量の原資産を保有していれば、C(S)の瞬間的な価格変動は複製できるはずです。他に、資金の過不足が発生する可能性がありますが、それは安全資産Bの売買で調整できるでしょう。このように、原資産と安全資産を適切な比率で組み合わせ、かつその適切な比率が変わったときにすかさず保有数量を調整できれば、オプ

ションC(S)と同じ価格変動をする複製ポートフォリオを作り出すことができるというわけです。

次に、無裁定であるということは、経済効果が等しいものは価格も等しいことを意味します。したがって、オプションの価格は、同じ価格変動パターンを持つ複製ポートフォリオの構築費用に等しくなるはずです。複製ポートフォリオにおける原資産と安全資産の適切な比率をそれぞれa、bとすると、

$$C_t(S_t) \;=\; a_tS_t + b_tB_t$$

少し形を変えて、

$$C_t(S_t) - a_tS_t \;=\; b_tB_t$$

とすると、これはt時点において、コール・オプションの原資産価格変動リスクを適切な量の原資産の空売りでヘッジ（デルタ・ヘッジ）できることを意味していて、そのヘッジ・ポジションの期待収益率は安全資産Bの収益率、つまりリスクフリー金利に等しくなることがわかります。

オプションのマーケットメーカーが、原資産のリスクをいつでも自由にヘッジできるのであれば、コール・オプションの価格に資産Sのリスク・プレミアム（値はわからないが）を含めて計算するのはおかしいでしょう。なぜならば、そのマーケットメーカーは、原資産のリスクを負わないでいることが可能だからです。

リスク中立化法を直感的にイメージするために示したのが**図表補1**です。もし実世界が理論通りの理想的世界ならば、実測度とリスク中立測度は、ズレてはいるものの、適切な割引係数を選ぶことにより現在価値ベースでは同じ答えを得ることができます。目的は正しい現在価値を計算することだから、それができるのであれば、実世界と違う確率を使って計算してもかまわないということです。

もちろん現実の世界は、今みてきたような理論上の前提が完全に満たされているわけではないので、リスク中立確率によって計算されたオプション価格が本当に実世界での価値を正確に反映したものである保証は

図表補1 ● 実測度とリスク中立測度の関係

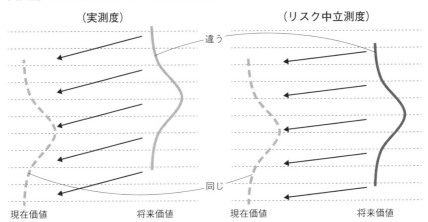

実測度とリスク中立測度はズレているが、それぞれに適切な割引係数を使用することで、理論上は現在価値の計算が同じようにできる。

必ずしもないでしょう。

　ただ、たとえば主要通貨の為替取引や国債などの債券取引、上場株の取引などに関していえば、すべてが理論通りというわけにはいかなくても、ある程度は低コストで、空売りを含めて自由に取引ができます。オプションの原資産リスクをとりたくなければ、原資産をこまめに売買することで、完全にゼロにはできなくてもリスクをある程度コントロールしていくことは可能です。そうであれば、マーケットメーカーにとってリスク中立確率でオプション価格を計算することに何の不都合もなく、少なくともそれは彼らにとっては正しい価格といえます。

　では、マーケットメーカーではないオプションのエンドユーザーにとっては、どうなのでしょうか。実はその場合も結論は変わりません。エンドユーザーは市場価格にもとづいてしか取引できないわけですし、その市場価格はリスク中立確率で計算されています。つまり、エンドユーザーも同様の尺度で計算をしなければ取引に支障が出ます。

　もちろんエンドユーザーが、「実世界でのコール・オプションの価値はディーラーが提示する価格よりも高いはずだ」と考えることは可能で

す。だとすれば、そのエンドユーザーはコール・オプションをディーラーから買えるだけ買えばいいだけです。そして、オプション市場での価格は、そうしたエンドユーザーの評価も含めた形で形成されていくはずです。

以上のように考えていくと、一定以上の流動性がある原資産を対象としたデリバティブについては、リスク中立確率を使って価格計算をすることに実務上も一定の合理性があると考えられます。マルチンゲールや無裁定、市場の完備性といったものは、ひっくるめて言ってしまえば、デリバティブの価格を現時点の様々な市場価格と矛盾が生じないように計算していきましょうということです。結局、デリバティブの価格計算は、この「関連する市場価格と整合的になるように計算する」ということにつきます。

もっとも現実には、市場性に乏しく、したがって無裁定や完備性などの条件が大まかにいっても満たされていないような市場も存在します。そういう市場で取引される資産についてもリスク中立確率で計算するのは、厳密に言えば正しくありません。とはいえ、実測度で厳密な計算をすることはさらに困難なので、仕方なくリスク中立確率を適用せざるを得ない場合もあるでしょうが、このあたりの理論的な原則についてはぜひ留意しておくべきでしょう。

■オプションの価格公式

さて、ここからは、ブラック＝ショールズ・モデルによるオプション価格公式を導き出していきましょう[47]。

まず、リスク中立化法のもとでの原資産価格の変動過程は、配当を考慮しない場合、幾何ブラウン運動モデルによれば、

$$dS = rSdt + \sigma SdW$$

ということでした。そして、T時点の資産価格は以下となります。

47　ここでの説明は、実際にブラックとショールズがたどった論理展開とは異なりますが、恐らくもっとわかりやすいものだと思います。もちろん結論そのものは変わりません。

$$S_T = S_0 e^{(r - \frac{1}{2}\sigma^2)T + \sigma\sqrt{T}W} \qquad\qquad \cdots\cdots（補３）$$

　次に、価格の対数をとります。なぜ対数をとるのかはこの後すぐに理由がわかりますが、いずれにせよ対数ln(S)は、いうまでもなくSを変数とする関数です。ここで、**伊藤の補題**（Itoh's Lemma）というものの助けを借ります。

　伊藤の補題とは、日本の数学者、伊藤清が提示したもので、上記の幾何ブラウン運動のような特定の確率変動過程に従う値を変数とする関数、これはどんな関数でも良いのですが、その関数の変動過程を一定の近似的方法で表せるとするものです。この伊藤の補題を資産価格Sに当てはめれば、以下となります（f( )は任意の関数）。

$$df(S) = (\frac{\partial f(S)}{\partial t} + \frac{\partial f(S)}{\partial S} rS + \frac{1}{2} \frac{\partial^2 f(S)}{\partial S^2} \sigma^2 S^2)dt + \frac{\partial f(S)}{\partial S} \sigma S dW$$

$$\quad\quad\quad ① \quad\quad\quad ② \quad\quad\quad\quad ③ \quad\quad\quad\quad ④$$

　簡単にこの式が何を意味しているかをみてみると、①は、f(S)が時間 t を変数に持つとき、その t のみの変化で生じるf(S)の変化、②はSのみの変化で生じるf(S)の変化、③は、Sのみの変化で生じるf(S)の変化が線形で捉えられない場合に、その非線形性による影響を加えたもの、④はSにもともと含まれている拡散項がf(S)にどれだけ影響するかをそれぞれ表しています。つまり、f(S)の変動を要因ごとに分解して、それらを足し上げているというわけです。

　さて、ln(S)は幾何ブラウン運動に従うSの関数ですから、伊藤の補題が使えます。

$$dln(S) = (\frac{\partial ln(S)}{\partial t} + \frac{\partial ln(S)}{\partial S} rS + \frac{1}{2} \frac{\partial^2 ln(S)}{\partial S^2} \sigma^2 S^2)dt + \frac{\partial ln(S)}{\partial S} \sigma S dW$$

ここで、$\frac{\partial ln(S)}{\partial t}$ はゼロとなります。ln(S)には t が変数として含まれていないからです。もちろん、 t が変化することでSが変化し、それを通してln(S)も変化しますが、それを捉えるのは $\frac{\partial ln(S)}{\partial S} rSdt$ の部分で

す。さらに、対数の基本公式、$\dfrac{\partial ln(S)}{\partial S} = \dfrac{1}{S}$、$\dfrac{\partial^2 ln(S)}{\partial S^2} = -\dfrac{1}{S^2}$を使うと、

$$dln(S) = (r - \frac{1}{2}\sigma^2)dt + dW$$

となります。これは、価格の対数のdtあたりの変動が平均$(r-\frac{1}{2}\sigma^2)dt$、標準偏差$\sigma\sqrt{dt}$の正規分布に従うことを意味しています。価格の対数が正規分布なので、価格は対数正規分布になっています。

　ここで、説明を先送りにしていた式（補1）～（補3）の$-\frac{1}{2}\sigma^2$Tの意味が明らかになりました。これらの式には、e^Xというような連続複利ベースの計算が使われていますが、$ln(e^x) = x$であり、xが正規分布ならe^xは対数正規分布となります。つまり、$-\frac{1}{2}\sigma^2$Tは、ここで出てきた$-\frac{1}{2}\sigma^2 dt$と同じもので、対数正規分布の平均（期待値）を正しく反映するためのものであったのです。

　これを実数の世界で考えてみましょう。リスク中立確率のもとではSの瞬間的な期待収益率は r dtとなります。ですが、対数正規分布はあくまでも対数でみたときに正規分布になるのであって、実数でみてみると上昇方向の変動幅が大きくなり、普通の正規分布よりも右側に伸びた形状となります。その結果、$-\frac{1}{2}\sigma^2 dt$を加えないと、実数でみたときの期待収益率が r dtよりもその分大きくなってしまうのです。つまり、この$-\frac{1}{2}\sigma^2$Tは、幾何ブラウン運動モデルにおいて、Sの期待収益率が金利相当分に等しくなるようにするためのものということができます。

　次にS_TとS_0の価格比の対数を計算してみます。

$$ln(\frac{S_T}{S_0}) = ln(S_T) - ln(S_0)$$

これは、$dln(S)$を時間軸に沿って0→Tまで積分していったものに等しいので、その期間をTとすると、

$$ln(\frac{S_T}{S_0}) = (r - \frac{1}{2}\sigma^2)T + \sigma\sqrt{T}W$$

つまり、$ln(\frac{S_T}{S_0})$は、平均$(r-\frac{1}{2}\sigma^2)$T、標準偏差$\sigma\sqrt{T}$の正規分布の形をとることがわかります。以上までで、なぜ対数を持ち出したかがわかっ

てもらえたと思います。幾何ブラウン運動は、価格あるいは価格比の対数が正規分布で表せるのです。

　ここまでくれば、ブラック＝ショールズ・モデルまであと一歩です。正規分布は確率計算が簡単にできるので、あとはそれを使ってオプション・ペイオフの期待値計算をしていけばいいのです。

　行使価格Kのコール・オプションの満期時ペイオフは$Max(S_T - K、0)$なので、これに正規分布から計算されるS_Tの発生確率を掛けていけば満期時の期待利得が計算できます。さらに、これに確定的なディスカウント・ファクターを掛ければ、それがオプション価格になるというわけです。

　確率の計算については、$\ln(\frac{S_T}{S_0})$は平均$(r - \frac{1}{2}\sigma^2)T$、標準偏差$\sigma\sqrt{T}$の正規分布に従っていて、$S_T > K$、すなわち$\ln(\frac{S_T}{S_0}) > \ln(\frac{K}{S_0})$となったときオプションが行使されるわけですから、その確率は**図表補2a**に示した影の部分の面積で求めることができます。これは、平均ゼロ、標準偏差1の標準正規分布で任意の確率変数xが、

$$x > \frac{\ln(\frac{K}{S_0}) - (r - \frac{1}{2}\sigma^2)T}{\sigma\sqrt{T}}$$

となる確率を計算するのと同じです。$\ln(\frac{K}{S_0})$と平均の差をとり、それを標準偏差で割ることにより、$\ln(\frac{K}{S_0})$が標準正規分布上のどこに対応するものかを計算できるのです。ちなみに、この計算手順は標準化と呼ばれているものです。そのイメージを次ゞ**図表補2b**に示しました。

　さて、標準正規分布上で$x > a$となる確率を求めるためには、標準正規分布の確率密度関数を$g(x)$としたときに、$P(x > a) = \int_a^\infty g(x)dx$というように積分計算した値になるわけですが、この計算は標準正規分布の累積分布関数で簡単に計算ができます。ここで累積分布関数N（）は、

図表補2 ● コール・オプションが行使される確率

（a）

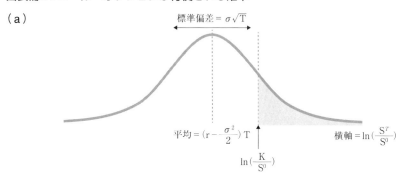

（b）

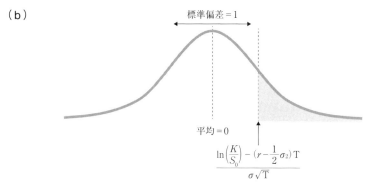

標準正規分布に置き換えて計算しても同じである。

（c）

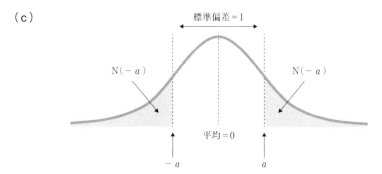

正規分布は左右対称なので、右の網掛け部分の確率はN（−a）と
同じである。

$$\mathrm{N}(z) \;=\; \int_{-\infty}^{z} g(x)\,dx$$

として定義されていますが、正規分布は左右対称なので、

$$\mathrm{P}(\,\mathrm{x} > a\,) \;=\; \int_{a}^{\infty} g(x) = \int_{-\infty}^{-a} g(x) = \mathrm{N}(-a)$$

と計算できます（**図表補2c**）。ちなみに、エクセルではN($-a$)は、

$\qquad$ = NORMSDIST($-a$)　　　または

$\qquad$ = NORM.S.DIST($-a$、true)

です。

　ここで、

$$\mathrm{y} \;=\; \frac{\ln(\dfrac{K}{S_0}) - (r - \dfrac{1}{2}\sigma^2)\,T}{\sigma\sqrt{T}}$$

とすれば、

$\qquad$ コール・オプションが行使される確率

$$= \int_{y}^{\infty} g(x)\,\mathrm{dx}$$

$$= \mathrm{N}\,(-\mathrm{y})$$

$$= \mathrm{N}\!\left(\frac{\ln(\dfrac{S_0}{K}) + (r - \dfrac{1}{2}\sigma^2)\,T}{\sigma\sqrt{T}}\right)$$

　これが、満期時に原資産価格S_Tが行使価格Kを上回って、このコール・オプションが行使される確率です。これでコール・オプション価格を計算する要素はすべてそろったので、期待利益の現在価値を計算してみましょう。

$$\mathrm{Call} \;=\; e^{-rT}\!\int_{y}^{\infty} (S_T - K)\,g(x)\,dx$$

$$= e^{-rT}\!\int_{y}^{\infty} S_T g(x)\,dx \;-\; e^{-rT} K \mathrm{N}(-y)$$

ここで、右辺第1項のみを取り出し、式（補3）と、標準正規分布の確率密度関数

$$g(x) = \frac{1}{\sqrt{2\pi}} e^{-\frac{1}{2}x^2}$$

を代入します。

$$e^{-rT}\int_y^\infty S_T g(x)\,dx = e^{-rT}\int_y^\infty S_0 e^{(r-\frac{1}{2}\sigma^2)T + \sigma\sqrt{T}x} \frac{1}{\sqrt{2\pi}} e^{-\frac{1}{2}x^2} dx$$

$$= e^{-rT} S_0 e^{rT} \int_y^\infty \frac{1}{\sqrt{2\pi}} e^{-\frac{1}{2}\sigma^2 T + \sigma\sqrt{T}x - \frac{1}{2}x^2} dx$$

$$= S_0 \int_y^\infty \frac{1}{\sqrt{2\pi}} e^{-\frac{1}{2}(x-\sigma\sqrt{T})^2} dx$$

網を掛けた部分は、標準正規分布上の $x > y$ の領域で $x - \sigma\sqrt{T}$ を足し上げていった値です。**図表補3a**の影をつけた部分の面積に相当します。これは、**図表補3b**のように $x > y - \sigma\sqrt{T}$ 以上となる確率を求めることと同じであり、

$$N(-(y - \sigma\sqrt{T})) = N(\frac{\ln(\frac{S_0}{K}) + (r + \frac{1}{2}\sigma^2)\,T}{\sigma\sqrt{T}})$$

図表補3 ● ブラック＝ショールズ式の完成へ

（a）

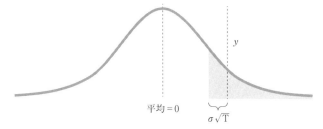

平均＝0　　$\sigma\sqrt{T}$

（b）

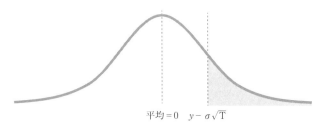

平均＝0　$y - \sigma\sqrt{T}$

x＞yの領域でx－$\sigma\sqrt{T}$を足し上げるのと、x＞y－$\sigma\sqrt{T}$となる確率は同じものとなる。

と計算できます。以上をまとめればブラック＝ショールズ式の完成です。いままでS₀としてきたところは一般的な表記としてＳに、やはり一般的な表記として、$-(y-\sigma\sqrt{T})$をｄと置き換えると、

$$\text{Call} = \text{SN(d)} - e^{-rT}\text{KN}(\text{d}-\sigma\sqrt{T}) \quad\quad \cdots\cdots（補 4 ）$$

$$\text{d} = \frac{\ln(\frac{S}{K}) + (r+\frac{1}{2}\sigma^2)\,T}{\sigma\sqrt{T}}$$

再度式の意味をみてみると、Ｓに掛かるN(d)は、コール・オプションが行使される確率とＳがKを上回るときのS/Kの期待値が掛け合わさったものです。e^{-rT}はディスカウント・ファクターで、Ｓのほうにディスカウント・ファクターが掛かっていないのは、リスク中立化法ではフォワード価格にディスカウント・ファクターを掛けると現在価格になるだけなので、ディスカウント・ファクターが不要だからです。最後のN$(\text{d}-\sigma\sqrt{T})$はコール・オプションが行使される確率そのものです。

プット・オプションの価格は同様の手順で求めることもできますが、プット・コール・パリティを使えば簡単に導き出せます。
プット・コール・パリティを
$$\text{Put} = \text{Call} - (S - e^{-rT}\text{K})$$
とし、Callを式（補 4 ）で置き換えて整理すると、
$$\text{Put} = \text{SN(d)} - S - (e^{-rT}\text{KN}(\text{d}-\sigma\sqrt{T}) - e^{-rT}\text{K})$$
ここで、
$$\text{SN(d)} - S = -S(1-\text{N(d)})$$
$$= -\text{SN}(-\text{d})$$
$$e^{-rT}\text{KN}(\text{d}-\sigma\sqrt{T}) - e^{-rT}\text{K} = -e^{-rT}\text{K}(1-\text{N}(\text{d}-\sigma\sqrt{T}))$$
$$= -e^{-rT}\text{KN}(-\text{d}+\sigma\sqrt{T})$$
なので、
$$\text{Put} = -\text{SN}(-\text{d}) + e^{-rT}\text{KN}(-\text{d}+\sigma\sqrt{T})$$
最後に配当のある資産についての式です。配当率をqとして、

$$\text{Call} = e^{-qT}\text{SN}(\text{d}) - e^{-rT}\text{KN}(\text{d} - \sigma\sqrt{T})$$

$$\text{Put} = -e^{-qT}\text{SN}(-\text{d}) + e^{-rT}\text{KN}(-\text{d} + \sigma\sqrt{T})$$

$$\text{d} = \frac{\ln(\frac{S}{K}) + (r - q + \frac{1}{2}\sigma^2)\,T}{\sigma\sqrt{T}}$$

Sにe^{-qT}が掛かっているのは、配当が支払われるとSがその分減価する（いわゆる配当落ち）はずであり、その分を調整するものです。dの中に現れる－qは、Sの価格変動部分のみの期待収益率から配当率を差し引いているものであり、配当を含めたSの期待収益率がrに等しくなるようにするためのものです。

補論3 後決め複利変動金利のキャップ／フロアの価格計算

　本文でも少し触れましたが、後決め複利変動金利のキャップ／フロアの価格をブラック・モデルで解析的に解くには、変動金利が少しずつ決まっていくという点について何らかの計算上の仮定を置く必要があります。

　たとえば、ブラック・モデルではボラティリティはオプション期間にわたってずっと一定ですが、**図表補4**のように、キャップ／フロアの対象となる利息計算期間に入り、少しずつ金利が決まっていくに従って、ボラティリティが直線的に減少すると仮定してみましょう[48]。

　さて、ブラック＝ショールズ型モデルでは、原資産価格の確率分布の標準偏差は時間の平方根に比例します。つまり、時間に比例するのは、その自乗である分散です。したがって、オプションの満期における確率分布の分散の大きさは、時点ごとの分散の値を時間で満期まで積分したもので計算できます。通常であれば、満期までの期間をTとして、

図表補4 ● 後決め変動金利のボラティリティの仮定

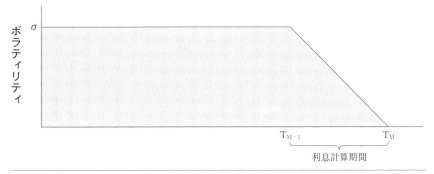

48　この補論は、Quantitative Risk Management, Inc.のAndrei LyashenkoとBloomberg, L.P.のFabio Mercurioにより2019年に発表された "Looking Forward to Backward-Looking Rates:A Modeling Framework for Term Rates Replacing LIBOR" に基づいています。

$$\int_{t=0}^{T} \sigma^2 dt \;=\; \sigma^2 T$$

です。これを**図表補4**のケースに当てはめてみると、利息の計算期間が始まるまでの期間T_{M-1}における積分の値は$\sigma^2 T_{M-1}$であり、これに残りのT_{M-1}からT_Mまでの分を加算します。この残り部分のボラティリティは時間とともに減少していくので、これをvとすれば、

$$v \;=\; \frac{T_M - t}{T_M - T_{M-1}}\sigma \qquad\qquad \text{ただし } T_{M-1} \leqq t \leqq T_M$$

となり、この自乗を時間で積分すれば、

$$\int_{t=T_{M-1}}^{T_M} (\frac{T_M - t}{T_M - T_{M-1}}\sigma)^2 dt \;=\; \sigma^2 \int_{t=T_{M-1}}^{T_M} (\frac{T_M - t}{T_M - T_{M-1}})^2 dt$$

$$=\; \sigma^2 \frac{1}{3} \frac{(T_M - T_{M-1})^3}{(T_M - T_{M-1})^2}$$

これをT_{M-1}までの分と合計して、

$$\sigma^2 \left[T_{M-1} + \frac{1}{3} \frac{(T_M - T_{M-1})^3}{(T_M - T_{M-1})^2} \right]$$

この〔 〕内の値をブラック・モデルのオプション期間に代入すれば出来上がりです。なお、評価基準日がT_{M-1}を過ぎた場合には、〔 〕内第一項はゼロ、第二項分子にある$(T_M - T_{M-1})^3$の（ ）内は残存期間に置き換える必要があります。

当然のことですが、この計算が正しい答えを導くのは、σがこうした計算を前提とした適切な値となっている場合です。

補論4 相関のある乱数の生成方法

　次ページの**計算シート16**は、モンテカルロ・シミュレーションで使う相関を持った複数の乱数（Xi）をエクセル上で生成するためのシートです。

　まず、独立した2つの標準正規乱数（w_1、w_2）を用意し、これを組み合わせることで新たな標準正規乱数（X_1、X_2）を作ることを考えます。

$$X_1 = w_1$$
$$X_2 = \rho_{12}w_1 + \sqrt{1 - \rho_{12}^2}\, w_2$$

とすると、X_1とX_2は共通成分（w_1）を持つことで相関関係が生まれます。

　このときにX_1とX_2の相関係数は、両者が共通して持つ共通成分の量の積、つまり$1 \times \rho_{12} = \rho_{12}$になります。$X_2$はこの共通成分に加えて、独立した独自成分$w_2$を加えることで$X_1$とは別の乱数とします。

　ここでX_2もまた標準正規乱数となるためには、X_2を構成する各標準正規乱数の係数の自乗を合計したものが1になる必要があります。そうすることで、X_2の標準偏差が1になり、X_2もまた標準正規乱数となることが保証されます。w_2の係数が$\sqrt{1 - \rho_{12}^2}$となっているのはそのためです。

　ここで、

$$X_3 = a\,w_1 + b\,w_2 + \sqrt{1 - a^2 - b^2}\, w_3$$

を考え、これがX_1とはρ_{13}、X_2とはρ_{23}の相関を持つとします。X_1とw_1は同じものなので、$a = \rho_{13}$となることは自明です。次にX_2とX_3は、まずw_1の成分をそれぞれρ_{12}とρ_{13}分だけ含んでおり、この部分からそれぞれの保有割合2つを掛け合わせた$\rho_{12}\rho_{13}$の相関が生じます。それに加えて、w_2の成分をそれぞれ$\sqrt{1 - \rho_{12}^2}$とb分だけ含んでいるので、やはり$\sqrt{1 - \rho_{12}^2} \cdot b$の相関が生まれます。2つの相関を足したものが、$\rho_{23}$になるので、

$$\rho_{12}\rho_{13} + \sqrt{1-\rho_{12}^2} \cdot b = \rho_{23}$$

これをbについて解くと、

$$b = \frac{\rho_{23} - \rho_{12}\rho_{13}}{\sqrt{1-\rho_{12}^2}}$$

となります。これでX_3を、X_1とはρ_{13}、X_2とはρ_{23}の相関を持つ標準正規乱数とすることができます。このような手順を繰り返して、標準正規乱数の組み合わせによって一定の相関を持つ一群の標準正規乱数を作り出していくことができます。この手法は**コレスキー分解法**と呼ばれています。**計算シート16(1)**では、以上の計算を、行列式を使うことで行っています。

　一方、コレスキー分解法では、生成する乱数の数が多くなると計算が煩雑になるので、

$$乱数_i = \sqrt{a_i} \cdot 共通乱数 + \sqrt{1-a_i} \cdot 個別乱数_i$$

計算シート16 ● 相関のある標準正規乱数の作り方

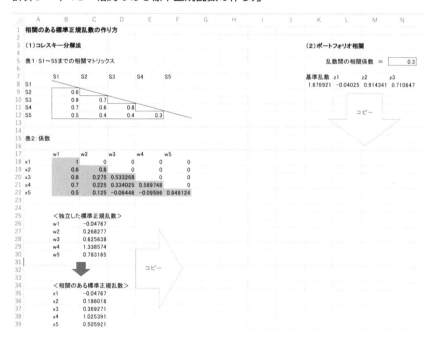

という形で乱数を次々に生成していく方法もあります（ここでもすべての乱数は標準正規乱数です）。新たに生成する乱数は、共通乱数を一定割合持つことで相互に相関関係を持つことになります。この場合、生成された2つの乱数（乱数$_i$と乱数$_j$）の相関係数ρ_{ij}は$\sqrt{a_i a_j}$（$a = a_i = a_j$なら、$\rho_{ij} = a$）となります。

計算シート16(2)で＜ポートフォリオ相関＞として計算されている部分は、このやり方で相関係数がすべて同じ値となる3つの乱数を生成しているものになります。

この手法であれば、一定の相関を持つ多数の乱数を容易に生成することができます。

CMSレートの計算とコンベクシティ調整

　変動金利の中には、長期金利を指標として短期の変動金利の計算に使うものがあります。たとえば、6か月ごとに適用する変動金利なのに10年スワップレートを指標に計算するようなものです。これを、**コンスタント・マチュリティ・スワップ**（**CMS**、Constant Maturity Swaps）といいます。

　債券にも類似の仕組みがあり、日本では変動利付国債がそうです。これは、半年ごとに、そのときの10年物国債利回り − α bpsでクーポンが決定される債券です。こちらはスワップではないので、CMT（Tは国庫証券を意味するTreasury）などといいます。

　CMSは、将来の変動金利の値として該当する年限のフォワードスワップレートを代入して現在価値を計算していきますが、その際に、**コンベクシティ調整**と呼ばれるものが必要になります。

　この点は中級テキストとしてはやや難し目のテーマなのですが、補論として簡単に整理しておきましょう。

CMSレートのコンベクシティ調整はディスカウント・ファクター変更に伴う測度変換

　CMSレートの計算でコンベクシティ調整をどう行うかは、実は必ずしも正解のない難しい問題なのですが、一般的な計算方法に沿って、その基本的な考え方をみていくことにしましょう。

　まず、フォワードレートとは、それに特定のディスカウント・ファクターを掛けると、うまく現在価値が計算できるレートということでした。それは、厳密には決して「将来金利の期待値」ではなく、特定のディスカウント・ファクターを掛けると「現在価値の期待値」が正しく計

算できるレートです。金利と価格の関係には非線形性（コンベクシティ）があるので、両者の期待値は一致しないのです。

　したがって、フォワードレートの計算は、常に何かしら特定のディスカウント・ファクターと結びついたものであり、現在価値に割り引くためのディスカウント・ファクターが変われば、改めて正しい現在価値を導くフォワードレートを計算し直さねばなりません。それが、コンベクシティ調整です。

　ここで、フォワードレートを通常の方法とは違う方法（支払期日や支払回数）で決済することを考えましょう。その現在価値は、通常とは異なるディスカウント・ファクターによって計算されることになり、あくまでも通常のディスカウント・ファクターを使うことを前提としているフォワードレートでの計算は正確なものではなくなってしまうはずです。

　たとえば、T時点で支払われることが前提となっているフォワードレートは、T時点のディスカウント・ファクター$D_{0,T}$を掛けることで現在価値を正しく計算できます。その支払時点をSに変更したら、現在価値算出のためには$D_{0,S}$を掛けなければならず、その場合は、前提がそもそも違うので通常のフォワードレートを使って計算しても正しい現在価値は得られません。新たに$D_{0,S}$を掛けたときに現在価値が正しく計算できるようにフォワードレートを修正しなければならないのです。

　ここで補論2に登場したニューメレールの存在を思い起こすと、$D_{0,T}$を使うことが前提となっている場合のニューメレールは、T時点満期の割引債です。このニューメレールのもとで期待値計算を行うことをTフォワード測度と呼んでいます。一般的に「フォワードレート」と呼んでいるものは、このTフォワード測度のフォワードレートということになります。これをS時点の支払に変更すると、ニューメレールはS時点満期の割引債へと変更されることになり、そのニューメレールのもとでマルチンゲールが成り立つフォワードレートを改めて求めないといけない

のです[49]。

　つまり、支払方法の変更はニューメレールの変更を意味し、そうするとニューメレールに紐付いている確率測度（メジャー）が変わるので、フォワードレートの計算をやり直す必要があるということです。CMSのコンベクシティ調整もこうした測度変換の一つです。

■測度変換の考え方

　具体的な計算にいく前に、最初に少し概念的な整理をしておきます。この項は、何を調整しないといけないかを示すものであり、実際の計算には直接関係しないので、結論だけを知りたい人は飛ばしていただいても問題ありません。

　本来、フォワードスワップレートは複数回支払われるのが前提で、金利計算期間係数（日数÷365など）と利払日ごとのディスカウント・ファクターを掛け合わせたものの合計（アニュイティ・ファクターと呼びます）を乗じることで現在価値の期待値が計算できるレートです。

　この場合、一定期間にわたり一定金額を定期的に受け取ることができる**アニュイティ**と呼ばれるものがニューメレールとなり、それを前提とした計算をアニュイティ測度とか、単にフォワードスワップ測度と呼んだりしています。

　一方、CMSではフォワードスワップレートが利払日（T）の1回だけで受け渡しされることになるので、通常の測度（アニュイティ測度）とCMSの測度（Tフォワード測度）の計算では以下が等しくなるように、測度変換がなされなければなりません。

$$D_{0,T}E^T[X] \ = \ A_0E^A[X\frac{D_T}{A}]$$

49　補論2で、リスク中立測度はリスクフリー金利を一定の値にするとフォワード測度に一致すると述べました。そこで、フォワード測度をリスク中立測度の中の特定のバージョンと位置づけ、ニューメレールの違いをとくに意識してきませんでした。ただし、ここで扱っているフォワード金利については、支払時点が切り替わることでニューメレールも明確に切り替わり、そのため支払時点の異なるフォワード測度はそれぞれ区別される必要があります。これらの測度もまたリスク中立ではあるのですが、ニューメレールの違いを意識して、異なる呼び方で呼んでいます。

図表補5 ● CMSとフォワードスワップ

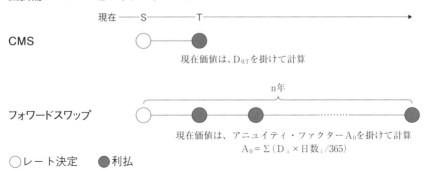

○レート決定　●利払

　時点の関係は**図表補5**に示した通りとします。ここで、Xが将来S時点で決定される期間n年のスワップレート（確定値ではなく未確定の変数）、$D_{0,T}$は現時点でのT期日ディスカウント・ファクター（D_Tはそれが確率的に変動していく変数として表現されたもの）、A_0はSからn年間のスワップレートを現在価値に割り引くための現時点でのアニュイティ・ファクター、Aはその変数、E^TはTフォワード測度における期待値、E^Aはアニュイティ測度における期待値を表しています。

　さて、この式では、左辺と右辺で現在価値を計算するための確定的な割引係数がそもそも異なっているので、期待値計算の中身が両方ともXのままでは当然イコールにはなりません。そこで、このズレを修正するための調整比率（$\frac{D_T}{A}$）を右辺の期待値計算の中に掛けているわけです。

　こうした測度変換は、ギルサノフの定理というものに基づいていますが、直感的には次のようにイメージすればいいでしょう。まず、確定的な割引計数を使って計算するTフォワード測度やアニュイティ測度は、確率的ディスカウント・ファクターを使う狭義のリスク中立測度（Q）[50]との間に以下の関係が成り立ちます。

$$D_{0,T}E^T[X] = E^Q[D_T X]$$

$$A_0 E^A[X] = E_Q[AX]$$

50　リスク中立測度のニューメレールであるバンクアカウントは本来適用金利が瞬間的に変動していくので、ディスカウント・ファクターも本来は値が確定しません。

2つの式の右辺を見れば、2つの式が別のものを計算していて、イコールにならないことが一見してわかります。これを、同じものを計算するように修正するためには、以下のような調整比率を掛ければいいことになります。

$$E^Q[D_T X] \;=\; E^Q[AX \cdot \frac{D_T}{A}]$$

同じ調整比率を2つの式の左辺にも掛ければ、

$$D_{0,T} E^T[X] \;=\; A_0 E^A[X \cdot \frac{D_T}{A}]$$

となります。

　次に、この式を変形すると、

$$E^T[X] \;=\; E^A[X \cdot \frac{A_0}{A} \cdot \frac{D_T}{D_{0,T}}]$$

となり、これがT時点で1回だけ決済するCMSレートの概念式となります[51]。ただし、この値は解析的には求まらないので、実務的にはいくつかの計算方法にしたがって計算することになります。

　ここでは比較的簡単なテーラー展開を利用した定式化手法を説明していきますが、そのためにこの式が具体的に何を計算するものなのかが明らかになるように、以下のように分解しておきましょう。

$$E^T[X] \;=\; E^A[X \frac{A_0}{A} + X \frac{A_0}{A}(\frac{D_T}{D_{0,T}} - 1)]$$

$$E^T[X] \;=\; E^A[X \frac{A_0}{A}] + E^A[X \frac{A_0}{A}(\frac{D_T}{D_{0,T}} - 1)]$$

　元々のフォワードレートとの差をとると、

$$E^T[X] - E^A[X] \;=\; E^A[X(\frac{A_0}{A} - 1)] + E^A[X \frac{A_0}{A}(\frac{D_T}{D_{0,T}} - 1)]$$

　右辺の第1項が狭義のコンベクシティ調整、第2項がタイミング調整といわれているものです。式の意味はわかりにくいかもしれませんが、前者は、アニュイティ測度のフォワードレートを、アニュイティ測度の

---

[51]　右辺の期待値計算の中でXに掛かっているのが、ラドン＝ニコディム係数と呼ばれるものになります。

制約を外してフォワードレートそのものの期待値にするための差分と考えることができ、後者はそれを支払期日（T）の測度に変換するものです。

▍狭義のコンベクシティ調整

ここで、S時点で決まる将来のn年スワップレートXにアニュイティ・ファクターを掛けて現在価値を計算する関数をf(X)とします。通常のフォワードスワップレート（アニュイティ測度におけるフォワードスワップレート）をaとすると、このaは、f(a)がf(X)の期待値に等しくなるレートです。

$$E[f(X)] = f(a)$$

次に、f(X)とf(a)の関係を二次までのテーラー展開を利用して表すと、

$$f(X) = f(a) + f'(a)(X-a) + \frac{1}{2}f''(a)(X-a)^2 \quad \cdots\cdots（補5）$$

なお、f'(a)はX＝aのときの一階微分（金利デルタ）、f''(a)は二階微分（金利ガンマ）です。両辺の期待値をとると、

$$E[f(X)] = E[f(a)+f'(a)(X-a)+\frac{1}{2}f''(a)(X-a)^2]$$
$$= f(a)+f'(a)E[X]-f'(a)a$$
$$+\frac{1}{2}f''(a)E[(X-a)^2]$$

フォワードレートの定義よりE[f(X)]＝f(a)なので、

$$f'(a)E[X]-f'(a)a+\frac{1}{2}f''(a)E[(X-a)^2] = 0$$

$$\therefore E[X] = a-\frac{1}{2}\frac{f''(a)}{f'(a)}E[(X-a)^2]$$

網掛けをした部分が狭義のコンベクシティ調整です。ここでE[ ]部分に注目すると、Xの分散はE[(X-E[X])^2]＝E[X]^2σ^2tですが、aはE[X]に近い値なので近似的にE[(X-a)^2]＝$a^2σ^2$tと置き換えると、

$$E[X] = a - \frac{1}{2} \frac{f''(a)}{f'(a)} a^2 \sigma^2 t$$

$a^2\sigma^2 t$は正規分布を想定した分散ですが、対数正規分布を想定すれば$a^2(e^{\sigma^2 t} - 1)$となり、一般的にはこちらのほうが当てはまりがいいでしょう。

$$E[X] = a - \frac{1}{2} \frac{f''(a)}{f'(a)} a^2 (e^{\sigma^2 t} - 1) \qquad \cdots\cdots (補6)$$

タイミング調整

タイミング調整は、前項の狭義のコンベクシティ調整で求めたスワップレートの期待値を、実際の支払が行われるＴ時点の測度（Ｔフォワード測度）に変換するためのものです。

スワップレートが決まるのはＳ時点ですから、先ほど求めた$E[X]$をＳフォワード測度におけるスワップレートの期待値とみなしましょう。先ほどの計算では測度が明示されておらず、金利が確定的であると仮定しなければ本当にそうなるとは限らないのですが、測度を決めておかないとＴフォワード測度への変換ができませんし、そのようにみなして計算しても影響はそれほど大きくならないはずです。

さて、Ｓフォワード測度とＴフォワード測度の間には、

$$D_{0,S} E^S[X] = D_{0,T} F^T[X(1 + \delta R)]$$

が成り立つはずです。δはＳからＴまでの金利計算日数を年換算した期間調整係数、Ｒはその時点での短期スポットレートで、現時点におけるフォワードレートをR_0とします。この式は、要するに、ＸをＳ時点で受け取るのと、Ｔ時点まで金利Ｒで運用してＴ時点で受け取るのとで現時点では経済的に等価になるはずということです。

ここで、$\dfrac{D_{0,T}}{D_{0,S}} = \dfrac{1}{1 + \delta R_0}$なので、

$$E^S[X] = \frac{1}{1 + \delta R_0} E^T[X(1 + \delta R)]$$

$$= \frac{1}{1+\delta R_0} E^T[X] + \frac{1}{1+\delta R_0} E^T[X\delta R]$$

$E^T[X\delta R]$ は、X と R のレートが確定するまでの期間が S、X のボラティリティが σ_X、R のボラティリティが σ_R、X と R の相関係数が ρ のとき、

$$E^T[X\delta R] = E^T[X]\delta R_0 + E^T[X]\delta R_0 \rho \sigma_X \sigma_R S$$

と計算できます。したがって、

$$E^S[X] = \frac{1}{1+\delta R_0} E^T[X] + \frac{1}{1+\delta R_0}(E^T[X]\delta R_0 + E^T[X]\delta R_0 \rho \sigma_X \sigma_R S)$$

$$= E^T[X] + \frac{1}{1+\delta R_0} E^T[X]\delta R_0 \rho \sigma_X \sigma_R S$$

このまま式を解いていってもいいのですが、計算を簡略化するために近似的に右辺第2項の $E^T[X]$ をフォワードレート a に置き換えて整理すると、

$$E^T[X] = E^S[X] - \frac{1}{1+\delta R_0} a \delta R_0 \rho \sigma_X \sigma_R S \qquad \cdots\cdots（補7）$$

網掛け部分がタイミング調整です。この部分について狭義のコンベクシティ調整のように対数正規分布型に修正してもいいのですが、影響度合いからいって、あまりこだわることはないでしょう。

式（補6）と式（補7）を合わせると、

$$CMSレート = a - \frac{1}{2}\frac{f''(a)}{f'(a)} a^2(e^{\sigma_x^2 t} - 1) - \frac{1}{1+\delta R_0} a \delta R_0 \rho \sigma_X \sigma_R S$$

となります。

ちなみに、対象金利決定時に差金決済されるFRA（金利先渡契約）などでも、やはりタイミング調整が必要になります。FRAの場合は、通常は金利適用期間の終了日に利払いが行われるフォワードレートを、金利適用期間の開始日に差金決済することになるので、上記のタイミング調整（S→T）とは逆向き（T→S）にタイミング調整を要すること

になります。

　もっとも、タイミング調整は一般に影響が小さいので、とくに金利水準が低いときなどでは、省略してもそれほど大きな離齬は生じないでしょう。

▌レプリケーション法

　以上のCMS計算手法には若干の問題点があります。それはσ_X（σ_Rもですが）の値を１つしか持てないことです。そうするとボラティリティのスキューを計算に反映させることができず、フォワード金利の確率分布を正規分布型ないしは対数正規分布型でしか表せないことになります。そのため、実際のデリバティブのプライシングシステムでは、オプションの組み合わせでコンベクシティ調整を算出するレプリケーション法という手法が用いられることがあります。

　レプリケーション法は、実際の計算は大変煩雑なので考え方だけを解説しますが、まずはコンベクシティが現在価値に与える影響を捉える式（補５）右辺第３項を以下のように置き換えます。

$$\frac{1}{2}f''(a)(X-a)^2 \;\Rightarrow\; \int_a^X f''(u)(X-u)\,du \qquad \cdots\cdots（補8）$$

　右側の計算が何をしているものなのかは、**図表補6**を見てイメージを掴んでください。この図の縦軸はデルタ$f'(x)$で横軸はXです。$f''(a)$は、Xが変化したときのデルタの増分なので、これが正の値であれば、Xが右に移動するとデルタはその分だけ増えていくことになります。これを示すのが図上の実線グラフです。

　ここからは、離散的な計算をイメージします。Xの変動による価格への影響は、$f'(X) \times \Delta X$（＝デルタ×Xの変化幅、すなわち図の縦×横の面積）で計算できるので、たとえば、$X = u_1$の地点では$f''(u_1)$に応じてデルタが増加し、Xがさらに大きな値になるとこの$f''(u_1)$に$(X-u_1)$を掛けたものが価格への影響として新たに加わります。図に描かれている横長の箱はこれを図示したもので、この箱の面積が価格への影響の大

図表補6 ● レプリケーション法のイメージ

（a）

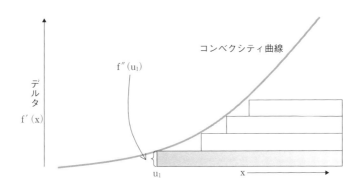

（b）

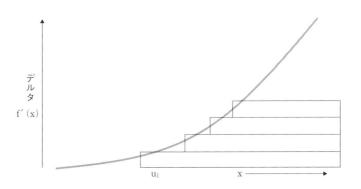

きさを示します。箱にグラデーションで影をつけているのは、Xが確率分布に従って変動する確率変数であり、したがって箱の大きさは確定しておらず、確率的に変動することをイメージしています。すなわち色の濃い部分は確率が高く、色の薄い部分は確率が低い、ということです。そして、Xは様々な値をとるので実際にはu₁も無数に存在し、この確率的な箱もまた無数に存在しています。

　さて、この箱の一つ一つの横軸の長さは左端を行使価格とするコール・オプションの価値と考えることができます。そして、その行使価格は横軸上の様々な値をとることになります。この様々な値をとる行使価格こそ式（補8）右側の式の *u* が表しているものなのです。そして、

積分記号は、無数に存在する箱の面積を足し上げるということを意味しています。このようにして、非線形性による価格への影響を計算することができるようになります。

式（補8）の左側の式は、199ﾍﾟｰｼﾞ**図表5-3**にある通り、縦軸にデルタ、横軸に原資産価格をとったときの三角形の面積を求めるものでした。これを、ガンマが変化する前提で無数の箱に分けて精緻に計算するのが式（補8）の右側の式になります。

図では、Xがaを上回る領域しか図示していませんが、当然のことながらXはa以下の値をとることもあります。詳細は省略しますが、その場合はコンベクシティによる価格への影響はuを行使価格とするプット・オプションを使って表現できます。したがって、

$$\int_a^X f''(u)(X-u)\,du$$

$$= \int_{-\infty}^a f''(u)\,Put(u)\,du \;+\; \int_a^\infty f''(u)\,Call(u)\,du$$

$Put(u)$、$Call(u)$はそれぞれ行使価格をuとするプット・オプション、コール・オプションの価格です。このオプションは、Sスタート、n年のスワップを原資産とするスワップションなので、スワップションの呼び方にするなら、Putはレシーバーズ・オプション、$Call$はペイヤーズ・オプションとなります。

ここで、フォワードスワップレートがuのときのアニュイティ・ファクターを$A(u)$とすると、これは$f(u)$とみなせるので、CMSレートを求める式（補6）は以下のように書き換えられます。

$$\mathrm{E}[X] = a - \int_{-\infty}^a \frac{f''(u)}{A(u)}\,Rec(u)\,du + \int_a^\infty \frac{f''(u)}{A(u)}\,Pay(u)\,du$$

さて、オプション価格を行使価格で積分計算するのは至難の業ですが、実際には積分計算など行いません。まさに**図表補6**のようにいくつかの箱を設定して、離散的に計算したものを足し合わせればいいのです。あくまでもこの箱は、曲線に囲まれている部分を近似的に計算する

ものなので、実際には、誤差を最小化するために**図表補6b**のような箱の置き方にすべきでしょう。そして、箱の数を増やせば、それだけ正確な計算が可能となります。

　この方法で何よりも肝心な点は、行使価格 u に合わせてスキューを反映したボラティリティを用いることで、そうすることによってスキューを反映したコンベクシティ調整が可能となります。

⒤ⓃⒹⒺⓍ

アルファベット

BPV	187
CCR	58
CCR	233
CDS	154
CDSスプレッド	157
CMS	282
CSA	243
CVA	248
CVA変動リスク	249
DVA	251
EL	237
ES	219
FBA	253
FCA	252
FRA	256
FTD	167
FVA	252
GBM	260
GPS	189
IM	246
ISDA	243
ISDAマスター・アグリーメント	243
JSCC	245
KVA	254
LGD	158
LIBOR	24
LIBORディスカウント	57
Mark-To-Market通貨スワップ	94
MPOR	244
MTM	44
MTM通貨スワップ	94
MVA	253
NPV	74
nth to Default	169
OIS	27
OISディスカウント	60
OTCデリバティブ	13
PFE	235
Present Value	51
PV	51
RFR	28
SA-CCR	235
TIBOR	24
TONA	26
TORF	30
UL	238
VaR	217
VM	246
XVA	254

あ 行

アービトラージ	46

アービトラージ・フリー ……………… 48
アウト・オブ・ザ・マネー ………… 110
アット・ザ・マネー ………………… 110
後決め複利方式 ……………………… 26
後決め方式 …………………………… 25
アニュイティ ………………………… 284
アメリカン・オプション …………… 109
イールドカーブ ……………………… 54
伊藤の補題 …………………………… 269
イン・ザ・マネー …………………… 110
インプライド・ボラティリティ …… 136
エキゾチック・オプション ………… 123
エクイティ …………………………… 173
エクスポージャー …………………… 179
オークション決済 …………………… 158
オーバーナイト金利 ………………… 25
オプション …………………………… 12
オプション・プレミアム …………… 111
オペレーショナル・リスク ………… 215

か 行

回収価値 ……………………………… 158
カウンターパーティー・クレジット・リスク
……………………………………… 233
確率分布 ……………………………… 129
カラー ………………………………… 114
カレント・エクスポージャー方式 … 235
感応度 ………………………………… 180
観測期間 ……………………………… 222
ガンマ ………………………………… 197
幾何ブラウン運動 …………………… 260
期待エクスポージャー方式 ………… 234
期待ショートフォール ……………… 219
期待損失 ……………………………… 237
キャッシュセトル …………………… 157

キャップ ……………………………… 113
キャプレット ………………………… 113
グリークス …………………………… 194
グリッド・ポイント・センシティビティー
……………………………………… 189
クレジットイベント ………………… 154
クレジット・デフォルト・スワップ
……………………………………… 154
クレジット・メトリクス …………… 241
クレジット・リンクノート ………… 170
経済資本管理 ………………………… 215
現在価値 ……………………………… 51
原資産 ………………………………… 10
権利行使価格 ………………………… 108
権利行使日 …………………………… 108
コール・オプション ………………… 108
固定金利 ……………………………… 22
誤方向リスク ………………………… 238
コレスキー分解法 …………………… 280
コンスタント・マチュリティ・スワップ
……………………………………… 282
コンベクシティ ……………………… 192
コンベクシティ調整 ………………… 282

さ 行

債務評価調整 ………………………… 251
先物 …………………………………… 12
参照先 ………………………………… 154
参照組織 ……………………………… 154
時価評価額 …………………………… 44
市場価格 ……………………………… 44
市場分断仮説 ………………………… 78
市場リスク …………………………… 178
シニア ………………………………… 173
シフティッド・ログ・ノーマル …… 146

修正デュレーション ……………… 184
純粋期待仮説 …………………… 78
証拠金規制 ……………………… 245
上場デリバティブ ………………… 13
シングルネーム ………………… 165
シンセティックCDO ……………… 170
信用評価調整 …………………… 248
信用リスク ……………………… 215
信頼区間 ………………………… 217
数値計算手法 …………………… 147
ストキャスティック・ボラティリティモデル
………………………………… 143
ストライク・プライス …………… 108
スプライン法 …………………… 257
スポットレート …………………… 53
スレショールド ………………… 243
スワップ ………………………… 12
スワップレート …………………… 37
正規分布 ………………………… 129
セータ …………………………… 201
セカンド・トゥ・デフォルト …… 168
ゼロコスト・オプション ………… 115
ゼロレート ……………………… 53
線形リスク ……………………… 190
センシティビティー ……………… 180
センシティビティー法 …………… 190
想定元本 ………………………… 24

た　行

ターム物リスクフリー金利 ……… 29
ダイナミック・ヘッジ …………… 212
中央清算機関 …………………… 245
通貨ベイシス …………………… 94
ツリー・モデル …………………… 147
ディスカウント・カーブ ………… 54

ディスカウント・ファクター …… 51
テーラー展開 …………………… 199
テールリスク …………………… 219
デジタル・オプション …………… 125
テナーベイシス ………………… 105
デフォルト確率 ………………… 161
デフォルト時損失率 …………… 158
デフォルト相関 ………………… 168
デルタ …………………………… 194
デルタ・ヘッジ ………………… 202
店頭デリバティブ ………………… 13
等価交換 ………………………… 48
当初証拠金 ……………………… 246
トランシェ ……………………… 173

な　行

日経225先物 …………………… 19
日経平均先物 …………………… 19
日本証券クリアリング機構 …… 245
ニューメレール ………………… 262
ノックアウト …………………… 124
ノンクイン ……………………… 124

は　行

バーゼル規制 …………………… 219
バイナリー・オプション ………… 125
バミューダン・オプション ……… 109
バリア・オプション …………… 124
バリュー・アット・リスク ……… 217
非期待損失 ……………………… 238
ヒストリカル・ボラティリティ …… 136
ヒストリカル法 ………………… 228
非線形リスク …………………… 190
ファースト・トゥ・デフォルト …… 167
ファットテール ………………… 141

フィジカルセトル ……………… 157
ブートストラップ法 ……………… 64
フォワード ……………………… 12
フォワードレート ……………… 76
複製ポートフォリオ …………… 265
プット・オプション …………… 108
プット・コール・パリティ …… 134
ブラック・モデル ……………… 138
フル・バリュエーション法 …… 190
プレーンバニラ ………………… 27
フロア …………………………… 113
フロアレット …………………… 113
プロジェクション・カーブ …… 82
プロテクション・セラー ……… 154
プロテクション・バイヤー …… 154
分散共分散法 …………………… 221
ベイシス・ポイント・バリュー …… 187
ベイシススワップ ……………… 30
ベイシスリスク ………………… 211
ペイヤーズ・スワップション … 116
ベガ ……………………………… 200
変動金利 ………………………… 22
変動証拠金 ……………………… 246
ポートフォリオ・ヘッジ ……… 208
保有期間 ………………………… 217
ボラティリティ ………………… 130
ボラティリティ・カーブ ……… 137
ボラティリティ・クラスタリング … 230

ま　行

マージン・ピリオド・オブ・リスク
……………………………… 244
マージン契約 …………………… 58
前決め方式 ……………………… 25
マクロヘッジ …………………… 208

マコーレー・デュレーション … 182
マルチカーブ評価 ……………… 105
マルチンゲール ………………… 262
ミーン・リバージョン ………… 137
ミニマム・トランスファー・アマウント
……………………………… 243
無裁定 …………………………… 48
無担保コール翌日物取引 ……… 26
メザニン ………………………… 173
モンテカルロ・シミュレーション ‥ 147
モンテカルロ法 ………………… 229

や　行

有限差分法 ……………………… 188
優先劣後構造 …………………… 172
ヨーロピアン・オプション …… 108

ら　行

リスク中立確率 ………………… 263
リスク中立測度 ………………… 263
リスク定量化 …………………… 214
リスクファクター ……………… 178
リスク・プレミアム …………… 129
流動性プレミアム仮説 ………… 78
流動性リスク …………………… 215
理論価格 ………………………… 44
ルートt倍法 …………………… 222
レシーバーズ・スワップション …… 116
レファレンス・エンティティ … 154
ロー ……………………………… 200

わ　行

割引金利 ………………………… 54

田渕直也(たぶち なおや)
1963年生まれ。1985年一橋大学経済学部卒業後、日本長期信用銀行に入行。海外証券子会社であるLTCB International Ltdを経て、金融市場営業部および金融開発部次長。2000年にUFJパートナーズ投信(現・三菱UFJ国際投信)に移籍した後、不動産ファンド運用会社社長、生命保険会社執行役員を歴任。現在はミリタス・フィナンシャル・コンサルティング代表取締役。シグマインベストメントスクール学長。『ランダムウォークを超えて勝つための株式投資の思考法と戦略』『この1冊ですべてわかる 新版 金融の基本』『図解でわかる ランダムウォーク&行動ファイナンス理論のすべて』(以上、日本実業出版社)、『ファイナンス理論全史』(ダイヤモンド社)、『「不確実性」超入門』(日経ビジネス人文庫)など著書多数。

この1冊ですべてわかる

デリバティブの基本

2022年6月20日 初版発行

著 者 田渕直也 ©N.Tabuchi 2022
発行者 杉本淳一

発行所 株式会社 日本実業出版社 東京都新宿区市谷本村町3-29 〒162-0845
　　　　編集部 ☎03-3268-5651
　　　　営業部 ☎03-3268-5161　振 替 00170-1-25349
　　　　　　　　　　　　　　　　https://www.njg.co.jp/

印刷／壮光舎　製本／共栄社

ISBN 978-4-534-05931-4　Printed in JAPAN